Georg Brandes, Adolf Strodtmann

Die Hauptströmungen der Literatur des neunzehnten Jahrhunderts

Verlag
der
Wissenschaften

Georg Brandes, Adolf Strodtmann

Die Hauptströmungen der Literatur des neunzehnten Jahrhunderts

ISBN/EAN: 9783957006431

Auflage: 1

Erscheinungsjahr: 2015

Erscheinungsort: Norderstedt, Deutschland

© Verlag der Wissenschaften in Vero Verlag GmbH & Co. KG. Alle Rechte beim Verlag und bei den jeweiligen Lizenzgebern.

Webseite: http://www.vdw-verlag.de

Cover: Sandro Botticelli "Die Geburt der Venus"

Die Hauptströmungen
der
Litteratur des neunzehnten Jahrhunderts.

Vorlesungen,
gehalten an der Kopenhagener Universität
von
G. Brandes.

Uebersetzt und eingeleitet von
Adolf Strodtmann.

Erster Band: Die Emigrantenlitteratur.

Einzig autorisierte deutsche Ausgabe.

Fünfte, gänzlich umgearbeitete, vermehrte und mit einem Generalregister versehene Auflage.

Jubiläums-Ausgabe.

Leipzig,
Verlag von H. Barsdorf.
1897.

Die Emigrantenlitteratur

von

G. Brandes.

Uebersetzt und eingeleitet

von

Adolf Strodtmann.

Einzig autorisierte deutsche Ausgabe.

Fünfte, gänzlich umgearbeitete und vermehrte Auflage.

Jubiläums-Ausgabe.

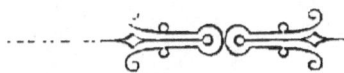

Leipzig.
Verlag von H Barsdorf.
1897.

„Ein wächserner Hausgötze, den man außer Acht gelassen hatte, stand neben einem Feuer, worin edle campanische Gefäße gehärtet wurden und fing an zu schmelzen.

Er beklagte sich bitterlich bei dem Elemente. Sieh', sprach er, wie grausam Du gegen mich verfährst. Jenen giebst Du Dauer, und mich zerstörst Du!

Das Feuer aber antwortete: Beklage Dich vielmehr über Deine Natur; denn ich, was mich betrifft, bin überall Feuer."

W. Heinse.

Paul Heyse

gewidmet

vom

Verfasser.

Vorwort Adolph Strodtmanns,
des Herausgebers der ersten vier Bände.

Bücher haben ihre Schicksale. Auch das Werk, dessen ersten Band ich hier dem deutschen Publikum vorlege, hat bereits seine Geschichte. Es rief in der Heimat seines Verfassers einen Sturm leidenschaftlicher Angriffe hervor, deren Ursache sich kaum aus dem Ton und Inhalt des Buches selber erklären läßt. Sie ist vielmehr in der eigentümlichen Geistesrichtung zu suchen, welche die dänische Litteratur während der jüngsten Jahrzehnte genommen hat.

Es mag im Auslande befremden, aber es ist eine unzweifelhafte Thatsache: der große geistige Befreiungskampf des vorigen Jahrhunderts, welcher die Litteraturen aller übrigen Völker Europas mit so viel neuen Ideen und Idealen bereicherte, hat die skandinavischen Länder fast unberührt gelassen. Von den Losungsworten der Revolution: Aufklärung, Gedankenfreiheit, Reform der Gesellschaft ɾc., drang kaum ein vereinzelter schwacher Ton nach Dänemark hinüber. Als aber der reaktionäre Gegenschlag kam, der die überschäumenden Fluten des freien Gedankens in ihre angemessenen Schranken zurück dämmte, da machte die dänische Litteratur sich zum fanatischen Schildknappen der Reaktion. Nicht an Lessing, Goethe und Schiller lehnten die Koryphäen der nordischen Dichtung sich an, sondern an die untergeordneten Geister der romantischen Schule, von deren Verirrungen selbst Oehlenschläger sich keineswegs vollständig frei erhielt. So große Fortschritte die dänische Litteratur seitdem im Einzelnen, besonders in formeller Hinsicht gemacht hat, im Wesentlichen ist sie auf dem Standpunkte der Romantik stehen geblieben. In der That, was könnte „romantischer" sein, als die feindselige Abwendung vom Leben der Gegenwart, die stete Rückkehr zu den Stoffen einer längst entschwundenen Vorzeit, die Lust an allegorischer Mythen- und Märchendichtung, welche wir bei den hervorragendsten Schriftstellern jenes Landes bis auf den heutigen Tag antreffen? Bezeichnender noch ist der Umstand, daß ein phantastischer Mystizismus mehr und mehr die poetische Litteratur des Nordens durchdrungen hat und ihr einen bigoten, theologisierenden Beigeschmack verlieh, welcher mehr und mehr in die weltfeindlichste Askese auszuarten droht. Die ganze dänische und norwegische Poesie der Gegenwart trägt, mit geringen Ausnahmen, einen didaktisch-polemischen Charakter, dessen Stachel sich mit ätzender Schärfe gegen die humanistischen Fortschrittsideen des achtzehnten und neunzehnten Jahrhunderts kehrt, in denen sie einen Abfall vom christlichen Glauben erblickt, und von deren Sieg sie die Auflösung aller sittlichen und gesellschaftlichen Bande befürchtet. Sie arbeitet nicht im Dienste des geistigen Fortschritts, sondern huldigt einem abstrakten Idealismus, welcher den Interessen der Gegenwart in träumerischem Hinbrüten aus dem Wege geht, sie erörtert nur noch mit byzantinischer Spitzfindigkeit theologische Probleme im Sinne einer wahrhaft mittelalterlichen Orthodoxie. Der flache Rationalismus, welcher der großen philosophischen Bewegung in Deutschland voranging, wurde freilich zu seiner Zeit auch in Kopenhagen von einzelnen Universitätsprofessoren, wie Otto Horrebow, vertreten; aber diese Richtung führte in Dänemark nicht, wie bei uns, zu einer weiteren Entwickelung und Vertiefung der Religionswissenschaft. Die bedeutenderen Schriftsteller der nächsten Generation huldigten zum Teil, wie Oehlenschläger, Hauch und Oersted, einem milden, rationalistischen Deismus, sprachen sich aber niemals polemisch gegen die positive Form der Religion aus, und ihr aufgeklärter Rationalismus verblaßte mit dem zunehmenden Alter. Der Hegelschen Philosophie hat nur Johann Ludwig Heiberg eine ernstliche Beachtung geschenkt; die Forschungen eines Ludwig Feuerbach und David Friedrich Strauß blieben für die nordischen Länder gänzlich verloren. Dagegen gewann die fanatische Sekte der Grundtvigianer, welche in hochmütiger Ueberhebung Dänemark als das auserlesene Land Gottes betrachtete und sich einen eigentümlichen mystisch-religiösen Jargon erschuf, immer mächtigeren Einfluß auf die Massen, vor Allem auf die Bauernbevölkerung. Die ganze Presse des Landes, einschließlich der alten Oppositionspresse, steht gegenwärtig im Dienste der krassesten Orthodoxie und erstickt jeden Versuch, der freien wissenschaftlichen Forschung das Wort zu reden oder die großen Fragen der Zeit, welche anderwärts mit so viel Ernst und Eifer diskutiert worden sind, zur Debatte zu stellen. Fast die ganze Litteratur des Nordens trägt dieselbe pietistische Färbung: selbst Björnstjerne Björnson, dessen chamäleontische Natur auf politischem wie auf religiösem Gebiete im Lauf weniger Jahre alle erdenklichen Wandlungen durchgemacht hat, und der vor Zeiten mit hegelianischen Grundsätzen kokettierte, selbst dieser in Deutschland über Gebühr gefeierte Schriftsteller geizt jetzt nach der Ehre, Philosoph der Grundtvigianer zu werden, und verlangt in der Schwärmerei seiner jüngsten Apostrophe an die nordische Jugend, daß die Offiziere vor der Front ihrer Soldaten geistliche Psalmen anstimmen sollen, wobei dann vermutlich weniger darauf ankommen wird, ob sie des Militärwesens kundig sind.

Ein solcher Litteraturzustand muß auf die Dauer unhaltbar werden, er müßte zu einem marasmus senilis, zu einem allmählichen Absterben aller geistigen Produktion führen, wenn nicht bei Zeiten ein heilsamer Windstoß den künstlich aufgerichteten Glasbau in Trümmer schlüge und der von Tau und Sonnenlicht abgesperrten Treibhauspflanze frische Luft brächte.

Diese Erwägung ist der Grundgedanke des Buches, welches die vorstehenden Zeilen bei dem deutschen Publikum einführen sollen.

Dr. Georg Brandes, ein geistvoller junger Schriftsteller, der sich durch eine Reihe ästhetischer und kunstphilosophischer Abhandlungen in seiner Heimat ungewöhnlich rasch einen geachteten Namen erwarb, und der allgemein als künftiger Nachfolger Hauch's auf dem Lehrstuhle der Aesthetik betrachtet ward, eröffnete letzten Winter an der Kopenhagener Universität einen Zyklus von Vorlesungen über die Hauptströmungen der Litteratur des neunzehnten Jahrhunderts. Diese Vorträge erregten ein ganz unerhörtes Aufsehen. Man stürmte fast das Lokal, man stand eine Stunde lang draußen in Regen und Schnee, um Platz zu erhalten, man sprach wochenlang staunend

und erregt von nichts Anderem, als von der Neuheit der hier
verkündigten Ideen und von der Kühnheit des Mannes, welcher
so offen die Schäden der vergötterten heimatlichen Litteratur
zu enthüllen wagte.

Schon seit mehreren Jahren war Dr. Brandes unermüdlich
bestrebt gewesen, durch die Reizmittel einer eben so scharfen wie
vorurteilsfreien Kritik das in Schlaf versunkene geistige Leben
des Nordens zu wecken. Er begann seine litterarische Laufbahn
mit einem erfolgreichen Kampfe gegen die dualistische Doktrin
des Theologen R. Nielsen, welcher gleichzeitig die Unabhängig=
keit der wissenschaftlichen Forschung und die Orthodoxie der
positiven Religion hat sichern wollen, indem er die beiden Sphären
des Wissens und des Glaubens für „absolut ungleichartig" er=
klärte, — einen Satz, den er durch Aufstellung einer konfusen
Metaphysik zu begründen suchte. Dieser Kampf, an welchem
zahlreiche Streitkräfte für und wider sich beteiligten, hatte
unter Anderem die erfreuliche Folge, daß der einzige tüchtige
Philosoph Dänemarks, Professor H. Bröchner, ein Hegelianer
der fortgeschrittensten Richtung, dadurch Gelegenheit fand, seine
Lehre öffentlich zu entwickeln. Brandes war ferner der Erste,
welcher seinen Landsleuten die Kenntnis der freisinnigen An=
sichten des amerikanischen Theologen Theodor Parker und der
wertvollen ästhetischen Forschungen des französischen Litterar=
historikers H. Taine vermittelte. Die kritische Methode des
Letzteren unterwarf er in seiner Schrift über „die französische
Aesthetik der Gegenwart" einer eingehenden Prüfung, welche die
Vorzüge und Mängel dieser gleichsam naturwissenschaftlichen Art,
die Erzeugnisse der Kunst und Litteratur zu betrachten, auf das
sorgfältigste abwägt. Die jüngste Arbeit des Dr. Brandes ist
abermals ein Versuch, von außenher frisches, gesundes Blut in
die Adern der greisenhaft hinsiechenden dänischen Litteratur ein=
zuführen und sie mit den Fortschrittsideen der Neuzeit zu befruchten.

Durchblättert ein Ausländer, dem die oben geschilderten
litterarischen Verhältnisse in Dänemark unbekannt sind, den nach=
stehenden ersten Band dieser Vorlesungen, so wird er, denken
wir, von der geistvollen Gruppierung des Stoffes und von der
eben so wissenschaftlichen wie pikant unterhaltenden Darstellungs=

form angenehm überrascht sein. Er wird mit Dank gegen den Verfasser erkennen, welch' eine Fülle neuer Gesichtspunkte und anregender Gedanken die vergleichende Litteraturbetrachtung dem achtsamen Forscher erschließt; aber nichts wird ihm gewiß ferner liegen, als der närrische Einfall, in der Abfassung eines solchen Buches eine herostratische That, ein fluchwürdiges Verbrechen gegen die menschliche Gesellschaft zu erblicken.

Dennoch stellte fast die gesamte dänische Presse einschließlich der Journale, die, wie „Dagbladet" und „Fädrelandet", früher an der Spitze der politischen Opposition standen und mit Ostentation das Banner der Freiheits- und Fortschrittsidee aufpflanzten, das vorliegende Werk dem Publikum in diesem gehässigen Lichte dar. Die anfangs vereinzelten Schmähruse und Denunziationen der journalistischen Meute haben sich seit dem Erscheinen des Buches zu einem Chorus vereinigt, dessen heiseres Wutgebell bis nach Norwegen hinüber schallt, und von dort in mißtönendem Echo zurückklingt. Vom Redakteur des Schmutzblattes „Heimdal" bis zum ehrwürdigen Bischof Monrad schwingt alles den Flamberg „sittlicher Entrüstung", um „bis auf den letzten Mann" die „gesellschaftsauflösenden Tendenzen" des Dr. Brandes zu bekämpfen, der die Sache der freien Forschung in der Wissenschaft, der freien Entfaltung der Humanität in der Dichtung vertritt. Kein Mittel der Verläumdung und boshaften Verdächtigung ist niedrig genug, um von seinen Gegnern verschmäht zu werden. „Der freie Gedanke bedeutet eigentlich nichts anders, als die freie „Lust", krächzen die Einen, „und die Wehr dagegen ist nichts anders, als die in der Gesellschaft herrschende Überzeugung, daß es nicht gleichgültig sei, ob ihre Mitglieder den Geboten der Sittlichkeit gehorchen oder derselben Hohn sprechen. Der freie Gedanke ist der **freche** Gedanke." — „Deine Ideen sind Petroleusen! Geh zu den Sozialisten, wohin Du gehörst!" schreien die Andern und malen das blutige Schreckbild der Kommune von Paris an die Wand, um den gebildeten und ungebildeten Pöbel des Nordens gegen einen Schriftsteller zu verhetzen, der nie die geringste Sympathie für sozialistische Tendenzen geäußert hat. Ebenso unsinnig ist die perfide Insinuation, als griffe Brandes das Institut

der Ehe an und rede der „freien Liebe" das Wort, weil er
sich im ersten Abschnitt seines Buches, wie der Stoff es mit
sich brachte, vorherrschend mit Schriften beschäftigt, in welchen
das Verhältnis der Geschlechter zu einander zur Sprache kommt.
In diesem Punkte ist man eben in Dänemark sehr prüde, ohne
deshalb sittlicher als anderswo in der Welt zu sein. Vor allem
aber gebraucht man den bekannten Kunstkniff, die patriotische
Gesinnung des Verfassers zu verdächtigen, weil derselbe nicht
in das hergebrachte überschwängliche Lob der nordischen Litteratur
der Gegenwart mit einstimmt, sondern mit warnender Hand
auf ihre Schwächen weist und auf die großen Vorbilder des
Auslandes hindeutet. Man will mit einem Male entdeckt haben,
daß die ganze litterarische Thätigkeit des Dr. Brandes eine
unpatriotische, antinationale sei, daß er aus Mangel an Vater=
landsliebe stets in die Fremde schweife und bald das Studium
der französischen, bald das Studium der englischen und gar
der verhaßten deutschen Litteratur empfehle, wobei man geflissent=
lich übersieht, daß er nicht minder die eingehendsten und an=
erkennendsten Aufsätze über fast alle hervorragenden Schriftsteller
Dänemarks und Norwegens geschrieben hat, und daß er selbst
die Beschäftigung mit den ausländischen Litteraturen vorzugs=
weise für die Fortbildung der heimischen Poesie fruchtbar zu
machen sucht, wie vor allem auch Ton und Haltung des vor=
liegenden Werkes jedem unbefangenen Leser bekunden.

Diese ganze unredliche Art der Polemik gegen die von
den edelsten Motiven geleitete schriftstellerische Thätigkeit des
Dr. Brandes beweist leider klar, auf welchem niedrigen Stand=
punkte die Kritik in Dänemark steht, und wie sehr er recht
hatte, zu behaupten, daß man in seiner Heimat heut zu Tage
nicht mehr wagen dürfe, irgend ein ernstes und wichtiges Thema
öffentlich zur Debatte zu stellen. Dabei versagen nicht allein
sämtliche Kopenhagener Journale dem meuchlerisch Angegriffenen
das Recht der Verteidigung, sondern sie gehen so weit in ihrem
wahnwitzigen Hasse, daß selbst eine warme Erklärung zu
Gunsten des Dr. Brandes, welche der edle Dichter C. Hauch auf
seinem Totbette schrieb*), erst nach monatelanger Verzögerung,

---

*) Dieselbe lautet, wie folgt: „Von allen jungen Männern, mit

von allen Hauptblättern der Residenz zurückgewiesen, endlich in einem der letzten Hefte der „Neuen dänischen Monatsschrift" zum Abdruck gelangen konnte. Diese Zeitschrift war zugleich die einzige, welche dem mißhandelten Schriftsteller nicht ihre Spalten verschloß. Er veröffentlichte dort unlängst ein satirisches Märchen, dessen Sinn nach dem Vorausgehenden keiner weiteren Erklärung bedarf:

Die Geschichte von dem kleinen Rotkäppchen.

Es war einmal ein kleiner freier Gedanke. Da er gewöhnlich eine rote Mütze trug, so nannte man ihn das kleine Rotkäppchen. Eines schönen Tages, als sein Großvater die Gesellschaft, einige Veränderungen im Hause vorzunehmen gedachte, sagte er zum kleinen Rotkäppchen: „Geh mein Kind, geh hin und sieh, wie Deine Großmutter, die Freiheit, sich befindet, und bring ihr einen kräftigenden Trank in diesem Fläschchen.

Das kleine Rotkäppchen machte sich sofort auf den Weg, um seine Großmutter zu besuchen. Aber als es durch den dunkeln Wald ging, begegnete ihm die alte Oppositionspresse und frug: „Wohin gehst Du?" Das arme Kind, welches nicht wußte, daß es gefährlich sei, sich mit Wölfen einzulassen, antwortete:

„Ich gehe hin, um zu sehen, wie Großmutter sich befindet, und um ihr einen kräftigenden Trank in diesem Fläschchen zu überbringen."

„Gut", sagte der Wolf, „ich will sie gerade besuchen."

Nun hatte der Wolf schon vor vielen Jahren die alte Großmutter aufgefressen. Er lief daher eiligst voraus, legte sich ins Bett und wartete auf das kleine Rotkäppchen, das bald nachher kam, an die Thür klopfte und eintrat.

denen ich zu der Zeit, während ich in Kopenhagen Universitätsprofessor war, in Berührung gekommen bin, wüßte ich keinen, der an ästhetischer Begabung und an Kenntnissen in diesem Fache dem Dr. G. Brandes an die Seite gestellt werden könnte, weshalb ich ihn unbedingt am meisten dazu berechtigt erachte, den Posten zu bekleiden, welcher jetzt durch meinen Tod erledigt wird." So mächtig aber war der Einfluß der böswilligen Tagespresse, daß bei der Neubesetzung des Lehrstuhls der Aesthetik nur ein einziger von allen Universitätsprofessoren den Mut besaß, dem Dr. Brandes seine Stimme zu geben.

Das kleine Rotkäppchen war sehr verwundert, zu sehen, wie seine Großmutter aussah, wenn sie entkleidet war. Es sagte zu ihr:

„Großmutter, was für lange Arme hast Du?"

„Um besser die Gesellschaft vor gesellschaftsauflösenden Tendenzen retten zu können, mein Kind."

„Großmutter, was für lange Beine hast Du?"

„Um besser bis auf den letzten Mann kämpfen zu können, mein Kind."

„Aber Großmutter, was für lange Ohren hast Du?"

„Um des Sonntags besser die Predigten hören zu können".

„Aber, Großmutter, ei, was für große Zähne hast Du?"

„Um dich besser auffressen zu können."

Und mit diesen Worten fiel der böse Wolf über das kleine Rotkäppchen her, erstickte es und fraß es auf. —

Dr. Brandes hat auf die zahlreichen Angriffe, deren Gegenstand er gewesen, außerdem in einer kleinen Brochüre erwidert, die Zeugniß davon giebt, daß er, trotz all dieser ungerechten Verfolgungen und Denunziationen, welche ihm für lange, wenn nicht für immer, die Pforten der Universität verschlossen haben, den Mut nicht verlor. Er weiß freilich, daß „Der, welcher sich mit Hilfe von Büchern, die nur in einigen Hunderten von Exemplaren verkauft werden, gegen anonyme Zeitungsartikel in fast sämtlichen Tagesblättern des Landes wehren soll, die in Tausenden von Exemplaren zirkulieren, sich ungefähr in der Lage eines Mannes befindet, welcher sich mit einer Kanone, die nur einmal monatlich abgeschossen werden kann, gegen eine ganze Kompagnie wohlgedeckter Schützen verteidigen soll, deren Waffe zehn Schüsse in der Minute abgiebt und zehnmal so weit reicht, wie die seine." Aber er tröstet sich damit, daß die Lebensanschauung, welche seinem Buche zu Grunde liegt, mächtige Alliierte in allen Ländern, und in allen Wissenschaften hat, „wenn man Dänemark und Norwegen unter den Ländern, und die Astrologie, Theologie und Alchymie unter den Wissenschaften ausnimmt." „Jedes gute Buch", sagt er, „das aus Deutschland, Frankreich, England, Holland und Italien über die Grenze herüber kommt, bringt sie mit sich, getragen von allen ersten Namen Europas in der Wissenschaft und Litteratur. Ja, es geht so weit, daß jedesmal, wenn eines unserer Journale ein Feuilleton von diesem oder jenem europäischen Schriftsteller aufnimmt, das verwünschte Feuilleton unter dem Striche sich über den guten klerikalen Ton oben im Blatte lustig macht. „Dagbladet" selbst ist ein Beispiel dafür. Es hat Feuilletons von Auerbach gebracht, sein letztes großes Feuilleton war von d'Israeli, sein jetziges ist von Cherbuliez, lauter schlimmen Freidenkern, die sämtlich unverblümt ihre Ansichten bekennen. „Fädrelandet" druckt Sachen von Heine, Saint-Victor ꝛc. ab, lauter Empörern, die keine theologische Disziplin annehmen wollen. Wenn auch ein ganzes Bataillon Rezensenten in „Dagbladet" und „Fädrelandet" sich verschwören wollte, die Gedankenfreiheit zu befehden, so hätte das nicht mehr Gewicht, als wenn die Herren in die leere Luft schrieben. Wären die Ideen so höflich, hübsch um Erlaubnis zu bitten, ehe sie die Landesgrenze passierten, ja, dann möchte Hoffnung sein. Aber es hilft nichts, einen Kordon zu ziehen oder die Bürgerwehr unters Gewehr zu rufen. Die Bajonette der gesamten Bürgerwehr vermögen nicht einen Gedanken zu spießen." — „Man stellt sich hier im Lande", sagt Dr. Brandes an einer anderen Stelle seiner Vertheidigungsschrift, „den Freidenker als einen Menschen vor, welcher einen verzweifelten und verbrecherischen Kampf wider alles Höchste im Leben, wider Moral und Religion kämpft. Ich für mein Teil denke: welche Ansichten man auch im Einzelnen über die Moral hege, so muß man doch glauben, daß eine der wichtigsten Stützen der Moral die uneigennützige Wahrheitsliebe ist, und es scheint mir klar, daß in einer Gesellschaft, wo so viele äußere Güter sich an das Bekenntnis einer positiven Religion, zumal in einer einzelnen bestimmten Konfession, knüpfen, Niemand leicht aus einem anderen Grunde als aus Wahrheitsliebe, d. h. aus einer rein moralischen Ursache, Freidenker werden wird. Ich glaube ferner: welche Ansicht man im Uebrigen auch von der Gottheit hege, so muß man, wenn man denkt, der Meinung sein, daß das Göttliche, d. h. das Höchste, was sich im Menschenleben und in der Geschichte offenbart, der Geist darin, der Geist des Fortschritts ist. Wenn sich in der Geschichte eine Gottheit offenbart, so offenbart sie sich als Geist, der im Kampf wider äußere Gewalt, Lüge und Vorurteil, wider veraltete und drückende Ueberlieferungen unhemmbar sich seinen fortschreitenden Weg bahnt, und der alles Wurmstichige bei Seite schiebt, um Glück und Freiheit zu verbreiten. Es giebt in der Geschichte keinen höheren, keinen göttlicheren Geist, als den Geist des Fortschrittes. Der Freidenker steht, — Das weiß und fühlt er — auf seiner Seite. Aber thut er das, so steht er auf der Seite der Gottheit und die Gottheit ist mit ihm. Nicht der Freidenker, sondern seine Widersacher und Feinde sind daher die wahren Gottlosen und die wahren Unmoralischen; denn Alles, was Jener unter Gott versteht: Wahrheit, Freiheit, die höchste Menschenliebe, ist auf seiner Seite und nicht auf der ihren."

Nichts ist lächerlicher, als die Andeutung eines Kopenhagener Blattes, daß in Dänemark, zum Unterschiede von allen übrigen Ländern der Welt, eine gewisse Schamhaftigkeit der Seele die Freidenker verhindern sollte, ihre innerste Ueberzeugung offen zu bekennen. „Schamhaftigkeit!" ruft Brandes mit gerechtfertigtem Hohne aus, „als hätte Schamhaftigkeit es jemals den Kämpfern der Orthodoxie verwehrt, dem Bekenntnis ihrer innersten Gefühle die größtmögliche Publizität zu geben, als wären sie nicht in Gemeinden organisiert, als bildeten sie nicht eine Staatskirche und besäßen nicht stattliche Kirchen aus festem Steinmaterial, als hielten sie keine Predigten und ließen keine Predigten drucken! Ist es nicht doch ein wenig verdächtig, daß die Schamhaftigkeit einem niemals verbietet, offen seine Anschauung zu bekennen, wenn dieselbe als gleichbedeutend mit allen bürgerlichen Tugenden gilt, Ansehen, Ehre ja häufig bares Geld einträgt, daß sie dagegen aber verbietet, diejenige Ueberzeugung auszusprechen, welche ihren Bekenner an den Pranger stellt und sich bei jedem Schritte als ein Hindernis auf seinem Weg erweist?"

Andererseits bemühen sich die Angreifer des Dr. Brandes fast ohne Ausnahme, den Kampf zwischen der modernen und der herkömmlichen Weltanschauung als einen Kampf zwischen dem Atheismus und dem Glauben an einen persönlichen Gott hinzustellen. Auch hierauf giebt Brandes die geeignete Antwort: „Die Frage ist in Wirklichkeit nicht, ob man einen persönlichen Gott annimmt oder nicht, sondern ob man eine Offenbarung, d. h. eine äußere Wahrheit annimmt, ob man mit einem Worte diese höchste Wahrheit als ein Gegebenes betrachtet, oder ob man der Ansicht ist, daß sie zu suchen, und mit Anstrengung der höchsten Kräfte des Menschen, ohne Rücksicht auf irgend eine sogenannte historische Offenbarung, zu suchen sei. Im ersten Falle ist man orthodox, im letzten Falle ist man Freidenker, gleichviel zu welchem Resultate man gelange, ob unser Gedanke Ruhe finde im Glauben an einen persönlichen Gott, im Pantheismus oder im Atheismus. Hier liegt der Gegensatz, die zwei Lager sind das der Orthodoxie und des freien Gedankens. Letzteren für gleichbedeutend mit dem Atheismus erklären, heißt sich einer wissentlichen Fälschung schuldig machen.

„Was unter dem freien Gedanken zu verstehen ist, läßt sich mit zwei Worten sagen: Die Ueberzeugung von dem Rechte der freien Forschung ist gleichbedeutend mit der Ueberzeugung, daß es weder in der Natur noch in der Geschichte Enklaven giebt, welche nicht den Gesetzen unterworfen sind, die im Uebrigen Natur und Geschichte beherrschen. Es ist die Ueberzeugung, daß ein Teil Westasiens nicht in irgend einem Zeitraum der Geschichte des Altertums von ganz anderen Natur- und Geistesgesetzen beherrscht worden ist, als diejenigen sind, denen die ganze übrige Welt in Vergangenheit und Gegenwart unterworfen war, und daß er nicht der Schauplatz sogenannter übernatürlicher Ereignisse gewesen ist, während die Erde sonst vom Nordpole bis zum Südpole und von den ältesten Zeiten bis auf den heutigen Tag nur der Schauplatz natürlicher Ereignisse war. Es ist mit einem Worte die Ueberzeugung von der Einheit der Natur, der Geschichte und des ganzen Seins, welche die Pfleger der freien Forschung bekennen, und nicht blos bekennen, sondern als wahr erweisen. Denn alle Forschungen, welche jedes neue Jahrhundert zu den Resultaten früherer Jahrhunderte hinzugefügt hat, haben diese Ueberzeugung als wahr erwiesen, und sie mit unzähligen Stimmen in allen Zungen bekräftigt und bestätigt. Sie ist es, zu welcher kein Bibelgläubiger sich bekennen kann, wie sehr er sich Freidenker nennen möge, und sie ist es, welche Niemand, der sich nicht des Mittels wissentlicher Unwahrheit bedient, für gleichbedeutend mit Irreligiosität, Unsittlichkeit, freier Lust, Frechheit und dergleichen erklären kann. Wir bedürfen der Freiheit des Gedankens, um uns dagegen zu sichern, daß die Wissenschaft nicht römisch-katholisch in römisch-katholischen, griechisch-katholisch in griechisch-katholischen und protestantisch in protestantischen Ländern wird, jüdisch, wenn ein Jude, buddhistisch, wenn ein Hindu sie behandelt. Will man nicht zehnerlei verschiedene Wahrheiten haben, und räumt man ein, daß es eine von Konfessionen unabhängige Wahrheit giebt, so muß man den freien Gedanken gelten lassen."

Den schärfsten Angriff hat der bekannte Bischof Monrad gegen das Räsonnement des Verfassers im Kapitel „Kampf gegen die Gesellschaft" des vorliegenden Bandes gerichtet. Er findet die Forderung unerhört, daß das Individuum berechtigt sein sollte, sich, unabhängig von den Einflüssen der Gesellschaft und des Herkommens, selbst seine Religion und sein Sittengesetz zu bilden. „Also, jeder Mensch sollte die **ungeheure Arbeit des Menschengeschlechts von vorn beginnen**, und was würde man durch diese Bestrebungen erreichen, als daß man die geistige Entwickelung hemmte, und die Kinder der Menschen in einen Haufen Wilder verwandelte!" — „Im ersten Augenblick", entgegnete Brandes, „scheint es vielleicht, als wäre die Forderung, welche Herr Monrad mich stellen läßt, unerfüllbar; allein, richtig verstanden, muß sie gestellt und erfüllt werden, wenn das Individuum wahrhaft Mensch sein soll. Denn was heißt **denken anders, als „die ungeheure Arbeit des Menschengeschlechts von vorn beginnen"**? — nicht in dem Sinne natürlich, daß das denkende Individuum so gestellt würde, als wäre es der erste Mensch auf Erden, und auch nicht als würde mit einem absolut voraussetzungslosen Denken begonnen, sondern in solcher Weise, daß das Individuum ohne Rücksicht nach rechts oder nach links, ohne Rücksicht auf offizielle Autoritäten oder von Staat und Kirche patentierte Inhaber der fertigen Wahrheit **mit seinem eigenen Hirne** versuchen muß, sich seine persönliche, originale, ursprüngliche und echte, daher allein Wert habende Ueberzeugung zu bilden. Jeder Mensch, der zur Welt geboren wird, muß, wie auch das menschliche Geschlecht zu seiner Zeit stehe, von vorn damit beginnen, sprechen und gehen zu lernen, und wie mit dem Gange, so verhält es sich auch mit dem Denken. Es wäre Wahnwitz, um dem Individuum „die ungeheure Arbeit" des Gehens zu ersparen, demselben die Uebung seiner Beine zu erlassen, bis sie unbrauchbar würden, und ihm dann ein Paar patentierte Krücken unter die Arme zu binden. Man kann sprechen wie die Andern oder den Andern nach dem Munde reden, aber man kann eben so wenig mit dem Hirne der Anderen denken, wie man von der Kost satt werden kann, die Andere speisen. Das Wort Denker war von jeher gleichbedeutend mit Ketzer. Und was vom Denken gilt, gilt von jeder andern Produktivität; man kann nicht fühlen, wenn man nicht erster Hand, selbständig fühlt, man kann nicht als Künstler schaffen, wenn man nicht „ganz von vorn beginnt". Erst dann kommen Einem die Resultate der Anderen zu Statten. Wer hier nicht von vorn beginnen will, der ist, so ungern er es hören mag, kein wahrer, kein wirklicher Mensch. Es ist das schöne und große Vorrecht des Menschen, von vorn zu beginnen. Er überläßt es den Papageien nach dem Munde zu plappern, und den Affen, nachzuäffen. Es wundert mich, daß ein so scharfsinniger Schriftsteller wie Herr Monrad, nicht begreift, wie diese Ansicht sich bestens mit derjenigen vereinigen läßt, daß das Individuum unter beständigem Einflusse der Umgebungen und der Gesellschaft steht. Der unbegabte Mensch empfängt ohne Weiteres seine Anschauungen von der ihn unmittelbar und handgreiflich umgebenden Gesellschaft. Die Umgebungen des hervoragenden Individuums sind die geistige Gesellschaft, in welcher es lebt. Diese Gesellschaft besteht aus den großen Geistern, deren Bekanntschaft ihm freisteht. In dieser Gesellschaft kann der strebsame Mensch mit Goethe und Heine, mit Hegel und Feuerbach, mit Comte und Littré, mit Lord Byron und Stuart Mill verkehren. Aber jemehr er in der Gemeinschaft dieser Geister, in diesen „Umgebungen" gelebt hat, desto sicherer wird er in Kollision mit der Gesellschaft geraten, die ihn unmittelbar, handgreiflich um-

giebt, d. h. wenn er nicht die von einem Kopenhagener Blatte
gepriesene „Schamhaftigkeit" besitzt, seine Ansichten für sich zu
behalten. Je stärkeren Drang er durch den Verkehr mit jenen
großen Geistern empfindet, sich selbst auf eigene Hand eine
Ueberzeugung zu bilden, desto sicherer mag er sein, daß die
Gesellschaft um ihn her ihn wie einen Empörer oder wie einen Feind
behandeln wird, bis sie selber allmählich die Ueberzeugungen an=
nimmt, welche er vertritt.

„Und nun noch ein Wort zum Schlusse. Man behandelt
mich, als wären die Ideen, von welchen ich inspiriert bin, und
welche ich ausspreche, meine Erfindungen. Diese Ideen sind
die Ideen des intelligenten Europas. Ist man ein Frevler,
wenn man dieselben besitzt, so liegt die Schuld nicht an mir,
sondern an der europäischen Wissenschaft. Oder vielmehr: sind
die Männer der jüngeren Generation Frevler, wenn sie diese
Überzeugungen hegen, so fällt die wahre Schuld auf die Männer
der älteren Generation. Weshalb erzogt ihr uns nicht besser?
Lassen sich jene Ideen widerlegen, weshalb widerlegtet ihr sie
uns nicht? War es möglich, das jetzt lebende Geschlecht zu
siegreichem Kampfe wider den freien Gedanken zu waffnen, wes=
halb gabt ihr uns nicht die Waffen dazu? **Ihr thatet es
nicht, weil ihr es nicht konntet, weil diese Ideen
unwiderleglich sind.** Ihr thatet es nicht, weil viele von
euch (die Führer der Presse z. B.) weit entfernt, die Ideen
des Zeitalters zu kennen, geschweige für dieselben begeistert zu
sein, nichts weiter vermochten, als uns so lange in Unkenntnis
derselben zu erhalten, bis wir völlig erwachsen waren und uns
selbst unsern Weg suchen mußten. Andererseits konntet ihr
uns nicht Scheuklappen vor die Augen binden, noch uns Baum=
wolle in die Ohren stopfen. Das Geschlecht, von welchem ihr
redet, ist ein Geschlecht, das Feuerbach studiert und wieder
studiert hat, das die vergleichende Mythologie entstehen sah, das
der religionsgeschichtlichen Kritik bei ihrem ersten großen Feld=
zuge gefolgt ist und Zeuge ihrer Eroberungen war. Wir haben
Strauß und Renan in succum et sanguinem vertiert, während
ihr noch kaum ihre Namen zu buchstabieren wißt. Ihr müßt
eine andere Sprache zu uns reden, als zu dem Geschlechte, das

Vorwort des Herausgebers. XVII

1848 zu euch empor sah, wir verstehen euch nicht mehr, so wenig wie ihr uns versteht. Seid ihr nicht im Stande gewesen, gegenüber der Kritik und ihrer großen, ernsten That uns eine Entgegnung und Abfertigung auf die Lippen zu legen, so habt ihr kein Recht, euch zu wundern, daß wir als wahr annehmen, was den Stempel der Wahrheit auf seinem Antlitz trägt, und was ihr nicht aus der Welt schafft, weil ihr euch gebärdet, als sei es nicht da Und den Ehrabschneidern unter euch sage ich: Bringt uns nur in Mißkredit bei dem Volke! Ihr könnt es nicht ewig auf der Geistesstufe festhalten, auf welcher es heute steht, wenn auch die Unwahrheit noch eine Zeitlang die zahlreichsten Anhänger finden mag. Die Unwissenheit war immer die Leibwache der Lüge. Aber die Zeit wird kommen, wo selbst die große Menge Ekel und Widerwillen an den Ueberresten der Vorurteile vergangener Zeiten empfinden wird, welche ihr ihm jetzt als Kost darbietet! Die Zeit wird kommen, wo man erkennt, daß die Epoche, welche ihr vertretet, tot ist, wenn ihr es auch leugnet, und die Leiche, gleich der Leiche jenes assyrischen Königs, nominell immer noch das Regiment führen laßt."

So viel über den Kampf des Dr. Brandes gegen die dänische Orthodoxie. Es erübrigt, ein paar Worte über den wissenschaftlichen Charakter eines Werkes zu sagen, das in Deutschland sicher eine gerechtere Anerkennung, als in der Heimat seines Verfassers finden wird.

G. Brandes liefert in seinen „Hauptströmungen der Litteratur des neunzehnten Jahrhunderts", zwar nicht in der Form, aber dem Wesen nach, gewissermaßen eine Fortsetzung und Ergänzung von H. Hettners Litteraturgeschichte des achtzehnten Jahrhunderts. Zum Unterschiede von diesem, stellt er sich allerdings nicht die Aufgabe, ein Gesamtbild der litterarischen Thätigkeit jedes einzelnen hervorragenden Schriftstellers in der von ihm behandelten Periode zu entwerfen; sein Thema ist ein begrenzteres, aber darum nicht minder interessantes. Während Hettner den Kampf für die großen Aufklärungsideen des vorigen Jahrhunderts, so zu sagen, in epischer Breite schildert, verdichtet sich dem dänischen Schriftsteller der reaktionäre Kampf, welchen die nächstfolgende Generation gegen diese Ideale erhob, um wider ihren

Willen den endlichen Sieg des geläuterten Humanitätsideals zu fördern, gleichsam zu einem dramatischen Gemälde. Die sechs Litteraturgruppen, in welche sein Stoff sich ihm gliedert, entsprechen in der That ziemlich ungezwungen den sechs Akten eines großartigen Dramas. Schon diese Gruppierung läßt erkennen, daß er, ähnlich wie Hettner, vor Allem bemüht ist, die Wechselwirkung der Ideen in den Litteraturen der Hauptkulturvölker Europas nachzuweisen. Diese Absicht tritt um so schärfer hervor, als er sich vorwiegend auf die Besprechung derjenigen Werke beschränkt, in welchen die geistige Entwickelung der Menschheit zu einem wesentlich veränderten Standpunkt gelangt und durch die Aufstellung neuer Ideale und Probleme, wenn auch oft auf seltsamen Umwegen, eine höhere Stufe erklimmt. Da diese Entwickelung ihrer Natur nach keine einseitig nationale, sondern eine allgemein europäische ist, so läßt sie sich, wie der Verfasser mit Recht betont, nur auf dem Wege vergleichender Litteraturbetrachtung, unter steter Rücksichtnahme auf die politischen, religiösen und sozialen Zeitverhältnisse verstehen. In der That bestrebt er sich mit seltener Unbefangenheit, jedes Litteraturprodukt ebenso sehr aus der Gefühls- und Anschauungsweise der Zeit, wie aus den charakteristischen Eigentümlichkeiten des Volkes zu erklären, welchem der betreffende Autor angehört. Diese Unparteilichkeit, dieser freie, vorurteilslose Blick sichert dem Brandes'schen Werke den Anspruch der Beachtung auch im Auslande, zumal in Deutschland, wo die Methode vergleichender Litteraturforschung seit dem glänzenden Vorgange Hettners sich ein für alle Mal wissenschaftliches Bürgerrecht erworben hat.

Was endlich die Arbeit des Herausgebers betrifft, so hat er sich, obschon er in einzelnen Punkten von den Ansichten des Verfassers abweicht, nicht für befugt erachtet, an dem Inhalte des von ihm übertragenen Werkes das Geringste zu ändern. Dagegen erschien es ihm passend, die durch den Vorlesungscharakter bedingten häufigen Anreden an die Zuhörer in einem für die Lektüre bestimmten Buche mit der objektiveren Form wissenschaftlicher Erörterungen zu vertauschen.

Adolph Strodtmann.

Einleitung.

Meine Absicht mit dem Werke, welches ich hier beginne, ist, durch das Studium gewisser Hauptgruppen und Hauptbewegungen in der europäischen Litteratur den Grundriß zu einer Psychologie der ersten Hälfte des 19. Jahrhunderts zu geben. Das Jahr 1848, welches ein europäisches Unwetter, einen historischen Wendepunkt und infolgedessen einen vorläufigen Abschluß bezeichnet, ist die Grenze, bis zu welcher ich dem Entwickelungsgange zu folgen beabsichtige. Der Zeitraum vom Beginn des Jahrhunderts bis zu seiner Mitte veranschaulicht das Bild vieler zerstreuter und scheinbar einander nicht berührender litterarischer Bestrebungen und eigenartiger Erscheinungen. Aber derjenige, welcher den Blick auf die Hauptströmungen in der Litteratur richtet, entdeckt, daß sich die Bewegungen auf einen großen Hauptrhythmus mit seiner Ebbe und Flut zurückführen lassen: auf das gradweise Sinken und Verschwinden des Gefühls- und Ideenlebens des vergangenen Jahrhunderts, sowie auf das Zurückkehren der Fortschrittsideen in neuen, immer höher steigenden Wogen.

Der zentrale Gegenstand dieser Schrift ist daher die Reaktion, welche das neunzehnte Jahrhundert in seinen ersten Dezennien gegen die Litteratur des achtzehnten ins Werk setzte und die Überwindung dieser Reaktion.

Dies historische Ereignis ist seinem Wesen nach europäisch und läßt sich nur mittels einer vergleichenden Litteraturbetrachtung verstehen. Eine solche will ich daher versuchen, indem ich mich bestrebe, gleichzeitig gewisse Hauptbewegungen in der deutschen, französischen und englischen Litteratur zu verfolgen, welche in diesem Zeitraume die wichtigsten sind.

Die vergleichende Litteraturbetrachtung hat die doppelte Eigenschaft, uns das Fremde solchergestalt zu nähern, daß wir es uns aneignen können, und uns von dem Eigenen solchergestalt zu entfernen, daß wir es zu überschauen vermögen. Man sieht weder, was dem Auge allzu nahe, noch was demselben allzu fern liegt. Die wissenschaftliche Litteraturbetrachtung giebt uns gleichsam ein Fernglas in die Hand, dessen eine Seite vergrößert, und dessen andere Seite verkleinert. Es gilt dasselbe so zu gebrauchen, daß wir die Illusion des natürlichen Gesichts dadurch korrigieren. Bis jetzt haben die verschiedenen Völker in litterarischer Hinsicht einander ziemlich fern gestanden und nur geringe Fähigkeit bewiesen, sich gegenseitig ihre Erzeugnisse anzueignen. Will man ein Bild des seitherigen Verhältnisses haben, so denke man an die alte Fabel vom Fuchse und Storche. Der Fuchs, weiß man, lud den Storch zu Gaste, aber er richtete all' die Leckerbissen, welche er ihm vorsetzte, auf einer flachen Schüssel an, so daß der Storch mit seinem langen Schnabel fast nichts erreichen konnte. Man weiß auch, wie der Storch sich rächte. Er tischte seine flüssigen und festen Speisen in einem hohen, enghalsigen Gefäße auf, in welches wohl der lange Storchschnabel, nicht aber die spitze Fuchsschnauze hinabtauchen konnte. So haben lange Zeit die verschiedenen Nationen wechselseitig Fuchs und Storch mit einander gespielt. Ein großer Teil der Aufgabe des ästhetischen Studiums besteht und bestand darin, die Mahlzeit des Storches auf dem Eßgeschirr des Fuchses, und umgekehrt, anzurichten.

Die Litteratur eines Volkes stellt, wenn diese Litteratur vollständig ist, die ganze Geschichte seiner Anschauungen und Gefühle dar. Große Litteraturen, wie die englische und französische, enthalten solchermaßen eine genügende Anzahl Dokumente, um aus denselben bestimmen zu können, wie das englische und französische Volk in jeder geschichtlichen Periode gedacht und gefühlt hat. Andere Litteraturen, wie z. B. die deutsche in ihrer zweiten Blütenperiode, welche erst ungefähr um die Mitte des vorigen Jahrhunderts beginnt, sind in diesem Sinne wegen ihrer Unvollständigkeit nicht so interessant. Noch mehr gilt das also von einer so späten Litteratur, wie die dänische. Das ganze Gefühlsleben des dänischen Volkes mittels derselben zu studieren, ist nicht möglich; dafür hat sie zu große Lücken. Es

giebt lange Zeiträume in der dänischen Litteratur, welche sich durch
kein poetisches oder psychologisches Manifest oder Denkmal von
irgendwelcher Bedeutung gekennzeichnet haben. Ist überhaupt
in solchen Zeiten gedacht oder gefühlt worden, so weiß man
heut zu Tage nichts davon. Außerdem aber war es das
Unglück des kleinen und abseits gelegenen Dänemark, daß es
nicht erster Hand irgend eine große europäische Geistesbe=
wegung hervorgebracht hat. Wir gaben nicht den Anstoß zu
den großen Veränderungen, wir erlitten sie, wenn wir sie
überhaupt erlitten. Wir empfingen z. B. die Ideen der Refor=
mation aus Deutschland, die Ideen der Revolution aus Frank=
reich. Unsere Litteratur gleicht einer kleinen Kapelle in einer
großen Kirche, sie hat ihren Altar, aber der Hauptaltar ist
nicht zu finden. Nicht genug also, daß es Zeiten giebt,
von welchen man nicht weiß, wie damals gedacht und gefühlt
wurde, es giebt auch Zeiten, wo man gedacht und gefühlt hat,
aber auf zweite Hand, schwächer und matter als anderswo.
So geschieht es zuweilen, daß eine der großen europäischen
Bewegungen Dänemark erreicht, eine andere nicht. Ein Losungs=
wort ergreift uns, ein anderes nicht. Ja, zuweilen, wenn wir
gar nicht an der Aktion teilgenommen haben, deren breite Wogen
unsere sandigen Ufer erst flach und kraftlos erreichen, trifft es
sich, daß wir in die Reaktion mit hineingeraten.

Ein solcher Fall, glaube ich, hat sich in diesem Jahr=
hundert ereignet. Das ist mir aufgefallen, und dieser Eindruck
hat mich zu den Untersuchungen veranlaßt, welche den Gegen=
stand meiner Vorträge bilden.

Jeder Gebildete weiß, welche gewaltige revolutionäre Be=
wegung am Ende des achtzehnten Jahrhunderts über die Welt
kam, und welche Folgen sie anderwärts in Politik und Litteratur
nach sich zog. Nun wohl! diese Bewegung ist ja in allen
wesentlichen Stücken gar nicht nach Dänemark gelangt. Um ein
Beispiel zu erwähnen: eins der Schlagwörter der Revolutions=
litteratur war der freie Gedanke. Aber dieser freie Gedanke,
der anderwärts in so kühnen Formen auftrat und so gigantische
Resultate herbeiführte, kam zu uns nur in der kläglich abge=
blaßten Form des theologischen Rationalismus. Hegel hat die

schönen Worte gesprochen: „So lange die Sonne am Firmamente stand, und so lange die Planeten sich um die Sonne drehten, war es nicht erlebt worden, daß der Mensch sich auf den reinen Gedanken gestellt, man könnte sagen, sich auf den Kopf gestellt und versucht hätte, die ganze Wirklichkeit nach seinem Kopfe umzubilden und aufzubauen. Alle früheren Revolutionen hatten lokale Zwecke gehabt, erst diese wollte die Menschheit umschaffen." Man kann nicht leugnen, daß wir Dänen das Dekorum bewahrten, wir stellten uns nicht auf den Kopf. Aber als nun diese gewaltige Aktion, welche aus dem Siegesbewußtsein des Gedankens, dem Fanatismus des reinen Gedankens hervorgegangen war, wie jeder große Strom, der aus seinen Ufer tritt, Gegenmaßregeln und eine Reaktion hervorrief, da kamen wir mit in die Reaktion. In all' unsern litterarischen Bewegungen zu Anfang dieses Jahrhunderts, in Oehlenschläger's Dichtungen, in Grundtvig's Predigten, in Mynster's Reden und Ingemann's Gedichten ist ein starkes Element der Reaktion wider das achtzehnte Jahrhundert. Daß eine solche Reaktion kam, war berechtigt und natürlich. Was ich aber als unberechtigt und naturwidrig nachweisen möchte, ist, daß diese Reaktion noch so lange bei uns fortdauert, nachdem sie anderwärts längst aufgehört hat und verschwunden ist.

Verstehen wir einander recht. Reaktion als solche ist durchaus nicht gleichbedeutend mit Rückschritt. Weit entfernt davon! Im Gegenteil, eine wahre, ergänzende, korrigierende Reaktion ist Fortschritt. Aber eine solche Reaktion ist kräftig, von kurzer Dauer und stagniert nicht. Nachdem sie eine Zeitlang die Ausschreitungen der vorhergehenden Periode bekämpft, nachdem sie aus Licht gezogen hat, was diese zurück drängte, nimmt die folgende Periode den Gehalt der vorhergehenden in sich auf, versöhnt sich mit derselben und setzt ihre Bewegung fort. Das ist bei uns nicht geschehen. Wenn ein Stock nach einer Seite gebogen worden ist, macht man ihn gerade, indem man ihn nach der anderen biegt — aber man thut das nicht unaufhörlich. Jene Reaktion wider das achtzehnte Jahrhundert setzt sich hier zu Lande schleppend, verdrossen, mit Unterbrechungen fort, aber sie scheint kein Ende nehmen zu wollen, und infolgedessen ist die dänische Litteratur in eine Schläfrigkeit versunken, die uns nachgerade selbst Verwunderung erregt. Deshalb reizte es mich, zu schildern, wie eine Reaktion, ja dieselbe Reaktion anderwärts ihr Ende gefunden hat.

Was ich darstellen will, ist eine geschichtliche Bewegung, welche ganz den Charakter und die Form eines Dramas trägt. Die sechs verschiedenen Litteraturgruppen, welche ich vorzuführen gedenke, entsprechen völlig den sechs Akten eines großen Dramas. In der ersten Gruppe, der französischen, von Rousseau inspirierten Emigranten-Litteratur, beginnt die Reaktion, aber hier sind die reaktionären Strömungen noch überall mit den revolutionären gemischt. In der zweiten Gruppe, der katholisierenden romantischen Schule Deutschlands, ist die Reaktion im Steigen, sie geht weiter, sie hält sich ferner von den Freiheits- und Fortschrittsbestrebungen des Zeitalters. Die dritte Gruppe endlich, welche Schriftsteller wie Joseph de Maistre, wie Lamennais in seiner orthodoxen Periode, wie Lamartine und Victor Hugo zu der Zeit, wo sie während der Restauration noch die besten Stützen der Legitimisten und Klerikalen waren, umfaßt, bezeichnet die heftige, die triumphierende Reaktion. Byron und sein Anhang bilden die vierte Gruppe. Dieser eine Mann bewirkt den Umschlag in dem großen Drama. Der griechische Freiheitskrieg bricht aus, ein frischer Hauch weht über Europa hin, Byron fällt in heldenmütiger Aufopferung für die griechische Sache, und sein Tod macht einen ungeheuren Eindruck auf alle Schriftsteller des Festlands. Kurz vor der Julirevolution wechseln daher alle großen Geister Frankreichs ihre Richtung, sie bilden die fünfte Gruppe, die romantische Schule Frankreichs, und die neue liberale Bewegung wird durch Namen wie Lamennais, Hugo, Lamartine, Musset, George Sand ꝛc. charakterisiert. Und da jetzt die Bewegung von Frankreich nach Deutschland hinüber geht, siegen auch dort die liberalen Ideen, indem die sechste und letzte Gruppe von Schriftstellern, welche ich schildern will, von den Ideen des Freiheitskrieges und der Julirevolution inspiriert wird, und, wie die französischen Dichter, in Byron's großem Schatten den Führer der Freiheitsbewegung erblickt. Die Schriftsteller des jungen Deutschland, von denen die wichtigsten, wie Heine, Börne (und später Auerbach), von jüdischer Abstammung sind, bereiten, wie die zeitgenössischen französischen Schriftsteller, die Umwälzung von 1848 vor.

Ich glaube, wir Dänen können aus diesem großen Drama eine Lehre für uns selber ziehen. Wir sind nämlich diesmal, wie gewöhnlich, zirka vierzig Jahre hinter dem übrigen Europa zurückgeblieben. Seit lange schon hat in den Litteraturen jener großen Hauptländer der Revolutionsstrom seine Nebenflüsse aufgenommen und die Dämme gesprengt, welche ihm den Weg versperren sollten; er ist in Tausende von Kanälen hinein geleitet worden. Wir arbeiten noch daran, ihn zu hemmen und ihn im Sumpfe der Reaktion festzuhalten. Aber wir haben nur die Entwickelung unserer Litteratur gehemmt.

Es wird kaum schwierig sein, ein übereinstimmendes Urteil darüber zu erlangen, daß die dänische Litteratur sich niemals in diesem Jahrhundert in einem so hinsiechenden Zustande befunden hat, wie in unseren Tagen. Die poetische Produktion ist so gut wie völlig erstorben, und kein Problem allgemein menschlicher oder gesellschaftlicher Art vermag Interesse zu erwecken oder eine andere Diskussion hervorzurufen, als in der Tagespresse und in der Tageslitteratur. Eine starke Original-Produktivität haben wir nie besessen, jetzt ist ein fast absoluter Mangel an der Aneignung fremden Geisteslebens hinzugetreten, und die geistige Taubheit hat, wie die Taubheit bei dem Taubstummen, Stummheit zur Folge gehabt.

Daß eine Litteratur in unseren Tagen lebt, zeigt sich dadurch, daß sie Probleme zur Debatte bringt. So bringt z. B. George Sand das Verhältnis zu den beiden Geschlechtern zur Debatte, Byron und Feuerbach die Religion, Proudhon und Stuart Mill das Eigentum, Turgenjew, Spielhagen und Emile Augier die Gesellschaftsverhältnisse. Daß eine Litteratur nichts zur Debatte bringt, heißt, daß sie im Begriffe steht, alle Bedeutung zu verlieren. Das Volk, welches sie erzeugt, mag sich dann noch so lange einbilden, alles Heil der Welt würde von ihm herkommen, es wird sich in seiner Erwartung getäuscht sehen, es ist so wenig ein Volk, das die Entwickelung und den Fortschritt lenkt, wie die Fliege solches that, als sie den Wagen vorwärts zu treiben vermeinte, weil sie dann und wann seinen vier Pferden einen unbedeutenden Stich gab.

Eine solche Gesellschaft kann noch manche Tugenden bewahren, kriegerischen Mut zum Beispiel, diese Tugenden können nicht die Litteratur aufrecht erhalten, wenn der intellektuelle Mut gesunken und entwichen ist. Jede stagnierende Reaktion ist tyrannisch, und wenn eine Gesellschaft sich allmählich so entwickelt hat, daß sie unter der Maske der Freiheit die Züge der Tyrannei trägt, wenn das öffentliche Aussprechen jeder rücksichtslos freisinnigen Anschauung oder Darstellung einen Ausschlußbefehl von der Gesellschaft, von dem geachteten Teil der Presse, von einer großen Zahl der Staatsämter zur Folge hat, so werden natürlich weit ungewöhnlichere Bedingungen als sonst erforderlich sein, um die Art von Anlagen und die Art von Charakteren zu bilden, auf denen der Fortschritt eines Gemeinwesens beruht. Wenn eine solche Gesellschaft nur eine Art von Poesie erzeugt, so kann man sich nicht allzu sehr darüber wundern, daß ihr wesentlicher Inhalt darin besteht, ihr Zeitalter zu verhöhnen und zu schmähen. Eine solche Poesie wird den Menschen ihres Zeitalters immer und immer wieder einen erbärmlichen Wicht nennen, und man wird vielleicht erleben, daß die Werke welche am meisten gerühmt und gekauft werden (Ibsen's „Brand" z. B.), diejenigen sind, in denen der Leser zuerst mit einer Art Grausen, später mit einer Art Wollust, so recht empfindet, welch' ein Wurm, wie nichtswürdig und mutlos er ist. Man wird vielleicht auch erleben, daß das Wort „Wille" das Stichwort für ein solches Geschlecht wird, daß es mit Willens-Dramen und Willens-Philosophieen hausieren geht. Man verlangt das, was man nicht hat. Man schreit nach dem, was man am bittersten entbehrt. Man bringt das zu Markte, wonach die Nachfrage am größten ist. Aber man würde sich trotz alledem irren, wenn man pessimistisch wähnte, bei einem solchen Geschlechte sei weniger Mut, Entschlossenheit, Begeisterung und Wille vorhanden, als durchschnittlich bei so vielen anderen. Es ist eben so viel Mut und Freisinn da, aber es wird mehr erfordert. Denn wenn die Reaktion in einer Litteratur die neuen Gedanken zurückdrängt, und wenn die Gesellschaft, von welcher sie ausgegangen ist, wohl zu merken, nicht, wie die englische z. B. sich täglich wegen ihrer Heuchelei und Konvenienz hat müssen anklagen, verhöhnen, ja verwünschen hören, sondern im Gegenteil von ihrer Freisinnigkeit überzeugt ist und man ihr täglich um deswillen ein Weihrauchfaß vor der Nase schwingt, so sind bei denen, welche sonst vielleicht der Litteratur neues Blut einflößen könnten, besondere Eigenschaften und besondere Verhältnisse erforderlich. Ein Soldat bedarf keines ungewöhnlichen Mutes, um, durch einen Erdwall gedeckt, auf den Feind zu schießen; aber hat man ihn erst so schlecht geführt, daß er keine Deckung findet, dann wundere man sich nicht, wenn der Mut ihm vergeht.

Eine Verknüpfung verschiedener Ursachen hat bewirkt, daß die dänische Litteratur in geringerem Grade, als die größeren, im Dienste des Fortschritts gearbeitet hat. Selbst Umstände, welche die Entwickelung unserer Poesie begünstigt haben, sind uns hier hinderlich gewesen. So will ich einen Zug von Kindlichkeit im dänischen Volkscharakter hervorheben. Wir verdanken dieser Eigenschaft die in ihrer Art fast einzige Naivetät unserer Poesie. Naivetät ist eine in eminentem Sinne poetische Eigenschaft, und man findet sie bei fast all unsern Dichtern von Oehlenschläger und Ingemann bis zu Andersen und Hostrup. Aber Naivetät ist kein revolutionärer Hang. Sodann hebe ich den stark abstrakten Idealismus unserer Litteratur hervor. Dieselbe handelt nicht von unserm Leben, sondern von unserm Träumen. Dieser Idealismus hat, wie der Idealismus und die Scheu vor der Wirklichkeit in allen Litteraturen, seine Ursache darin, daß unsere Poesie sich unter einem politisch jammervollen und gebrochenen Zustande als eine Art Trost in der Widerwärtigkeit des realen Lebens, als eine Art geistiger Eroberung entwickelte, die uns trösten sollte über die materiellen Verluste. Aber sie hat einen traurigen Mangel als Andenken daran bewahrt.

Es begegnet zuweilen dem Dänen im Auslande, daß ein Fremder nach einigen Gesprächen über Dänemark die Frage an ihn richtet: „Wie kann man sich über die Bestrebungen ihres Landes unterrichten? Hat ihre zeitgenössische Litteratur den einen oder andern handgreiflichen und leicht faßlichen Typus entwickelt?" Der Däne wird um die Antwort verlegen sein. Wir wissen alle so ungefähr, welche Art und Klasse von Typen das achtzehnte Jahrhundert dem neunzehnten hinterließ. Nennen wir ein Paar der Hauptrepräsentanten in einem einzigen Lande, wie Deutschland. Da ist Nathan der Weise, das Ideal der Aufklärungsperiode, das will sagen Toleranz, edle Humanität und durchgebildeter Rationalismus. Man darf schwerlich behaupten, daß wir Dänen dies Ideal festgehalten oder es weiter gebildet hätten, wie es z. B. in Deutschland durch Schleiermacher und nachmals durch so viele Andere geschah. Mynster war unser Schleiermacher, aber welcher Abstand ist zwischen Schleiermacher's Freisinn und Mynster's Orthodoxie! Und Schritt für Schritt haben wir uns vom Rationalismus entfernt, ohne ihn aufzunehmen, ohne ihn weiter zu bilden. Clausen war eine Zeitlang der Wortführer desselben, aber er ist es nicht mehr. Auf Heiberg folgt Martensen, und Martensen's „Spekulative Dogmatik" wird von der „Christlichen Dogmatik" abgelöst. In Oehlenschläger's Dichtungen weht noch ein rationalistischer Hauch, aber das Geschlecht Oehlenschläger's und Oersted's zeugt das Geschlecht Kierkegaard's und Paludan-Müller's.

Die deutsche Litteratur des achtzehnten Jahrhunderts übergab uns noch manche andere poetische Ideale. Da ist Werther, das Ideal der Sturm- und Drang-Periode, das will sagen, der Kampf der Natur und der Leidenschaft wider die herkömmlich geordnete Gesellschaft; sodann Faust, der inkarnierte Geist der neuen Zeit und ihrer Erkenntnis, welcher, nicht zufrieden mit dem, was die Aufklärungsperiode errungen hat, einen höheren Standpunkt, ein höheres Glück und eine tausendfach höhere Macht ahnt, da ist ferner Wilhelm Meister, der Typus der humanen Bildung, welcher die Schule des Lebens durchläuft und vom Lehrling zum Meister wird, welcher damit beginnt, vor dem Leben fliehend nach Idealen zu jagen, aber welcher damit endet, das Ideal in der Wirklichkeit zu finden, und welchem die zwei Benennungen in eins verschmelzen. Da ist Goethe's Prometheus, der, Menschen bildend, die Philosophie Spinoza's in begeisterten und erhabenen Rhythmen verkündet.

Da ist endlich Marquis Posa, die echte Verkörperung der Revolution, der Apostel und Prophet der Freiheit, der Typus seines Geschlechtes, das, sich empörend über alle todesreifen Ueberlieferungen, den Fortschritt möglich und die Menschheit glücklich machen wollte.

Mit solchen Typen hinter sich beginnt unsere dänische Litteratur. Bildet sie dieselben weiter? Man kann das nicht sagen. Denn worauf würde der Fortschritt beruhen? Er beruht auf dem, was seither geschehen ist. Es ist nicht in dieser Form gedruckt worden, aber ich will es hier aussprechen. Eines schönen Tages, als Werther, wie gewöhnlich spazieren ging und verzweiflungsvoll für Lotten schwärmte, fiel es ihm ein, daß das Band zwischen Albert und ihr doch allzu wenig bedeute, und er eroberte sie von Albert. Eines schönen Tages ward Marquis Posa es müde, am Hofe Philipp's II. den tauben Ohren des Tyrannen Freiheit zu predigen, und er rannte ihm seinen Degen durch den Leib, — und Prometheus erhob sich von seinem Felsen und säuberte den Olymp, und Faust, der vor dem Erdgeist aufs Knie gesunken war, bemächtigte sich seiner Erde und machte sie sich unterthan mit Hilfe des Dampfes, der Elektrizität und der methodischen Forschung.

Sehen wir, in welcher Gestalt unsre beginnende poetische Litteratur sich zum ersten Mal ihre Form giebt. Diese Gestalt ist „Aladdin". Aladdin ist der Glückliche, wie ihn Schiller in seinem Gedicht „das Glück" geschildert hat, und Aladdin bedeutet das Recht der Poesie und der Naivetät, zu existieren und zu siegen. Es ist eine Dichtung über die Dichtung, es ist die Poesie, welche ihr eigenes Recht geltend macht, die Poesie, welche sich selbst im Spiegel beschaut und verwundert ihre eigene Schönheit erblickt, ein Thun, das sie nicht dauernd fortsetzen kann, ohne zur Strafe dafür ein schlaffer und wollüstiger Narzissus zu werden. Und noch ein Zug: Aladdin ist das Genie, und mit der ganzen sublimen Kühnheit des göttlich begabten Geistes entthront Oehlenschläger die Faustgestalt, macht Faust zu einem Nureddin, und läßt diesen Faust wie einen Wagner enden. Ich halte jeden Erguß meiner fast uneingeschränkten Begeisterung für dies Gedicht zurück und setze nur meinen Gedankengang fort. Aladdin ist das Genie, aber welche Art von Genie? Auf welcherlei geniale Naturen paßt dies Bild? Auf Geister vielleicht wie Oehlenschläger selbst oder wie sein Zeitgenosse Lamartine, aber sicherlich nicht auf Geister wie Shakespeare, wie Leonardo, wie Michel Angelo, Beethoven, Goethe und Schiller, Hugo und Byron, am allerwenigsten auf Napoleon, der vielleicht am unmittelbarsten den Anlaß zu „Aladdin" gegeben hat. Denn das Genie ist nicht der geniale Müßiggänger, sondern der geniale Arbeiter, und die angeborenen Gaben sind nur das Werkzeug, nicht das Werk.

Dann folgen Figuren wie Oehlenschläger's nordische Heldengestalten, Hakon, Palnatoke, Axel, Hagbarth, Ideale von Kraft und Liebe, die, ohne mit solcher Stärke der Phantasie erschaffen zu sein, daß sie antik wären, doch unserm Zeitalter allzu fern stehen, um ein wirkliches Verhältnis zu demselben zu haben. Bei all ihrer Schönheit sind sie zu abstrakt und ideal, um mehr als unvollkommen die Zeit abzuspiegeln, in welcher sie entstanden, und ihre praktische Wirkung auf die Gemüter ist schon dadurch stark begrenzt, daß sie sich ja als Vorzeitsideale ankündigen. Es ist nicht mehr der Seeleninhalt der modernen Zeit, der sich in ihnen formen will; mit Bewußtsein wird die Psychologie zurückgeschraubt und eine Reinigung von allem spezifisch und unzweideutig Modernen versucht. Es ist lehrreich, sie mit den Helden einer gleichzeitigen Schaubühne, mit den Gestalten Victor Hugo's zu vergleichen. Diese stehen vielleicht in poetischer Hinsicht zurück. Aber man fühlt stärker das Weben einer neuen Zeit, wenn man Victor Hugo's zornschnaubende Plebejer über die Bühne schreiten sieht. Deshalb wurden auch Victor Hugo's erste Tragödien sämtlich von der bestehenden Regierung verboten, was nie einem dänischen Stücke widerfahren ist — eine Eigentümlichkeit, welche man je nach seinen Sympathieen als ein Zeichen des rein dichterischen oder als ein Zeichen des rein wirkungslosen Charakters unserer Poesie auslegen mag. Noch ganz anders abstrakt, ja, so zu sagen blutlos werden die Typen in einer Litteraturgruppe, die sich an Oehlenschläger's dramatische Arbeiten anschließt und unser Mittelalter behandelt, nachdem jene unsere Vorzeit behandelt haben. Ich meine Ingemann's Romane. Die Lebenserfahrung und das Lebensstudium, worauf diese Werke beruhen, ist äußerst gering. Sie behalten einen andern Wert; aber zum Leben haben sie kein oder fast gar kein Verhältnis, obschon sie zu den Büchern gehören, welche im übrigen die größte praktische Wirkung geübt haben. Sie gehören dem aus Schottland eingeführten verfehlten und jetzt verlassenen Genre des historischen Romanes an, das von einem Vollblut-Tory erfunden, aus einem Geisteszustande hervorgegangen war, welcher, wie der unsrige, all seine Ideale der Vergangenheit entnahm.

An einem solchen Geisteszustande prallen alle großen Ereignisse des Jahrhunderts ab. Der griechische Freiheitskrieg, dessen Ausbruch anderwärts das Signal zu so gewaltigen litterarischen Umwälzungen giebt, der in Frankreich und Deutschland ganzen Schulen den Todesstreich versetzt und neue Schulen erweckt, der eine ganze Schriftstellerschar veranlaßt, ihre Gesinnungsrichtung zu ändern und in den Dienst der Opposition zu treten, hinterläßt in der Poesie Dänemarks fast keine andere Spur, als jene berühmten Zeilen in Heiberg's Vaudeville „König Salomon und der Hutmacher Jürgen": „Was halten der Herr Baron von den griechischen Angelegenheiten?" Ein Ereignis wie die Julirevolution von 1830 setzt sich bei einem so kühnen und freisinnigen Geiste wie Paul Möller kein anderes Denkmal, als jenes sonst so schöne und charakteristische Gedicht „Der Künstler unter den Rebellen", ein Gedicht, welches durch seine Loyalität, seine ästhetische Gleichgültigkeit wider die Ereignisse der Außenwelt, seine grenzenlose Verachtung aller Gesellschaftsbewegungen die ganze Epoche in Dänemark abschildert. Für Paul Möller personifizierten sich die Revolutionen wirklich in „zwei freisinnigen Jungen und einem lahmen Redakteur". Byrons das halbe Jahrhundert beherrschende Poesie, welche durch seinen Heldentod rings über die Welt verpflanzt wird, gelangt auch zu uns, aber nur die Draperie gefällt hier, und man hütet sich wohl, die Gedanken und Typen sich anzueignen. Eine unserer edelsten und schönsten Dichternaturen, der Bischofssohn Frederik Paludan-Müller, eignet sich das Versmaß, den

Rhythmus, den Stimmungswechsel, das barocke Hin- und Herschwanken zwischen Pathos und Ironie in den Byron'schen Heldengedichten an, aber nur um diese Form als Einkleidung für die ganze herkömmliche Denk- und Gefühlsweise zu benutzen. Er gießt den alten Wein in die neuen Schläuche und entwickelt seine Poesie nach und nach zu einem begeisterten Plaidoyer für asketische Moral und die starrste Orthodoxie.

Eine der Ursachen für diese Erscheinung muß sicherlich in der Beschaffenheit jener Gesellschaftsklasse gesucht werden, welche in diesem Jahrhundert nicht nur unsere dänische schöne, sondern auch zum großen Teil unsere wissenschaftliche Litteratur erzeugt hat. Während Frankreichs und Englands Litteraturen zumeist von unabhängigen, zum Teil hochgestellten Männern mit freiem Blick und weitem Gesichtskreis entwickelt sind, und während die deutsche Litteratur trotz ihres Professorengepräges den Charakter geistiger Unabhängigkeit trägt, welche während der politischen Unfreiheit der Deutschen das teuerste Gut der Nation war, ist unsere neuere Litteratur zum überwiegendsten Teile von kleinen Beamten, oder doch von Männern mit einer unfreien amtlichen Schulbildung hervorgebracht. Während der französische und englische Adel, die großen Landedelleute, die großen Politiker, bedeutsame Beiträge zur Litteratur ihres Landes geliefert haben, während ihre eigentlichen Schriftsteller oft abseits vom regulären bürgerlichen Leben als Reisende oder Bohémiens lebten, hat unser Adel, der alte dänische sowohl, wie der spätere, keine Rolle in unserer neueren Litteratur gespielt, desgleichen der wohlhabendere Bürgerstand, und ein paar Zigeunerexistenzen haben kaum irgendwelche Bedeutung gehabt — unsere Litteratur und unsere Kultur ist von der Kopenhagener Universität und den Pfarrhöfen auf dem Lande ausgegangen. Eine ganz unverhältnismäßig große Anzahl der tonangebenden Männer sind Prediger, Predigersöhne oder theologische Kandidaten gewesen. So stark ist sogar der theologische Einfluß gewesen, daß, wenn man sich ein Land von Dänemarks Größe wie eine Art China verwaltet dächte und sich ein Gesetz vorstellte, kraft dessen in einer bestimmten Zeit nur theologische Kandidaten Stimmrecht in der Litteratur und die

Befugnis haben sollten, die Eindrücke von auswärts zu bearbeiten, so möchte es eine interessante Aufgabe sein, zu untersuchen, wodurch sich wohl eine solche, von Kandidaten des Predigtamtes verfaßte Litteratur von einer großen Periode und Gruppe der unsrigen unterscheiden würde.

Es scheint, als sollte es uns nicht gelingen, etwas Typisches in einer anderen Form, als der abstrakt karikierten, auszudrücken. Auf all' jene positiven Gestalten folgt eine Reihe negativer Bilder. Heiberg sammelt die Charakterzüge aus all seinen Vaudevilles zu einem Bilde des Kopenhagener Spießbürgers in dem Gedicht „Eine Seele nach dem Tode"*), und Paludan-Müller schreibt sein Meisterwerk „Adam Homo", streng genommen der einzige wirklich typische und für einen Fremden lehrreiche dänische Roman. Derselbe verdichtet gleichsam die ganze Schlaffheit und Nichtswürdigkeit der europäischen Reaktionszeit zu einer Essenz. Adam Homo ist der Mensch im Allgemeinen, ja wohl, aber der Mensch aus der Zeit Christians VIII. Gleichzeitig verliert sich bei uns daheim die importierte philosophische Bewegung, die aufkeimende Hegelsche Schule erstirbt, Heiberg wird durch Kierkegaard, und die Leidenschaft, zu denken, durch die Leidenschaft, zu glauben, abgelöst. Die philosophische Bewegung hört vorläufig auf, ohne ein Buch, geschweige ein Werk geschaffen zu haben, und die ethisch-religiöse Tendenz, welche jetzt beginnt, erhält ihre Parallele und ihre Fortsetzung innerhalb der Poesie. Eine Anzahl schöner, aber kindlicher Bauernnovellen, die Hirtenszenen unsres Jahrhunderts, folgen dem religiösen Strome. Aber höher und höher steigt der Enthusiasmus für positive Religion und asketische Moral. Man überbietet sich darin, Ideale aufzutürmen, von deren schwindelnder Höhe die Wirklichkeit nur noch als ein fern liegender schwarzer Punkt erscheint.

Wohin hat diese Strömung geführt? Zu Gestalten wie Paludan-Müller's „Kalanus", welcher sich in der Ekstase selbst auf dem Scheiterhaufen verbrennt, und wie Jbsen's „Brand", dessen Moral, wenn man ihr folgte, die Hälfte der Menschheit veranlassen würde, aus Liebe zum Ideal zu verhungern.

---

*) Deutsch von J. A. Leo. Berlin. 1861.

Und damit haben wir geendet. Nirgends in ganz Europa
so exaltierte Ideale, und an wenig Orten ein platteres geistiges
Leben! Denn man müßte doch äußerst naiv sein, um zu
glauben, daß unser Leben jenen Typen entspräche. So stark
ist die Strömung gewesen, daß selbst eine so revolutionär an-
gelegte Natur wie Ibsen in dieselbe hineingezogen ward. Ist
„Brand" Revolution oder Reaktion? Ich wüßte es nicht zu
sagen, so viel hat dies Gedicht von dem Einen wie von dem
Andern.

Die zwei großen Grundgedanken des vorigen Jahrhunderts
waren diese: in der Wissenschaft die freie Forschung, in der
Poesie die freie Entfaltung der Humanität. Was sich nicht
mit diesem Strome bewegt, das sinkt dem Verfall entgegen und
nimmt die Richtung nach Byzanz. Denn außerhalb dieser
Bewegung sind alle Bewegungen byzantinisch. In der Wissenschaft byzantinische Scholastik, in der Poesie Gestalten und
Geister, die nicht mehr Gestalten und Geistern ähnlich sind,
einförmig und abstrakt.

Gebt einem Sirius-Bewohner, der nur unsere dänische
klassische moderne Poesie durchgelesen hat, ein paar ausländische
Dramen in die Hand, z. B., Alexandre Dumas' „Le fils
naturel", Emilie Augier's „Le fils de Giboyer" oder „Les
effrontés", und er wird mit zahllosen Gesellschaftszuständen
und Gesellschaftsproblemen vertraut werden, die er nicht kannte,
weil sie zwar in unserer Gesellschaft, aber nicht in unserer
Litteratur existieren. Denn der moralischen Wut entspricht als
Gegensatz die moralische Prüderie. Was haben wir aus jenem
ersten Aufschwunge gemacht, da man hier zu Lande, wie überall
beim Beginn des Jahrhunderts, zum ersten Mal eine Poesie
hinter den drei Einheiten, eine Gottheit hinter der Dreieinigkeit,
ein Glück der Liebe hinter der konventionellen Ehe, eine
Wahrheit hinter den Dogmen, eine Gleichheit hinter dem Kasten-
unterschiede und der Rangordnung, eine Freiheit hoch über
dem Zwange der Konvenienz, der Gesellschaft und der Alltags-
moral erspähte!

Oehlenschläger emanzipierte die dänische Poesie von der
Moral der Nützlichkeitsperiode. Er siegte, wiewohl nach hartem

Kampfe, und die Poesie ward frei. Heiberg brachte die Logik eben so erfolgreich zu Ehren, wie Jener die Poesie, er emanzipierte die ästhetische Kritik von dem Gefühlsräsonnement und eroberte der Philosophie ein neues Gebiet. Dann kam das erste Verlangen nach politischer Freiheit. Aber die Bannerführer der Litteratur antworteten: Was ruft ihr nach politischer Freiheit? Die wahre Freiheit ist die eigene innere Freiheit des Willens, die zu erringen ist euch stets erlaubt, und die andere ist, wenn ihr jene habt, ohne alle Bedeutung.

Und man schrieb große metaphysische Abhandlungen über die Freiheit des Willens, über Determinismus und Wahnsinn; man schrieb neue politische über Freiheit und Verfassung und bewies, daß ein Land eine Konstitution auch ohne konstitutionelle Regierungsform, wahre Freiheit auch ohne formulierte Freiheiten besitze; aber es gelang doch nicht, die Gemüter zu beruhigen, und wir erhielten die politische Freiheit. Sollte nicht die Bedingung eines weiteren Fortschritts abermals die sein, daß Freiheit — Geistesfreiheit — wieder die Losung würde, daß der Ruf erklänge: wir wollen den freien Gedanken und die freie Humanität? Es wird dann nichts helfen, daß man antwortet: „Was ruft ihr nach Freiheit, ihr habt ja schon jede, die ihr euch wünschen könnt", und man meint die politische Freiheit. Man wird sich mit dieser nicht zufrieden erklären. Es sind nicht so sehr äußere Gesetze, die man zu ändern braucht, obschon auch diese; es ist viel mehr die ganze Gesellschaftsanschauung, welche das jüngere Geschlecht von Grund aus umbilden und aufpflügen muß, bevor eine neue Litteratur entsprießen kann. Die Hauptarbeit wird sein, durch eine Menge von Kanälen die Strömungen, welche ihren Quell in der Revolution und den Fortschrittsideen haben, nach Dänemark zu leiten und der Reaktion auf allen Punkten Einhalt zu thun, wo ihre Aufgabe historisch beendet ist.

Die Emigrantenlitteratur.

Der Uebergang vom 18. zum 19. Jahrhundert geschah in Frankreich unter wiederholten sozialen und politischen Ausbrüchen von bis dahin niegesehenem Umfang und Kraft. Die neue Saat, welche die großen Gedanken und Begebenheiten der Revolution ausgestreut hatten, schoß jedoch nicht sofort in der Litteratur auf. Sie konnte es nicht; denn zweimal in kurzen Zwischenräumen ging eine alle individuelle Freiheit zerstörende Tyrannei wie eine Walze über Frankreich: zuerst die Diktatur des Konvents dann diejenige des Kaiserreiches. Die erste Schreckensherrschaft schreckte, guillotinierte, verbannte Jeden, dessen politische Farbe nicht auf das Genaueste mit der eben obenaufschwimmenden des herrschenden Volksgeistes übereinstimmte — die Aristokratie, das Königshaus, die Geistlichkeit, die Girondisten wurden unter der Walze zermalmt — und man floh lieber in die stillen Bissen der Schweiz oder in die einsamen Steppen Nordamerikas, um dem Geschick zu entgehen, welches die nächsten Angehörigen getroffen hatte und einem selber drohte. Die zweite Schreckensherrschaft zerschmetterte, verjagte, chikanierte, verhaftete, erschoß, verwies Alles des Landes, was sich nicht anders zum Schweigen bringen ließ — eine Stille, die nur von Hochrufen auf den Kaiser unterbrochen werden durfte — und so wurden Legitimisten und Republikaner, Konstitutionelle und Liberale, Philosophen und Dichter unter der Alles nivellierenden Walze zermalmt, wenn sie es nicht vorzogen, zerstreut und zersprengt nach allen Richtungen, sich einen Zufluchtsort außerhalb des Kaiserreichs zu suchen. Und das war nicht leicht, denn es folgte ihnen auf den Fersen, so schnell erweiterte es sich; es verschlang Italien und Deutschland in großen Bissen und nirgends war man sicher, nicht von seinen Armeen überrascht zu werden, es holte die Flüchtigen sogar in Moskau ein.

Unter diesen beiden großen Zwangsherrschaften wurde einzig und allein nur außerhalb Paris, in einsamen Orten der Provinzen oder auf dem Lande, wo die Bewohner sich dann so still wie Tote verhielten, häufiger aber noch außerhalb Frankreichs Grenzen, in der Schweiz, in Nordamerika, in Deutschland und England, von Franzosen litterarisch gearbeitet. Denn nur dort konnten die selbständigen Geister unter den Franzosen existieren, wie auch nur von solchen eine Litteratur begründet und gefördert werden kann. Die erste französische Litteraturgruppe in diesem Jahrhundert, welche von so vielen zerstreuten Punkten aus begründet wird, hat nun als gemeinsamen Grundzug, daß sie oppositionell ist.

Hiermit soll jedoch nicht gesagt werden, daß die Schriftsteller über gewisse Grundprinzipien einig sind — sie sind oft im höchsten Grade uneinig unter einander — aber der Haß gegen die Regulierungsbestrebungen der Schreckensherrschaft und Napoleons verbindet sie alle. Was sie auch ursprünglich sind und wozu sie sich später unter der Restauration entwickeln, zu Reformatoren auf litterarischem Gebiet, zu reaktionären Legitimisten oder zu liberaler Opposition, so haben sie doch zur Jahrhundertwende als Gegner der herrschenden und gegebenen Zustände ein ernstes gemeinsames Gepräge. Und hierzu kommt als der nächste entscheidende Zug, ihre gemeinsame schwierige Stellung als Erben des 18. Jahrhunderts, welches ihnen noch in zwölfter Stunde das Kaiserreich, gegen welches sie protestierten, vermacht hatte. Einzelne von ihnen wollten am liebsten ganz von dem Erbe mit seiner Schuld absehen, andere wieder wollen das Erbe, doch ohne die Schuld übernehmen. Alle fühlen sie es, daß die geistige Bewegung des neuen Jahrhunderts von anderen Voraussetzungen ausgehen müsse als von denjenigen, auf welche das alte gebaut hatte. Als sich die Flügelthüren des 19. Jahrhunderts öffnen, stehen sie alle mit spähenden Blicken und starren herein, sie ahnen die Umrisse des neuen, glauben sie undeutlich zu erblicken, und schon formt sich für sie das Kommende nach ihren Fähigkeiten und Wünschen, und sein Wesen wird von ihnen ausgedrückt. So erhalten sie alle das Gepräge, als ob sie etwas vorbereiteten, einleiteten, als ob sie Bringer und Träger eines neuen Zeitgeistes wären.

Es war in Frankreich ein größeres Feld für litterarische Erneuerungsversuche als in irgend einem anderen europäischen Hauptland. Denn die Litteratur des vorigen Jahrhunderts war daselbst in Formwesen ausgemündet.

Die Salon- und die akademische Bildung im Verein, hatten sie in gewisse, einmal gegebene, steife und magere Formen gezwängt. Sie war in das Eisenkorset des sogenannten guten Geschmackes eingeschnürt. Die Franzosen waren es, welche am Schlusse des achtzehnten Jahrhunderts die politischen Zustände und die Sitten revolutionierten. Die Deutschen waren es, welche die litterarischen Ideen reformierten. Frankreich bot von jeher den Gegensatz eines Landes, das, während es in allen äußeren Verhältnissen die Veränderung liebt und, wenn es diesem Hange folgt, selten Maß oder Schranke zu halten weiß, zu gleicher Zeit in litterarischer Hinsicht äußerst stabil ist, Autoritäten anerkennt, eine Akademie unterhält, Maß und Schranke über alles stellt. Man hatte in Frankreich die Regierung umgestürzt, die mißliebigen Aristokraten gehängt oder verbannt, die Republik errichtet, Krieg mit Europa geführt, das Christentum abgeschafft, den Kultus eines höchsten Wesens dekretiert, ein Dutzend Fürsten ab- und eingesetzt, ehe man sichs einfallen ließ, dem Alexandrinerverse den Kampf zu erklären, ehe man die Autorität Corneille's und Boileau's anzutasten oder daran zu zweifeln wagte, daß die Beobachtung der drei Einheiten im Drama zur Rettung des guten Geschmackes absolut notwendig sei. Voltaire, der vor wenigem zwischen Himmel und Erde Respekt hat, respektiert die Alexandriner. Er stellt die ganze Tradition auf den Kopf, er verwendet die Tragödie als Angriffswaffe wider die Mächte, deren beste Stütze sie vor ihm gewesen waren, die Königsmacht und die Kirche, er schließt in mehreren seiner Trauerspiele die Liebe aus, welche bisher für die Hauptsache in einer rechten Tragödie galt, er ahmt dem von seinen Landsleuten mißachteten Shakspeare nach; aber er wagt nicht, den Vers eines Fußes zu berauben, das Geringste an der überlieferten Reimstellung zu ändern oder die Handlung länger als vierundzwanzig Stunden dauern, die Begebenheit in einem und demselben Stücke an zwei verschieden benannten Orten spielen zu lassen. Es kostet ihn keine Überwindung, den Königen das Szepter aus der Hand und den Priestern die Maske vom Gesicht zu reißen, aber er respektiert den traditionellen Dolch in Melpomenens Hand und die traditionelle Maske vor ihrem Gesichte.

Es war ein anderes Volk, als das französische, das Volk, dem Voltaire höhnisch mehr Geist und weniger Konsonanten gewünscht hatte, welches Litteratur und Poesie reformierte. Es waren die Deutschen der damaligen Zeit, die gutmütigen Leute, von denen man in Frankreich kaum mehr wußte, als daß sie ihr Bier tranken, ihre Pfeife rauchten und ihr Sauerkraut in der Ofenecke aßen, daß sie sich friedlich von einem paar Dutzend stupider Duodeztyrannen quälen ließen, daß sie ohne die mindeste unvernünftige Gleichheitssucht in tiefster Ehrfurcht ihre Vorgesetzten „Rat" und „Graf" zc. titulierten, daß sie nur Krieg führten, um Prügel zu bekommen, daß sie im übrigen patriarchalisch mit ihren Ehehälften lebten, die als wahre Brütmaschinen Kinder auf Kinder in beständiger Anbetung des Erzeugers zur Welt brachten — sie waren es, die in der Welt der Ideen größere Eroberungen, als die Franzosen auf Erden machten, indem sie der Welt eine neue Metaphysik schenkten, so tief und reich, wie man sie nicht seit den Tagen des Aristoteles und der Neuplatoniker gesehen hatte, eine neue Poesie, die schönste seit Shakespeare's Zeit, und sie waren es, die eine neue Behandlung der Geschichte, der Mythologie und der Dichtkunst begründeten; denn bei ihnen war nichts anders frei gewesen, als einzig und allein der Gedanke.

Von Deutschland ist daher die Litteratur stark beeinflußt, welche sich an der Grenzscheide des Jahrhunderts in Frankreich entwickelte, wie überhaupt die Völker erst jetzt recht beginnen, in ununterbrochenen geistigen Verkehr mit einander zu treten. Die großen Umwälzungen, die Kriege der Republik und des Kaiserreichs, welche alle Volksstämme Europas durcheinander rüttelten, lehrten sie gleichzeitig einander kennen. Aber am gründlichsten von den fremden Umgebungen beeinflußt wurde doch diejenige Menschenklasse, welche durch all' jene großen Ereignisse sich zu einem festen und langjährigen Aufenthalte außerhalb des Vaterlandes gezwungen sah. Die Einwirkung eines fremden Geistes, welche bei dem Soldaten flüchtig und vorübergehend war, wurde dauernd und bedeutungsvoll für den Emigranten. Der französische Emigrant sah sich genötigt, die fremde Sprache auf eine mehr als oberflächliche Art zu erlernen, wenn auch vielleicht nur aus dem Grunde, um Unterricht in seiner eigenen Sprache erteilen zu können. Durch intelligente französische Emigranten verbreitete sich jetzt Kenntnis der Natur und Kultur fremder Länder in Frankreich, und daher kommt es, daß, wenn man eine gemeinsame Benennung für die jetzt auftauchenden Erscheinungen der französischen Litteratur sucht, man kaum eine bessere als die von mir angewendete Bezeichnung: Emigrantenlitteratur findet.

Dieser Name darf aber nicht für mehr genommen werden als er ist: ein Name; denn es würde widersinnig sein, einzelne durchaus verwandte Werke von Schriftstellern nicht hinzuzurechnen, welche außerhalb Paris oder außerhalb Frankreichs lebten, ohne aber gerade emigriert zu sein. Andererseits gehören einzelne von Emigranten verfaßte Werke ihrem ganzen Geiste nach nicht zu dieser erneuernden und befruchtenden litterarischen Bewegung, sondern zur reaktionären Restaurationslitteratur. Gleichwol paßt der Name gut für die erste, das Jahrhundert einführende Gruppe französischer Bücher.

Der Emigrant ist seinem Wesen nach, wie schon angedeutet, oppositionell. Aber seine Opposition trägt einen verschiedenen Charakter, je nachdem er gegen die Schreckensherrschaft oder gegen das absolute Kaiserreich opponiert, und je nachdem er der Macht der einen oder des andern entflohen ist. Sehr häufig entfloh er beiden, und seine Beweggründe zur Opposition sind dann gemischter Natur; er hegt z. B. Sympathie für die Revolution in ihrer ersten Gestalt, welche die Königsmacht beschränkte, oder für die gemäßigte Republik, und einen heftigeren Unwillen gegen das Kaiserreich, als gegen den Terrorismus; aber von welcher Natur auch die Mischung sei, man wird schon an dieser Stelle die doppelte Strömung in den Erzeugnissen der Emigrantenlitteratur ahnen können. Unmittelbar reagiert sie gegen die Litteratur des achtzehnten Jahrhunderts, gegen ihren trockenen Rationalismus, ihre Aechtung des Traum- und Gefühlslebens, ihren Unverstand dem Historischen gegenüber, ihr Uebersehen der berechtigten Nationaleigentümlichkeiten, ihr farbloses Betrachten der Natur, ihr irrtümliches Betrachten der Religionen als bewußten Betrug. Aber gleichwol ist in ihren Erzeugnissen ein Unterstrom, welcher die Hauptströmung des achtzehnten Jahrhunderts fortsetzt; die Schriftsteller setzen alle den Befreiungskampf gegen die erstarrte Ueberlieferung fort, einzelne nur auf poetischen, andere auf allen Gebieten des Geistes; sie sind alle unternehmende Naturen, Entdeckergeister, und das Wort Freiheit hat bis jetzt noch für keinen von ihnen seinen elektrisierenden Klang verloren. Selbst Chateaubriand, der politisch und religiös die äußerste Rechte der Gruppe bildet und mit einem Teil seiner Schriften der eigentlichen Reaktion angehört, bezeichnet beständig „Freiheit und Ehre" als seine Devise, er kann deshalb auch politisch oppositionell enden. Die Doppelströmung spürt man überall: bei ihm, bei Sénancour, bei Constant, bei Frau von Staël, bei Barante, Nodier u. s. w. und auf dies feine Wechselverhältnis zwischen Reaktion und Fortschritt werden wir von Anfang an sorgfältig zu achten haben.

Wenn man vom Geiste des achtzehnten Jahrhunderts spricht, so ist es gewöhnlich Voltaire's Name, der einem auf die Lippen kommt; er ist es, welcher das ganze Zeitalter wie in einem Brennspiegel sammelt, resumiert und repräsentiert; in so fern die Emigranten gegen ihn reagieren, kann man also sagen, daß sie die Reaktion wider das vorhergehende Jahrhundert bezeichnen. Sogar diejenigen unter ihnen, die ihm geistig nahe verwandt sind, reagieren notgezwungen, d. h. vom Zeitgeist gezwungen, gegen ihn, wie z. B. Constant in seinem Buche „Ueber die Religion". Aber es giebt ja unter den Schriftstellern des achtzehnten Jahrhunderts einen, der Voltaire als Nebenbuhler gegenüberstand, und der ihm an Größe fast gleichkommt, dessen Werke zudem in weit höherem Grade als jene Voltaires über das Zeitalter, in dem sie erschienen hinausweisen. Er ist es, welcher die Emigrantenlitteratur inspiriert und auf welchen sie sich, trotz aller ausländischen Einflüsse, auf jedem Punkte zurückführen läßt, und in so fern sie von Rousseau abstammt und Rousseau fortsetzt, kann man sagen, daß sie das vorige Jahrhundert und die Revolution fortsetzt. Auf Rousseau weisen in der That fast alle großen litterarischen Bewegungen am Ende des achtzehnten und am Anfange des neunzehnten Jahrhunderts zurück. Von ihm gehen in Deutschland Herder, Kant, Fichte, Jacobi, Goethe, Jean Paul, Schiller und Tieck aus, in Frankreich Saint-Pierre, Robespierre, Diderot, Chateaubriand, Frau v. Staël und später George Sand; von ihm geht in England einer aus, dessen Name für Hunderte zählt: Byron. Während Voltaire besonders auf die Geister im allgemeinen wirkt, ist Rousseau's Einfluß ganz überwiegend auf die hervorbringenden Talente, auf die Schriftsteller. Abwechselnd haben jene zwei großen Männer nach ihrem Tode die Nachwelt ungefähr bis zu unserer Zeit beherrscht, wo sie dann beide von Diderot verdrängt wurden. Voltaire trat beim Schluß des 18. Jahrhunderts das Szepter an Rousseau ab, dann kam nach 1848 eine Periode, wo Voltaire abermals Rousseau die Herrschaft über die Gemüter entrang, wenigstens in Frankreich, und bei den hervorragendsten modernen Schriftstellern dieses Landes, wie z. B. bei Ernest Renan, findet man die doppelte Geistesrichtung endlich verschmolzen, Rousseau's Geist multipliziert mit dem Geiste Voltaire's. Aber in Rousseau's Schriften allein haben fast all' die großen, vom Auslande kommenden Strömungen, welche beim Anfange des Jahrhunderts von Deutschland und England über Frankreich hereinfluten, ihren Ursprung, und Rousseau ist es zu verdanken, daß die Litteratur, welche von Franzosen im Auslande erzeugt wurde, unter all ihrer Opposition wider den Geist, aus welchem das absolute Kaiserreich hervorging, ein Verhältnis zum achtzehnten Jahrhundert bewahrte und sich auf ursprünglich französische Voraussetzungen stützen konnte.

Betrachten wir zum Beispiel eins der Hauptwerke der reaktionären Litteratur. Was das achtzehnte Jahrhundert hatte von Grund aus zerstören wollen, war mit einem Worte das Mittelalter. Ihm war das Mittelalter nur ein anderes Wort für Barbarei und Fanatismus; als Beispiel des Schrecklichen diente ihm ein Autodafé, als Beispiel des Lächerlichen ein Kreuzzug. Daher kam es, daß man jetzt mit der ganzen Renegatenbegeisterung der Reaktion das Mittelalterliche überall wieder einführen wollte, im Staate, in der Kunst, in der Poesie und Religion. In demselben Jahre, in welchem Napoleon das Konkordat mit dem Papste abschloß und den christlichen Kultus in Frankreich wieder einführte, veröffentlichte Chateaubriand sein großes Werk „Le génie du christianisme", eins der ersten und reinsten Erzeugnisse der Reaktion, das, im Widerstreite mit der vom Verfasser früher, in seinem Buch über die Revolutionen, ausgesprochenen Ueberzeugung, die Wahrheit des Christentums dadurch einleuchtend zu machen sucht, daß es die Schönheit und mittelst dieser den Wert desselben für Kunst und Poesie nachweist. Chateaubriand stellt einen ausführlichen Vergleich zwischen den heidnischen und den christlichen Schriftstellern an, setzt Tasso über Homer und Saint-Pierre über Theokrit, und demonstriert, wie man spöttisch gesagt hat, auf überzeugende Weise die Verwendbarkeit der religiösen Ideen in Balletten und Pantomimen. Er ist eben so orthodox und bibelfest in der Naturlehre wie in der Aesthetik. Nichtsdestoweniger brach gerade in diesem Werke, in seinen berühmten und glänzenden Episoden „Atala" und „René," das Neue hervor.

1.
Chateaubriand, Atala.

Das Jahr 1800 brachte das erste Dichterwerk, welches das poetische Gepräge des neuen Zeitalters trägt. Sein Umfang war klein, aber seine Bedeutung groß und sein Eindruck ein mächtiger. "Atala" erregte ein Aufsehen und machte ein Glück, wie es seit "Paul und Virginie" keiner anderen französischen Dichtung beschieden gewesen war. Es war eine Novelle aus Nordamerikas Steppen und Urwäldern, mit einem starken, eigentümlichen Aroma des jungfräulichen Bodens, auf welchem die Anregung zu derselben entstanden war. Sie besaß die glühenden Farben einer fremden Natur und eine noch heftigere Glut in den Ausbrüchen der Leidenschaft. Die Erzählung gab ein Bild des Lebens der wilden Indianer als Hintergrund für die Schilderung einer zurückgedrängten, aber gerade dadurch überwältigenden und tötenden Liebesleidenschaft. Das Ganze wird durch einen Firnis katholischer Religiosität hervorgehoben.

Diese Geschichte von der Liebe und dem Tode einer jungen christlichen Indianerin wurde so populär, daß seine Helden bald darauf in kolorierten Holzschnitten die Wände der französischen Wirtshäuser bedeckten, und daß ihre Wachsbilder auf den Pariser Quais verkauft wurden, wie man in katholischen Ländern die Wachsbilder der Madonna und Christus verkauft. Auf einem Vorstadttheater trat die Heldin als Indianerin kostümiert mit Hahnenfedern im Haar auf, das Varietétheater gab eine Posse, in welcher ein Schulknabe und ein Schulmädchen, welche fortliefen, um sich zu heiraten, nur von Krokodilen, Störchen und vom Urwalde in "Atala's" Stil sprachen. Auch eine Parodie erschien "Ah! là! là!", in welcher die große und prachtvolle Beschreibung der Ufer des Mississippi durch eine ebenso weitläufig detaillierte Beschreibung eines Kartoffelfeldes ersetzt war: so auffallend war es damals, daß ein Schriftsteller einige Seiten mit Naturschilderungen verschwendete

Während es aber dergestalt Parodieen, Neckereien, und Karikaturen auf den Dichter regnete, war er trotz dessen nicht zu beklagen; denn derartige Dinge sind die Kennzeichen der Berümtheit, und mit einem Schlage war er aus einem Unbekannten eine Größe ersten Ranges geworden. Sein Name klang von allen Lippen und lautete, François René de Chateaubriand.

Er war als Jüngster von 10 Kindern in einem altadeligen Hause in St. Malo in der Bretagne geboren. Der Vater war streng und trocken, ungesellig und still, er besaß nur eine Leidenschaft, seinen Adelshochmut. Die Mutter war klein und häßlich, unruhig und mißvergnügt, aber im höchsten Grade devot, eine Kirchgängerin und Priesterbeschützerin. Der Sohn erbte ein Gemisch beider Naturen.

Hart erzogen in einem Heim, wo nach seinem eigenen Ausdruck der Vater der Schrecken des Gesindes und die Mutter deren Geißel war, wuchs er verschlossen und scheu als ein störrischer, melancholischer und überspannter Knabe auf, der frühzeitig mit dem Wellenschlag des Meeres und der Musik des Windes vertraut wurde, doch nie mit des Hauses Unfrieden und Kälte. Seine vor ihm geborene Schwester Lucile, die sich gleich ihm zurückgesetzt fühlte, wurde sein einziger Freund, seine einzige Vertraute. Sie war wie er eine kranke, leidenschaftliche Seele, die von Jahr zu Jahr immer mehr der Rousseau'schen Manie ergeben war, alles als gegen sich verschworen zu betrachten und sich für verfolgt von Allen zu halten; in ihrer Jugend nahm sie zum Bruder, später zur Religion ihre Zuflucht gegen diese Gefahren und Bedrängnisse. Auch sie war wie der Bruder zuerst unschön und scheu, später wurde sie sehr hübsch, bleich mit schwarzem Haar, schön wie der Engel des Todes; einen großen Teil ihres Lebens verbrachte sie im Kloster; sie war leidenschaftlich in ihrer Schwesterliebe und leidenschaftliche Katholikin. Sie hatte poetische Anlagen und scheint sowohl in der Schüchternheit wie in der Exaltation das weibliche Seitenstück des Bruders gewesen zu sein. Eine seiner anderen Schwestern, Julie, welche in ihrer Jugend ausschließlich als Weltdame lebte, endete als Heilige in religiöser Askese, so daß es scheint, als habe die katholische Richtung dem ganzen Geschlecht im Blute gelegen.

Der starke Zwang, in dem der junge Chateaubriand gehalten wurde, erzeugte in ihm einen wilden Drang, frei und sein eigner Herr zu sein; die beständige Aufsicht, unter der er seufzte, erzeugte einen alles beherrschenden Trieb zu menschenscheuer Einsamkeit. Eilte er allein die Treppen des väterlichen Schlosses hernieder, oder ging er, nur von einer Büchse begleitet, auf die Jagd, so fühlte er alle Leidenschaften in seinem Innern unter wildem Entzücken darüber, ungestört träumen und sich sehnen zu können, kochen und brausen. Unglücklich, wie er sich in Gesellschaft Anderer fühlte, berauschte er sich allein in Träumen von Glück, in ehrgeizigen Träumen, in Dichterträumen. In halb geistigem, halb sinnlichem Träumen und Sehnen bildete er sich dann das Bild eines überirdisch schönen Weibes, einer jungen Königin, die mit Diamanten und Blumen geschmückt war, die er liebte und von der er in Neapels oder Siziliens duftenden Mondscheinnächten wiedergeliebt wurde. Und wenn er dann aus diesen Träumereien erwachte und sich als den kleinen, unbedeutenden Bretagner wiederfand, der linkisch, unberühmt, arm und vielleicht auch talentlos war, dann verzweifelte er. Das Mißverhältnis zwischen dem, was er erstrebte, und dem, was er war, drückte ihn zu Boden.

Er war zuerst zum Seeoffizier bestimmt, aber eine unüberwindliche Abneigung vor der Disziplin kam ihm hierbei in den Weg, dann wurde er für den geistlichen Stand bestimmt, aber infolge seiner Unfähigkeit zu einem Leben der Entsagung kam er auch hiervon zurück.

In seinem tiefen Mißmut beging er einen Selbstmordversuch. Endlich beendete ein Familiennachtspruch die Unschlüssigkeit und er wurde Unterlieutenant, und hierin fand er sich recht gut. Als Mitglied eines hochangesehenen Geschlechts wurde er auch bei Hofe eingeführt, Ludwig XVI. vorgestellt, und sah noch den letzten Schimmer der alten Pracht und des Zeremoniels der Königsmacht. Zwei Jahre darauf brach die Revolution aus und im Jahre 1790 wurde der Adel abgeschafft. Er nahm seinen Abschied als Offizier und da sich für ihn während der neuen Ordnung resp. Unordnung der Dinge im Vaterland keine Aufgaben zeigten, so beschloß er, sich selbst einen Weg zu bahnen, und faßte den abenteuerlichen Plan, nach Amerika zu reisen, um die nordwestliche Durchfahrt zu entdecken. Es braucht wohl nicht gesagt zu werden, daß er, in dieser Hinsicht ohne alle Kenntnisse, ohne Verbindungen, ohne Geld, gar schnell genötigt war, diesen Gedanken fahren zu lassen. Fand er aber auch nicht die nordwestliche Durchfahrt, so fand er wenigstens eine andere Menschenrasse, neue Verhältnisse und eine neue Natur. Schon frühzeitig hatte er sich nach der Lektüre Rousseau's mit dem Gedanken getragen, das „Epos des Naturmenschen" zu schreiben, eine Schilderung der Sitten der Wilden, von denen er nichts kannte. Jetzt stand er auf ihrem Grund und Boden. Fand er sie auch nicht so ganz unberührt von der Zivilisation, wie er es sich ausgemalt hatte, so ward es ihm doch nicht schwierig, sich ihren ursprünglichen Zustand mit Hülfe der Phantasie wieder herzustellen. Der erste Eindruck, den er empfing, war eigentlich ein barocker. Als er mit seinem Führer auf dem Wege von Albany zum Niagara zuerst in den Urwald kam, wurde er von einer Art Freudenrausch über seine Unabhängigkeit ergriffen, welcher etwa dem Gefühl seiner frühesten Jugend glich, wenn er einsam in den Wäldern der Bretagne jagte. Er ging links und rechts von Baum zu Baum und sprach zu sich selbst: hier giebt es keine Wege mehr, keine Städte, keine Kaiserreiche, keine Republik, keine Menschen; er bildete sich ein, allein im Walde zu sein, als er plötzlich auf eine Schar halbnackter, tätowierter Wilden mit Rabenfedern in den Haaren und Ringen in der Nase stieß, welche — o Wunder! — nach einer Violine Quadrille tanzten; dieselbe wurde von einem kleinen gepuderten und frisierten Franzosen, der Musselinmanschetten an den Händen trug, gespielt. Es war der ehemalige Küchenjunge eines französischen Generals, der von den Indianern gegen eine aus Biberfellen und Bärenschinken bestehende Bezahlung als Tanzlehrer engagiert war. Das war für einen Schüler Rousseau's

eine demütigende Einführung in das Leben der Wilden: Zeuge
zu werden zu diesem Tanz der Irokesen nach der Musik eines
früheren Küchenjungen! Glücklicherweise waren die späteren
Eindrücke reiner und schöner als dieser. Chateaubriand kaufte
von den Indianern Kleider und Waffen und führte, zum
mindesten einige Wochen, dasselbe Leben wie sie. Er ließ sich
dem Sachem oder Oberhaupt der Onondagen vorstellen (wie
Byron später Ali Pascha), ritt zu Pferde durchs Land, wo zuweilen ein ganz europäisches Landhaus mit Klavier und
Spiegeln gleich in der Nähe einer Irokesenhütte lag, sah den
Niagarafall und bekam in zwei hübschen Floridamädchen vom
Stamme der Muskogulgen die Modelle zu seinen späteren,
berühmten Gestalten Atala und Celuta.

In Amerika faßte Chateaubriand den Plan zu seinen beiden
bewunderungswürdigen und glänzenden Episoden „Atala" und
„René" und zu der ebenso weitläufigen wie stillosen Arbeit,
zu welcher beide gehören, dem viel später herausgegebenen großen
Roman „Les Natchez", welcher den Untergang eines Indianer-
stammes im Kampf gegen die Weißen schildert. „Atala" wünschte
er zuerst eine abgerundete Form zu geben. Nach kurzem Aufenthalt in Frankreich, wohin ihn die Nachricht vom Sturz des
Königtums und der bedrohten Stellung Ludwigs XVI. zurückgerufen hatte, und wo er im Januar des Jahres 1792 ankam,
wanderte er wieder aus, kam nach London, entwarf „Atala"
und „René" unter den Bäumen des Kensington-Parkes sitzend
und stieß dann zum Emigrantenheer am Rhein. Sein Tornister
war schwerer von Manuskripten als von Wäsche. Atala wurde
an den Rastorten des Marsches durchgesehen, beim Aufbruch
wieder in den Tornister gepackt, und seine Kameraden neckten
ihn dadurch, daß sie die Blätter, welche oben zwischen den
Oeffnungen heraussahen, abrissen. Als ihn eines Tages bei
einem Treffen ein Granatsplitter am Schenkel verwundet hatte,
zeigte es sich, daß „Atala" ihm das Leben gerettet hatte, denn
zwei matte Kugeln hatten sich innerhalb des Tornisters im
Manuskript verfangen. Verwundet, fieberkrank, ausgezehrt,
kam er nach Vernichtung des Emigrantenheeres in Brüssel an.
Inzwischen war sein Bruder, dessen Frau und Schwieger-

vater auf dem Schaffot in Paris gestorben, seine Mutter und zwei seiner Schwestern, darunter Lucile, wegen seiner Emigration einige Zeit ins Gefängnis geworfen. In London gab er 1797 sein Buch „Essai historique sur les Révolutions" in verhältnismäßig liberalem und unstreitbar freidenkerischem Geist geschrieben, heraus. Aber der Tod seiner Mutter, sagt er, ließ ihn zum Christentum zurückkehren; ein Umschlag im Zeitgeist trug vielleicht das seine dazu bei, seine Stimmung zu ändern, und als er sich im Jahre 1800, nachdem Bonaparte die Revolution beendet hatte, nach Frankreich zurückwandte, da führte er sein großes Werk „Der Genius des Christentums" mit sich, in diesem wurde „René" als Episode aufgenommen. Die Herausgabe desselben fiel mit Napoleons Wiedereinführung der christlichen Gottesverehrung in Frankreich zusammen. Dies Buch stimmte nur allzugut mit den Plänen des ersten Konsuls überein, um nicht seinen Verfasser beim Herrscher in Gunst zu bringen.*) Doch trennte sich Chateaubriand nach dem Justizmord des Herzogs von Enghien im Jahre 1804 wieder von seiner Regierung.

Das sind die Hauptzüge aus der Jugendgeschichte des Mannes, welcher im Jahre 1800 als Verfasser der „Atala" Dichterruhm gewann. Sein Charakter war noch eigentümlicher als seine Geschichte. Er war ehrliebend und ehrsüchtig, eitel und schüchtern, stets an seinen Fähigkeiten zweifelnd und doch nicht nur mit dem Selbstgefühl des Genies ausgerüstet, sondern auch mit einem Egoismus, der alles in den Abgrund der Gleichgültigkeit stieß, was nicht unmittelbar ihm selbst diente. Er war zu spät zur Welt gekommen und unter zu eigentümlichen Umständen erzogen, um Glauben an die Revolution und das System der Ideen des 18. Jahrhunderts, welches ihr die Fassung gab, hegen zu können. Er war zu früh zur Welt gekommen, um die Wissenschaftlichkeit des 19. Jahrhunderts zu erleben und dadurch einen neuen Glauben und einen neuen Anhaltepunkt zu gewinnen. So wurde er persönlich ein vollständiger Nihilist, ein Geist, der, wie er es

---

*) Vgl. Bd. 3: Die Reaktion in Frankreich, 5. Aufl. 1897. Kap. 4.

immer wieder aussprach), an nichts glaubte; er fügt wohl stets, wenn er es nicht vergißt hinzu „die Religion ausgenommen"; aber ein Mensch ist nach seinem Wesen entweder ein Gläubiger oder ein Zweifler, und durch Halbbildung hervorgerufene Einbildung nur ist es, daß man in der Religion allein glauben könne und sonst an Nichts.

Chateaubriands Memoiren sind voll von derartigen Ausbrüchen über eines Namens und eines Ruhmes Vergänglichkeit und Nichts, die man später so häufig bei Byron findet. Zweifelsohne liegt in diesen Ausbrüchen ein gut Teil Affektation, aber trotzdessen verrät sich auch wirklicher Lebensüberdruß und eine beständige Melancholie darin. „Da ich an nichts glaube, ausgenommen in der Religion, so bin ich gegen alles mißtrauisch . . . Die unbedeutende und lächerliche Seite der Dinge zeigt sich mir stets zuerst; im Grunde genommen, existieren für mich weder große Genies noch großartige Gegenstände . . . In der Politik hat die Wärme meiner Ueberzeugung selten länger gewährt, als meine Rede oder meine Brochüre lang war . . . Ich kenne in der ganzen Weltgeschichte keinen Ruhm, der mich reizen könnte; wenn der größte Ruhm der Welt zu meinen Füßen läge und er wäre mein durch Bücken und Aufheben — ich würde mir nicht diese geringe Mühe geben. Hätte ich mich selbst erschaffen können, so hätte ich mich vielleicht aus Leidenschaft für Frauen zum Weibe gemacht; oder wenn ich mich zum Manne gemacht hätte, so würde ich mir zuerst Schönheit gegeben haben, dann, um mich gegen meinen ärgsten Feind, die Langeweile zu schützen, hätte ich noch ein großer Künstler sein mögen, aber ein unbekannter, der sein Talent nur für sich selbst verwertet. Führt man das Leben auf seinen wahren Wert zurück, und macht man es von allem Humbug frei, so findet man nur zwei Dinge von Wert, die Religion im Verein mit der Intelligenz, und die Liebe im Verein mit der Jugend, das heißt Zukunft und Gegenwart, an den Rest zu denken ist nicht der Mühe wert . . . Außerhalb der Religion habe ich keinen Glauben. Wenn ich Hirte oder König gewesen wäre, was hätte ich mit meinem Szepter oder Stab anfangen sollen? Ich wäre der

Ehre und des Genies, der Arbeit und der Mühe, des Glückes wie des Unglückes gleich überdrüssig geworden. Alles ermüdet mich: ich schleppe meine Langeweile mühsam mit mir herum, wie auch die Tage gehen, und so durchgähne ich mein ganzes Leben (et je vais partout bâillant ma vie.") Mémoires d'Outre-Tombe. I. pag. 207. 451. II. 129.

Wieviel Leidenschaft war nicht auf Phantastereien und poetische Träume verschwendet worden, bevor Chateaubriand zu dieser dummen Langeweile gelangt! In „Atala" sprudelt die Leidenschaft noch als eine warme Quelle, aber deren Tropfen haben einen brennenden, verzehrenden Charakter.

Der alte Indianer Chactas erzählt einem jungen Franzosen, dem Chateaubriand seinen zweiten Vornamen René gegeben hat, die Geschichte seiner Jugend. Er ist von einem feindlichen Indianerstamm gefangen und zum Feuertode verurteilt worden; da faßt des Häuptlings Tochter, Atala, Mitleid für ihn und nähert sich der Stelle, an welcher er angebunden steht. Er hält sie zuerst für „la vierge des dernières heures", welche den Kriegsgefangenen vor Vollstreckung des Todesurteils zugeführt wird, aber ihre Absicht ist nicht, ihn zu trösten, sondern ihn, wenn möglich, zu befreien. Er wird von Liebe zu ihr ergriffen und fordert sie auf, mit ihm zu fliehen und sein Weib zu werden, aber sie will es nicht und er wird, durch ihren Widerstand aufgehalten, zum zweiten Male gefangen. Schon ist er mit Blumen bekränzt, blau und rot im Antlitz bemalt und mit Perlen in den Ohren geschmückt, um verbrannt zu werden, da flüchtet Atala zum zweiten Male mit ihm. Der Hauptinhalt des Buches ist die Beschreibung dieser Flucht, Chactas Verlangen und Atala's sonderbares Gemisch von Leidenschaft und Zurückhaltung, sodaß sie abwechselnd lautere Hingabe und lauterer Widerstand ist. Ihr Wesen wird aufgeklärt, als sie Chactas mitteilt, daß ihre Mutter, welche von einem Weißen verführt worden, sie christlich habe taufen und geloben lassen, bis zu ihrem Tode unverheiratet zu bleiben. In ihrer Verzweiflung über dies Gelübde und in ihrer Angst, es nicht halten zu können, nimmt Atala heimlich Gift und giebt ihren Geist in den Armen ihres Geliebten auf, unterstützt von einem alten Missionar, der das junge Paar in seiner Hütte aufgenommen hat.

Man muß selbstverständlich die Erzählung selbst lesen, um den vollen Eindruck ihrer brennenden Leidenschaft und ihres lyrischen Fluges zu erhalten. Ebensowenig kann man durch Referate und Citate eine Vorstellung von der Kraft geben, mit der die seltsamen Naturschilderungen gemalt sind. Aber das ist leicht nachzuweisen, daß Chateaubriand vorzugsweise und unwillkürlich ein Gemisch von Erotischem und Entsetzlichem als Wirkungsmittel anwendet. In der eigentlichen Liebesszene geht er nicht nur verschwenderisch mit dem Lärm der Klapperschlangen, dem Heulen der Wölfe, dem Brüllen der Bären und kleinen Tiger als Begleitung um, sondern er läßt auch einen Sturm daherbrausen, welcher die Bäume krachen macht, eine undurchdringliche Finsterniß sich herabsenken, welche zuweilen von Blitzen zerrissen wird, die einen Waldbrand entzünden. Rund um die Liebenden brennen hohe Fichten als Fackeln zu ihrer Hochzeit. Atalas Widerstand ist im Begriff zu unterliegen, da fährt ein mahnender Blitz zu ihren Füßen nieder. Hiernach geschieht es, daß sie Gift nimmt, und in ihren letzten Worten an Chactas scheint der Brand der Leidenschaft den Waldbrand in der Natur fortzusetzen:

„Welch eine Qual, dich stets um mich zu erblicken, fern von der Gemeinschaft der Menschen in der tiefen Einsamkeit der Steppe, und zwischen uns Beiden eine unübersteigliche Scheidewand errichtet zu sehen! Mein Leben zu deinen Füßen zu verleben, dir als Sklavin zu dienen, in einem unbekannten Winkel der Erde dein Mahl und dein Lager zu bereiten, wäre für mich das höchste Glück gewesen; dieses Glück stand vor mir, und ich konnte es nicht genießen! Welche Pläne habe ich nicht ersonnen! Welche Träume tauchten nicht auf in diesem betrübten Herzen! Oft, wenn ich meine Augen auf dich heftete, gab ich mich ebenso wahnsinnigen als sündhaften Wünschen hin; bald wollte ich mit dir das einzige lebende Geschöpf auf Erden sein; bald aber fühlte ich die Gottheit, welche sich zwischen diese entsetzlichen Verzückungen drängte, und nun wünschte ich, diese Gottheit möge sich vernichten, wenn ich nur, von deinem Arm umschlungen, mit den Trümmern Gottes und der Welt aus einem Abgrund in den andern hinabgerollt wäre!" . . .

So original diese Ausbrüche rücksichtsloser Leidenschaft auch sind und so original die Szenerie auch ist, welche das Relief abgiebt, so fühlt man doch, solche Töne, solche Schilderungen wären unmöglich gewesen, wenn nicht Rousseau vorausgegangen wäre und wenn seine dichterischen Versuche nicht von einem anderen größeren Geiste außerhalb Frankreichs fortgesetzt worden wären.

2.
Rousseau's „Neue Héloise."

Das bedeutendste Werk, das Rousseau als Dichter erschaffen hat, ist „Die neue Héloise". Es ist dies Buch, das übrigens einen entfernten Vorläufer in des Abbé Prévost trefflicher Erzählung „Manon Lescaut" und näherliegende Voraussetzungen in Richardson's englischen Romanen hat, dessen Ideen, wie vom Winde getragene Samenkörner, sich nach Deutschland verpflanzen und „Werther" hervorrufen. Die Werthergestalt wächst, erleidet eine Umbildung und wird zu „Faust", und aufs neue strömen jene Gedanken und Gefühle über die Grenze Frankreichs zurück, und auf französischem Boden heißt die Flut „René".

Was war das Neue in Rousseau's „Héloise"? Seine Stichwörter waren Natur und Leidenschaft, Natur und Tugend. Darin liegt für uns nichts neues. Der Stoff des Buches ist eine Liebesgeschichte, und deren hatte man in Frankreich schon viele geschrieben. Das Neue besteht zum ersten darin, daß Rousseau's „Héloise" der Galanterie, und damit der Auffassung der Gefühle in der ganzen klassisch-oratorischen Periode, ein Ende macht. Diese Auffassung war, daß alle edlen und zarten Gefühle, und vor allem die Liebe, Zivilisationsprodukte seien. Es liegt auf der Hand, daß eine gewisse Kultur erforderlich ist, ehe ein Gefühl wie Liebe entstehen kann. Ehe es weibliche Gewänder gab, gab es keine Frauen, sondern nur Wesen feminini generis, und ehe es Frauen gab, gab es keine Liebe. Von diesem an sich richtigen Gedanken ausgehend, war jene Zeit, welche man das Zeitalter Ludwigs XIV. nennt, jetzt zu dem Resultate gelangt, daß alles, was die nackte Leidenschaft verhülle, sie recht eigentlich adle und ihr Wert gebe. Je verschleierter und umschriebener, je sorglicher vorbereitet, je feiner angedeutet sie auftrat, desto minder erschien sie brutal. Die Sitten und die Litteratur jener Zeit waren ja ein Produkt gesellschaftlicher Bildung, und diese Bildung erstreckte sich nur auf die höchsten Kreise.

Die Männer aus der Zeit Ludwigs XIII. waren im Eisenharnisch auf gepanzerten Rossen in Regen und Schnee auf durchweichten Berg- und Flußpfaden umhergetrabt. Deshalb zogen sie und ihre Söhne, als sie ihre alten, abseits gelegenen Ritter- und Räuberburgen verließen, um sich nach Versailles zu begeben, einen regelmäßigen Garten dem wilden Walde, eine ausgesuchte Etikette der Sprache des Soldatenlebens, und in der Tragödie, im Roman und in der lyrischen Poesie eine geschliffene Form und zivilisierte Gefühle der Natur und Leidenschaft vor. Man erreichte in diesem Bestreben einen in der Geschichte des Geistes noch nicht dagewesenen Höhepunkt. Will man ein Beispiel, so lese man einen Roman wie „Die Prinzessin von Cleve." Es ist unmöglich einen größeren Zartsinn und ein reineres Gefühl für den Adel der Menschennatur und die Formen, zu welchen dieser Adel verpflichtet, zu finden. Oder man nehme, um einen vollkommeren Gegensatz zur „Neuen Héloise" zu haben, Marivaux' Theater. Während man bei dem jüngeren Crébillon die geniale und dummdreiste Frivolität jener Gesellschaft ungeniert abgemalt findet, giebt uns Marivaux ihre allerfeinste Blüte, ihre manierierte Grazie à la Parmegianino, ihre ganze Bildung und ihren ganzen Geist so vollständig und typisch, daß man den Charakter sofort wieder erkennt, als Alfred de Musset viele Jahre nachher in seinen kleinen Lustspielen die Schilderung wieder aufnimmt. Die Liebenden bei Marivaux sind zwei Wesen von gleicher Erziehung und, wohlgemerkt, von gleichem Stande. Wir begegnen hier nicht, wie in den Lustspielen und Romanen unseres Jahrhunderts, jenen Patrizierinnen, die einen Plebejer lieben, oder Gestalten wie den Lakai Ruy Blas, welcher sich der Gunst einer Königin erfreut. Verkleiden sich bei Marivaux gelegentlich einmal der Herr als Diener und das Fräulein als Kammerkätzchen, so entdecken sie einander gleich unter der Verkleidung. Diese zwei Wesen sind ferner halb natürlich, halb künstlich; sie gleichen, wie Paul de Saint-Victor, sagt, jenen Blumen, deren Säfte aus dem Schooße

der Natur emporsteigen, aber deren Kelchblätter die Kunst des
Gärtners durch Kreuzung mit willkürlichen Mustern verziert
hat. Sie tragen keine Perrücke, aber ihr Haar ist gepudert.
Sie tragen Paradedegen, aber sie verstehen sie nicht zu gebrauchen. Ihr Gespräch ist ein beständiges Suchen und
Fliehen, Avanzieren und Retirieren, lauter Anspielungen und
Halbheiten, tausend Umwege, maskierte Geständnisse und unterdrückte Seufzer: ein Stil von Silber und Seide. Das
Geständnis schwebt auf den Lippen dieser jungen Mädchen
und Wittwen, aber es wird zurückgehalten im Augenblick, da
es entschlüpfen will. Das Sehnsuchtsverlangen des Liebhabers
verliert sich in ein so tiefes Respektsgefühl, daß er jeden
Augenblick stockt, verlegen wird und schweigt. Die feine Dame
bei Marivaux bedarf auch gar keiner ausgesprochenen Erklärung.
Wie sie selbst sich beherrscht und sich wie eine Schauspielerin
hütet, ihre Leidenschaft preiszugeben, so versteht sie ein halbes
Wort, ein Zittern der Stimme und wendet sich von den
Superlativen der Leidenschaft, von ihrem Aufschrei und ihrer
Selbstvergessenheit ab, wie von einem widerwärtigen und
blutigen Schauspiel. Das Stück rückt daher halbe und ganze
Stunden lang nicht von der Stelle. Diese Naturen sind für
uns allzu zart und empfindsam. Sie bedünken uns wunderlich und absurd, wir sehen sie als Kuriositäten an, wie man
die Mimosen unter den Pflanzen ansieht; aber die Mimosen
sind nicht unnatürlich, nur eigenartig, und jene Personen sind
zwar manieriert, aber nicht affektiert, denn ihr Wesen ist ihnen
natürlich, und sie würden affektiert sein, wenn sie blindlings
losplatzten. Das französische Wort Marivaudage beweist, daß
die Manier Marivaux' eine große Originalität besitzt. Nicht
jedem manierierten Künstler gelingt es, die Sprache mit einem
Wort zu bereichern, indem er ihr seinen Namen hinterläßt.

Man hat vielerlei verschiedene Anschuldigungen wider die
Kunst und Poesie jenes Zeitalters gerichtet. Man hat gesagt,
sie sei unvolkstümlich, folglich sei sie unmoralisch; denn in
unseren Tagen ist man geneigt, diese beiden Begriffe mit einander zu verschmelzen. Aber man darf nicht vergessen, daß
bisher jede ausgezeichnete Kunst in der Welt aristokratischen

Ursprungs war, die, welche in Athen entstand, nicht minder als die, welche in Florenz entstand, während die großen demokratischen Gesellschaften, wie in Nordamerika, noch keinerlei Kunst hervorgebracht haben. Man darf nicht in die Pedanterie verfallen, all' diejenige Poesie zu mißachten, deren Gegensatz notwendigerweise den Menschen unserer Zeit und unserer Gesellschaft gefallen muß. Ein anderer Einwand gegen die Kunst zur Zeit Ludwigs XV. ist der, daß sie konventionell sei. Aber deshalb ist sie nicht gering zu schätzen. Alle Kunst in der Welt ist konventionell; wenn das Konventionelle uns nicht verletzt, kommt es nur daher, weil es uns allzu nahe steht, um uns zu verletzen. Das Konventionelle bei Marivaux erstreckt sich über sein ganzes Zeitalter.

Jener Zeitgeist drückt einem ganzen Jahrhundert seinen Stempel auf. Wir treffen ihn bei Mozart in einer Figur wie Zerline, die keineswegs eine Bauerndirne in Holzschuhen oder von der Art, wie die Gestalten unserer norwegischen Dorfgeschichten ist, sondern kokett und allerliebst, mit hohen Schuhen und roten Absätzen, den Schäferhut am Arme und ein leichtes Puderwölkchen um ihr Haupt. Wir treffen ihn nicht minder in Watteau's vorzüglichen Bildern. Der Maler der ländlichen Feste, wie er genannt wurde, hat mit vollendeter Genialität die tändelnde Erotik jener Zeit verherrlicht und verewigt. Aber kehren wir, nachdem wir Zerlines Duett gehört, nachdem wir ein Bild von Watteau betrachtet oder ein Stück von Marivaux gesehen haben, in unser Zimmer zurück und schlagen „Die neue Héloise" auf, so werden wir eine Veränderung der Sphäre empfinden.

Für Rousseau ist die Galanterie lächerlich. Wie er in allem den Naturzustand vorzieht, so auch im Erotischen, und Liebe im Naturzustande ist ihm eine unwiderstehliche, gewaltsame Leidenschaft. Wie weit sind wir hier von jenen zarten Seelenstimmungen und zierlichen Gesten Marivaux' entfernt, von jenen Szenen, in welchen der Kniende selbst beim Kniefall nicht eine untadelige Haltung vergaß, während er die Spitze eines Handschuhes an seine Lippen drückte! Saint-Preux, so ritterlich und so sittsam er sich beträgt, ist dagegen eine mit Leidenschaft geladene Elektrisiermaschine, eine Beute der Passion, deklamierend, gewaltsam, selbstvergessen, und jener erste Kuß im Boskette von Clarens ruft ein wahres Delirium hervor, ein Erdbeben, einen Flammenzustand, als sei der Blitz herabgefahren, und wie Julie sich zu Saint-Preux hinbeugt und ihn küßt, schwindelt ihr auf der Stelle und sie fällt in eine Ohnmacht, die nicht wie in der Perrückenzeit eine Koketterie ist, sondern eine Folge der allüberwältigenden Macht der Leidenschaft bei dem jungen gesunden Naturkinde.

Der zweite neue Zug bei Rousseau ist der, daß Saint-Preux und Julie nicht von gleichem Stande sind. Sie ist die Tochter eines vornehmen Mannes, er ein armer Hauslehrer, ein Plebejer. Wie in „Werther's Leiden", ist hier mit der Liebespassion der Wille des demokratischen Plebejers gepaart, sich empor zu arbeiten. Man sieht, wie viel Recht und Unrecht Napoleon hatte, als er bei seiner Begegnung mit Goethe ihm einen Vorwurf daraus machte, daß er im „Werther" die Liebesgeschichte mit dem Groll kombiniert habe, von der aristokratischen Gesellschaft ausgestoßen zu sein. Man fühlt den sichern Blick des Taktikers in diesem Tadel, aber man wird aus dem Angeführten erkennen, in wie naher Verbindung gleich von Anfang an das Auftreten der Passion in der Litteratur mit dem des demokratischen Elementes gestanden hat. Mit einem Worte, die Passion selbst ist demokratisch, die aristokratische Erotik entwickelt sich sofort zur Galanterie.

Der dritte bedeutungsvolle Zug in diesem Buche ist der, daß, wie die Leidenschaft an die Stelle der Galanterie und der Standesunterschied an die Stelle der aristokratischen Kastengleichheit tritt, so auch das moralische Gefühl, ein aus sittlicher Ueberzeugung entsprungenes Hochhalten der Ehe an die Stelle jener Ehrbarkeit tritt, deren einzige Ursache ein aristokratischer Stolz, eine gewisse Selbstachtung war, die in der aristokratischen Litteratur die Rolle der Tugend spielte, wenn dort sonst keine Tugend zu finden war. Dies Wort hatte bisher keinen Kurs gehabt. Es ward eine Losung für Rousseau und seine Schule, eine Losung, die mit dem anderen Feldrufe „Natur" durchaus nicht in Widerspruch steht, da die Tugend eben für Rousseau ein Naturzustand ist. Man hat gesagt, in Frankreich sei der Ehebruch unter Ludwig XIII. ein Zeitvertreib, unter Ludwig XIV. eine Regel gewesen, und unter der Regentschaft eine Pflicht geworden. Rousseau bot also dem Zeitgeist die Spitze, als er ein Buch zur Verherrlichung der Ehe schrieb. Freilich ist er so sehr vom Geiste seiner Zeit angesteckt, daß die Heldin des Buches zu Falle kommt; im übrigen aber hat das Buch die Aehnlichkeit mit „Werther", daß auch hier der eigentliche Liebhaber des Mädchens verlustig geht, indem die Heldin mit einem „Albert" verbunden wird, der ebenso untadelig wie uninteressant ist. Es ist lehrreich, einen Typus wie Wolmar aus der einen Litteratur in eine andere umgebildet zu sehen, ohne daß er sein Gepräge verliert; nachdem er Albert's Rolle im „Werther" gespielt hat, taucht er in der dänischen Litteratur als „Eduard" im „Tagebuch des Verführers" auf. Das moralische Element, welches bei Rousseau als „die Tugend" hervorgehoben und verherrlicht wird, ist dasselbe, welches später bei Chateaubriand unter dem Einfluß der religiösen Reaktion als das religiös bindende Versprechen auftritt.

Und dann noch ein Zug, der letzte. Die Losung „Natur" ist ganz buchstäblich aufzufassen. Zum erstenmal tritt auf dem Festlande das eigentliche Naturgefühl im Romane auf und löst die Liebhaberei für Salons und Gärten ab. Welcher Abstand von der Szenerie bei Marivaux und Watteau!

In welche Umgebungen stellt zur Zeit Ludwigs XV. die Poesie und Malerei ihre Personen?*) Was man unter Ludwig XIV. in der Baukunst erstrebt hatte, war das Imponierende. Man opferte sogar jede Rücksicht auf Behagen und Bequemlichkeit der kalten Prunksucht und der steifen Etikette auf. Wer das Schlafzimmer Ludwigs XIV. in Versailles gesehen hat, wird einräumen, daß ihm selten ein unleidlicher gelegenes Schlafgemach vor Augen kam. Jetzt werden die unbewohnbaren und majestätischen Säle von den „petites maisons" abgelöst, wie damals jeder Mann von Welt sie besaß, und in

---

*) Vgl. H. Hettner's Litteraturgeschichte des 18. Jahrhunderts.

welchen die tändelnde Konversation und der üppige Leichtsinn sich ebenso gut befanden. Daher verschwinden in der Architektur die großen, einfachen Verhältnisse, die reinen und klaren Massenwirkungen. Die Härte und Schwere des Steines wird verleugnet, die Strenge der Linien gebrochen, alles wird rund und schwellend, alle Linien werden ausschweifend und übermütig. Der Barockstil erreicht sowohl in der Baukunst wie in der Bildhauerkunst seinen Gipfel. Ueberall stößt man auf unendlich wiederholte Amoretten und Grazien, ganz wie auf den Kupferstichen zu Voltaire's „Poésies fugitives". In den Gärten umarmt der bocksfüßige Pan schlanke, weiße Nymphen am künstlichen Wasserfalle. In der Malerkunst entstehen jene ländlichen Bilder, deren entferntes Vorbild Ruben's Liebesgarten ist, die aber statt seiner breiten Lebenslust und schweren Figuren gleichsam hingehauchte und feine Gestalten in koketten Trachten, und statt Ruben's derber Sinnlichkeit ein erotisches Spiel, ein Liebeln und Flüstern aufweisen, einen Hintergrund schattiger Gänge mit stillen Verstecken, mit üppigen Statuen und frischen Rasenteppichen.

Unter Ludwig XIV. war die ganze Tracht steif gewesen; man trug große Ueberschläge und Kragen, selbst die Rock- und Westenschöße waren gesteift, Halskragen und Manschetten gestärkt, so daß nicht eine Falte sich verändern konnte; die unbequeme Allongeperrücke machte eine gravitätische Haltung zur Notwendigkeit. Unter der Regentschaft war alles auf Zwanglosigkeit und Leichtigkeit gerichtet. Das steife Futter der Schöße verschwand, an die Stelle der großen Allongeperrücke trat das gepuderte Haar, steif frisiert, so daß keine noch so hastige Bewegung es in Unordnung bringen konnte; überall in Tracht und Benehmen überließ man sich einer gewissen Nachlässigkeit. Man verweilte in Boudoirs. Wie Thee und Kaffee aus dem Orient eingeführt wurden, so auch das orientalische Sopha, welches dem jüngeren Crébillon den Titel für seine bekannteste und berüchtigste Erzählung giebt. Der weiche Lehnsessel verdrängt den hohen, unbequemen Armstuhl mit schnurgerader Rückwand. Das Zimmergerät besteht aus schweren Seidengardinen, welche wollüstig das Licht dämpfen, aus großen

Spiegeln in Goldrahmen, aus reich verzierten Pendeluhren, aus üppigen Malereien und schnörkelhaften Möbeln. Das ganze Zimmer duftet von einem wollüstigen Parfüm.

Werfen wir hiernach einen Blick auf die Szenerie in der „Neuen Héloïse".

Das Standbild Rousseau's steht heut zu Tage auf einer kleinen Insel im Genfersee, dessen Südspitze sich hier in den Kanton Genf hineinbohrt. Diese Gegend ist eine der schönsten in der Welt. Geht man ein wenig jenseits der Insel über eine Brücke, so sieht man deutlich den Rhonefluß brausend und schäumend wie einen Trollhättafall aus dem See herausstürzen. Einige Schritte weiter, und man sieht seinen weißen Strom mit dem grauen Schneewasser der Arve zusammentreffen. Beide Flüsse laufen neben einander hin, jeder seine Farbe bewahrend. Weit entfernt sieht man die weiße Schneekuppe des Montblanc zwischen zwei mächtigen Alpenrücken empor ragen. Gegen Abend werden diese Bergrücken dunkel, und über ihnen schimmert der Schnee des Montblanc wie bleiche Rosen. Es ist, als hätte die Natur hier all ihre Gegensätze vereinigt. Selbst in der mildesten Jahreszeit spürt man, wenn man sich den brausenden weißgrauen Bergströmen nähert, eine eisige Kälte. Auf einem einzigen Spaziergange fühlt man an geschützter Stelle den heißen Sommer, wenige Schritte weiter dem rauhen Herbst mit schneidendem Winde. Man macht sich keine Vorstellung von der kalten und kräftigen Frische an diesem Orte. An den Süden erinnert die Sonne und das helle Blinken der Sterne in der Nacht. Es sieht aus, als schwebten sie flirrend in der Luft. Und die Luft selber erregt das Gefühl als sei es ein schwerer, starker Körper, den man einatmet.

Fahren wir nun den See hinauf nach Bevey! Hinter Bevey die Alpenhänge mit den südlich frischen Bäumen und Weingärten. Diesseit des Sees die dunkelblauen riesigen Felswände, welche die Aussicht auch nach den Seeufern versperren, ernst, drohend, indeß die Sonne mit Licht und Schatten an den Bergkanten hinunter spielt. Kein See ist so blau wie der Genfersee. Fährt man an einem schönen Sommertage über denselben hin, so gleicht er blauem Atlas, welcher in Gold changiert. Dies Land ist ein Feenland, ein Traumland, wo mächtige Berge ihren schwarzblauen Schatten in ein himmelblaues Wasser werfen, von dem funkelnden Glanz einer Sonne überstrahlt, welche die Luft mit ihren Farben sättigt. Fahren wir dann den See weiter hinauf bis Montreux! Das Felsennest Chillon, jener Kerker, in welchem die barbarische Grausamkeit des Mittelalters all' ihre Marterwerkzeuge gesammelt, hat, liegt draußen im Wasser. Dieser Zeuge wilder, gewaltsamer, furchtbarer Leidenschaften liegt in einer Natur, die man eine verzauberte nennen kann. Hier ist der See offen, der Anblick minder eigenartig, das Klima südländischer, als bei Vevey. Man sieht gleichsam ein geheimnisvolles blaues Licht, in welchem der Himmel, die Alpen und der See zusammenschmelzen. Noch ein paar Schritte weiter nach Clarens und wir treten in jenen Kastanienhain, welcher bis auf den heutigen Tag „das Boskett Juliens" heißt. Er liegt hoch oben auf einem Vorsprunge; von hier aus sehen wir Montreux geschützt und versteckt drinnen in der Bucht liegen. Werfen wir einen Blick um uns her, und wir werden begreifen, daß von dieser Stelle aus das Naturgefühl sich über Europa verbreitete. Denn hier stehen wir in Rousseau's Geburtsland und auf dem Schauplatz seiner „Neuen Héloïse". Es war diese Szenerie, welche die der Regentschaftszeit verdrängte.

Wenn wir jetzt resümieren, so können wir mit Leichtigkeit verfolgen, wie sich Chateaubriand's erste Dichtung zu Rousseaus berühmtestem Roman verhält. Vor allen Dingen erbt Chateaubriand die Liebe zur Natur. Die stark kolorierten Schilderungen der Natur Nordamerikas, wie sie zu Ludwigs XIV. Zeiten waren, haben die Schilderungen der Schweizernatur zu Vorgängern. Aber der Unterschied zwischen Rousseau's und Chateaubriand's Landschaften ist der, daß diese letzten weit subjektiver, ganz anders von der Gemütsstimmung des Helden und der Heldin abhängig sind. Ist Unwetter in ihren Herzen, so rast es auch draußen. Die Persönlichkeit, der einzelne Mensch verschmilzt hier ganz anders als in der Litteratur des 18. Jahrhunderts mit der ihn umgebenden Natur zusammen und erfüllt sie mit seiner Leidenschaft und seiner Stimmung. — Was Held und Heldin anbelangt, so sind sie als Wilde noch viel weiter von Galanterie entfernt und noch viel mehr Naturmenschen als die Verliebten bei Rousseau. Kommen da auch oft Wendungen vor, die ein Indianer unmöglich hervorbringen kann, so haben hinwieder auch viele der erotischen Repliken etwas von der Poesie der Wilden, die im 18. Jahrhundert in Frankreich absolut unbekannt war. Man lese z. B. den Liebesgesang des Kriegers, der mit den Worten beginnt: „Ich will so sehr eilen, daß ich, bevor der Tag der Berge Gipfel erreicht, zu meiner weißen Taube zwischen den Eichen des Waldes gelange. Ich habe ein Halsband aus Porzellan um ihren Hals gebunden; dessen drei rote Kugeln sprechen von meiner Liebe, die drei violetten von meiner Furcht, die drei blauen von meiner Hoffnung u. s. w."

Dem Standesunterschied zwischen den Geliebten bei Rousseau der so gut zu jener revolutionären Zeit stimmt, entspricht hier der Religionsunterschied, der im neuen Jahrhundert bei der Reaktion gegen Voltaire eine neue Wichtigkeit erhält und hiermit steht es, wie schon angedeutet, in Verbindung, daß hier ein katholisches Cölibatsgelübde dieselbe Rolle spielt wie bei Rousseau das rein sittliche Gebot. Hier ist mithin ein Fortschritt im Kolorit, in der Entwickelung der Persönlichkeiten, im Verstehen eines der Zivilisation fremden Volksgeistes und einer Rasseneigentümlichkeit vorhanden, dagegen ein vorsätzlicher Rückschritt in der Ablösung der Moral durch die katholische Klosterreligiosität und eine unnatürliche Askese. Die Leidenschaft wird so zu sagen auf dem Altar des Katholizismus gewetzt, und ruft, indem sie unnatürlich unterdrückt wird, jene unnatürliche Wildheit und Glut hervor, welche Atala, die sanfte, fromme Atala, dies anmutsvolle junge, christliche Indianermädchen, das unter so großen Versuchungen das Verlangen ihres stürmischen, heidnischen Liebhabers so lange im Zaume gehalten hat, dahin bringt, mit dem Wunsche der Vernichtung Gottes und der Welt zu sterben, wenn sie dann nur auf ewig an des Geliebten Brust gepreßt bleiben könne.

3.

Goethe's „Werther."

„Die neue Héloïse" erschien 1761. Dreizehn Jahre später schrieb in einem anderen Lande, unter sehr verschiedenen Umgebungen, ein junges Genie, das nur wenig mit Rousseau gemein hatte, von seinem Roman und seinen Ideen beeinflußt, ein kleines Buch, daß alle Vorzüge der „Neuen Héloïse" neben vielen anderen und keinen seiner Mängel besaß, ein Buch, das nicht Tausende, sondern Millionen von Gemüter erregte, ganzen Generationen eine lebendige Begeisterung und eine leidenschaftliche Sehnsucht nach dem Tode einflößte, eine nicht geringe Anzahl Menschen zur Empfindsamkeit, zur Verzweiflung, zum träumerischen Müßiggang und zum Selbstmorde trieb, und das die Ehre hatte, von der landesväterlichen dänischen Regierung als irreligiös verboten zu werden. Dies Buch ist „Werther". Saint Preux wechselte sein Kostüm und kleidete sich in die berühmte Werthertracht, den blauen Rock und die gelbe Weste, und Rousseau's „belle âme" ging als „die schöne Seele" in die deutsche Litteratur über.

Was ist Werther? Definitionen erschöpfen nicht den unendlichen Reichtum eines dichterischen Meisterwerks, aber man kann mit ein paar Worten sagen, daß diese Geschichte einer leidenschaftlichen und unglücklichen Liebe ihre Bedeutung darin hat, daß sie nicht blos die zufällige Leidenschaft und das zufällige Unglück eines einzelnen Individuums ausspricht, sondern so behandelt ist, daß die Leidenschaften, Sehnsuchten und Qualen einer ganzen Epoche ihren Ausdruck darin fanden. Der Held der Erzählung ist ein junger Mann von bürgerlicher Herkunft, welcher zum Maler veranlagt ist und die Malkunst aus Neigung betreibt, in seiner äußeren Stellung jedoch Gesandtschaftssekretär ist. Diesen Jüngling hat Göthe unwillkürlich nach seinem eigenen Jugendbilde gestaltet, er sieht, fühlt und denkt mit seiner ganzen reichen und sprudelnden Genialität wie der junge Goethe, und dadurch verwandelt sich

Werther in ein großes Sinnbild: er ist mehr als der Geist einer neuen Zeit, er ist das Genie einer neuen Zeit. Er ist fast zu reich und groß für sein Geschick veranlagt. Es existiert vielleicht sogar eine gewisse Nichtübereinstimmung zwischen dem ersten Teil des Buches, wo sich Werther's Geist in seiner energischen Gesundheit und Jugendkraft offenbart und dem zweiten, in dem er unterliegt. In der ersten Hälfte hat Werther mehr von Goethe selbst, der sich ja auch nicht tötete, in der zweiten Hälfte mehr von dem jungen Jerusalem, dessen unglücklicher Tod die Veranlassung zu dem Buche gab. Aber so wie Werther ist, ist er dennoch ein Typus. Werther ist nicht nur durch seine Leidenschaftlichkeit ein Naturwesen, er ist Natur in jenem besonderem Sinne, in dem das Genie es ist. Indem er sich in der Natur verliert, fühlt er das ganze unendliche Leben der Natur in sich und sich dadurch „vergöttert". Man lese z. B. Werther's bewunderungswürdige Tagebuch-Aufzeichnung vom 18. August 1771. Sie ist mächtig und genial wie ein Monolog aus Faust. Man lese diese Schilderung, wie sich vor ihm „das innere Leben der Natur" eröffnet, wie er „alle die unergründlichen Kräfte in den Tiefen der Erde wirken und schaffen" sieht, wie er danach schmachtet, „aus dem schäumenden Becher des Unendlichen jene schwellende Lebenswonne zu trinken und nur einen Augenblick in der eingeschränkten Kraft seines Busens, einen Tropfen der Seligkeit des Wesens zu fühlen, das alles in sich und durch sich hervorbringt", dann wird man verstehen, wie er, als er sich wie ein Eingesperrter zu fühlen beginnt, der keinen Ausweg sieht, von einem brennenden, sozusagen pantheistischen Verlangen ergriffen werden kann, sein Menschendasein von sich zu werfen, um „mit dem Sturmwinde die Wolken zu zerreißen, die Fluten zu fassen" — und dann wird man das Berechtigte in dem Ausrufe fühlen, mit dem er stirbt: „Natur! dein Sohn, dein Freund, dein Geliebter naht sich seinem Ende."

Es ist unumgänglich, daß eine Seele, welche so großen Platz heischt, in der engen Gesellschaft Anstoß erregen muß, besonders wie sich diese nach festen Regeln gegen den Schluß des gesellschaftlichsten aller Jahrhunderte geordnet hatte.

Werther verabscheut die Regel auf allen Gebieten. In jener Zeit, wo die Poesie von Regeln umspannt war, führt er all diese Regeln darauf zurück, „daß man das Vortreffliche erkenne und es auszusprechen wage." Und Künstler, der er ist, hat er ebenso ketzerische Ansichten von der Malerei wie von der Poesie. Er trifft einen jungen Berufsgenossen, der eben von der Akademie kommt und „viel Wissens vor ihm auskramt, von Batteux bis zu Wood, von de Piles zu Winkelmann und Sulzer." Dieser Bursche ist ihm ein Greuel. „Die Natur allein," schreibt er, „bildet den großen Künstler. Man kann zum Vorteil der Regeln viel sagen, ungefähr was man zum Lobe der bürgerlichen Gesellschaft sagen kann. Ein Mensch, der sich nach ihnen bildet, wird nie etwas Abgeschmacktes und Schlechtes hervorbringen, wie einer der sich durch Gesetze und Wohlstand modeln läßt, nie ein unerträglicher Nachbar, nie ein merkwürdiger Bösewicht werden kann; dagegen wird aber auch alle Regel, man rede, was man wolle, das wahre Gefühl von Natur und den wahren Ausdruck derselben zerstören!" In diesem Hasse Werthers gegen die von außen gegebenen Regeln liegt auch sein Abscheu für alle Kunstausdrücke auf dem Gebiete der Schönheit, wie auf dem sozialen. Deshalb knirscht Werther vor Erbitterung mit den Zähnen, wenn der Fürst, der wenig Schönheitssinn besitzt, im Gespräche mit ihm über Kunst, nach einer warmen Darstellung Werthers, um es recht gut zu machen, „mit einem gestempelten Kunstworte drein stolpert." Deswegen wird er in den Gesprächen mit Albert über das fertige Register von Gesellschaftsurteilen entrüstet, welches diesem zu Gebote steht: „Daß ihr Menschen," ruft er aus, „um von einer Sache zu reden, gleich sprechen müßt: das ist thöricht, das ist klug, das ist gut, das ist bös! Und was will das alles heißen? Habt ihr deswegen die inneren Verhältnisse einer Handlung erforscht? wißt ihr mit Bestimmtheit die Ursachen zu entwickeln, warum sie geschah, warum sie geschehen mußte? Hättet ihr das, ihr würdet nicht so eilfertig mit euren Urteilen sein." Deshalb empört ihn die Pedanterie des Gesandten, wenn dieser ihm Depeschen eines reineren Stiles halber zurückgiebt, deshalb wünscht er alles Unglück über den theologischen Blaustrumpf, der die schönen Nußbäume im Garten des Pfarrhauses hat umhauen lassen, deshalb wird er mit einem Worte tiefer als es vernünftig ist, von allen Prätensionen toten Wissens, von allem leblosen und feierlichen Formwesen, allen Forderungen der Gesellschaftsrangordnung in Bezug auf Unterordnen und Gehorchen verletzt.

Er nimmt dann seine Zuflucht zu den Kindern, welche seinem Herzen auf Erden am nächsten stehen und zu den geringeren Leuten, denen wahre Gefühle und wahre Leidenschaften eine Schönheit verleihen, die in seinen Augen durch nichts übertroffen werden kann. Er braucht daher auch nur die Mädchen zu beobachten, welche Wasser vom Brunnen holen, um an die Tage der Patriarchen, an Rebekka und Eliezer erinnert zu werden, und nur selbst seine Zuckererbsen zu kochen, um in der Erinnerung an jene homerische Zeit zu leben, da die übermütigen Freier der Penelope selbst ihre Ochsen und Schweine zerlegten und brieten. Die Natur bezaubert und entzückt ihn. Wenn er kein Christ ist, wenn er, wie er sich ausdrückt, nicht zu denen gehört, welche dem Sohne gegeben sind, weil sein Herz ihm sagt, daß der Vater ihn für sich behalten will, so beruht dies darauf, daß der Vater für ihn die Natur, und diese sein Gott ist.

Wohin er sich wendet, überall stößt er in der Gesellschaft, wie sie durch kalte und steife Regeln verständig geordnet ist, an. Er wird auf kränkendste Weise aus einer vornehmen Gesellschaft gewiesen, nur weil er, der Bürgerliche, ohne sich etwas dabei zu denken, im Saale bei seinem Vorgesetzten stehen geblieben ist, als sich ein Kreis Aristokraten am Abend einfindet. Er, der selbst heiß und unglücklich liebt, interessiert sich für die Rettung eines Unglücklichen, den eine unüberwindliche und nicht unerwiderte erotische Leidenschaft zu einem Notzuchtversuch und zum Morde eines Nebenbuhlers getrieben hat, und er wird nicht allein von den strengen Vertretern der Ordnung abgewiesen, sondern ist sogar nach dem Gesetze verpflichtet, gegen denjenigen zu zeugen, den er so herzlich gern beschützen und retten möchte.

Und all dieses sind sogar nur Nebensächlichkeiten. Das Mädchen, welches er liebt und das er, wenn die gesellschaftliche Ordnung nicht dazwischen stände, leicht gewinnen könnte, ist die Braut eines anderen. In diesem letzten Konflikte bricht sein Herz.

So schildert dies Buch das Recht und das Unrecht des vollen Herzens gegenüber den trivialen und starren Regeln des verständig geordneten Alltagslebens, seinen Unendlichkeitsdrang, seinen Freiheitsdrang, der das Leben als einen Kerker und alle Scheidewände der Gesellschaft als Kerkermauern empfindet. Alles, was die Gesellschaft bietet, ist, wie Werther sagt, die Erlaubnis, sich die Wände, zwischen denen man gefangen sitzt, mit bunten Gestalten und lichten Aussichten zu bemalen. Aber die Wände selbst werden dadurch nicht zertrümmert. Darum dies Rennen mit der Stirn wider die Wand, dies lange Jammern, diese tiefe Verzweiflung, welche nur ein Pistolenschuß ins Herz lindern kann. Napoleon warf, als er die bekannte Begegnung mit Goethe hatte, diesem vor, daß er die Liebesgeschichte mit dem Mißverhältnis zur vornehmen Gesellschaft verbunden habe;*) aber wie man sieht mit Unrecht; denn diese beiden Verhältnisse greifen ineinander ein und bringen die Idee des Buches zum Ausdruck.

Hier wird nicht, wie in der „Neuen Héloise", der Sieg, der Tugend und der deistischen Religiosität über den Naturtrieb und die Passion, sondern der Fatalismus der Leidenschaft dargestellt; mit fatalistischer Notwendigkeit geht in dieser Herzenstragödie die regel- und zügellose Leidenschaft zu Grunde.

Im Jahre 1774 also erschien dies Buch, dessen Schlußblätter nicht von Goethe erfunden sind. Sie sind mit dem Rechte, das jeder schaffende Geist besitzt, sein Eigentum zu nehmen, wo er es findet, wörtlich aus einem Manuskripte abgeschrieben, welches das Ende des jungen Jerusalem behandelt. Das Manuskript ist in Kestner's Buch über Goethe

---

*) Vgl. Eckermann's Gespräche m. Goethe. Herausg. v. A. v. d. Linden. 3. Aufl. Bd. 3 pag. 22. 23. (Leipzig, Verlag v. H. Barsdorf, 1896. Preis M. 3.20.)

und Lotte abgedruckt. Nur ein einziges Wort hat Goethe als vulgär und übelklingend verändert. Im Manuskripte steht: „**Barbiergesellen** trugen ihn." Das Buch schließt so: „**Handwerker** trugen ihn; kein Geistlicher hat ihn begleitet." In seiner schneidenden Kürze spricht dieser Satz aus, daß ein Leben geendet ist, das im Kampfe mit sich selbst und der Gesellschaft, tötlich verwundet in seinen Sympatieen und Bestrebungen, unterlag. Handwerker trugen ihn; denn die bürgerliche Gesellschaft hielt sich pharisäisch zurück. Kein Geistlicher begleitete ihn; denn er war ein Selbstmörder und hatte jede kirchliche und religiöse Verpflichtung gebrochen. Aber er liebte den gemeinen Mann und verkehrte mit den Ungebildeten, darum folgten ihm diese zum Grabe.

Jedermann weiß, welchen Schwall empfindsamer Schriften dies Buch erzeugte, wie viele thränenreiche Romane von demselben abstammen, wie seine Gefühlsweichheit bald, wie bei Clauren, bei Lafontaine oder dem Dänen Rahbek, zur plumpsten Sentimentalität verdickt, bald zur sublimsten platonischen Schwärmerei verdünnt wurde, wie in Ingemann's frühesten Dramen und Romanen — man vergleiche besonders die direkte Nachahmung Werther's in „Warner's Wanderungen". Allein „Werther" selbst ist daran unschuldig; denn die Versunkenheit in Gefühlsschwelgerei ist nur die eine Seite des Buches. Aus derselben, inmitten derselben sprudelt ein so gesundes Natur- und Lebensgefühl hervor, ein so kraftvoller und revolutionärer Zorn über die Gesellschaftskonvenienz, die aristokratischen Vorurteile und die Pedanterie des Geschäftslebens, daß der Haupteindruck des Buches der Drang nach Ursprünglichkeit und Poesie ist, den sie schildert, weckt und befriedigt.

Welcher Fortschritt ist hier seit der „Neuen Héloise" gemacht!

Im übrigen ist in diesem Buche ein noch reineres, tieferes, genialeres Gefühl für die Naturumgebung und die Landschaft als bei Rousseau; der Unterschied in der Naturauffassung ist dadurch bedingt, daß ein großes litterarisches Ereignis in die Zwischenzeit fällt, die Herausgabe Ossian's, welche einen so

ungeheueren Eindruck machte. Es ist bekannt, wie der schottische
Barde selbst das harte Herz Napoleon's schmolz, so daß der=
selbe ihn hoch über Homer stellte. Damals glaubte man noch
an Ossian's Echtheit, und die Zeit war noch nicht gekommen,
wo man sich von diesen Dichtungen mit demselben Aerger und
Widerwillen abwandte, den eine Gesellschaft empfindet, wenn
sie sich in einem Garten durch die Töne einer Nachtigall zur
Schwärmerei verlocken ließ und dann plötzlich im Strauchwerk
einen nichtsnutzigen Jungen entdeckt, welcher die Nachtigall
spielte. Es glückte Macpherson in den Herzen seiner Zeit=
genossen den Homer zu verdrängen. Er beeinflußte auch Goethe.
Deshalb wird hier im „Werther" die gesunde homerische
Naturanschauung, welche in der ersten Hälfte des Buches
herrscht, allmählich von den unruhigen ossianischen Nebel=
bildern verdrängt, welche der steigenden Kränklichkeit, der Un=
ruhe und Lyrik der Leidenschaft entsprechen.

Nur unsicher wird in Rousseau's Roman die weibliche
Hauptfigur gezeichnet. Es fehlt dort, wie fast überall in der
französischen Poesie, die Naivetät der Weiblichkeit. Julie ist
eine klassische Vorläuferin der Heldinnen in Balzac's Romanen.
Wie unendlich steht sie an wahrer und echter Leidenschaft ihrer
Namensverwandten, der wirklichen Héloïse, nach! Wie tief
empfunden ist jedes Wort bei dieser, die Liebesergüsse eben so
wohl wie die Ergüsse der Religiosität, und wie kalt sind Juliens
gedrechselte Perioden! Jeden Augenblick verfällt sie in Dekla=
mationen über die Tugend und über das höchste Wesen, das
sie philosophisch den Urquell des Lebens nennt. Sie ergeht
sich in Sätzen, wie folgenden: „In dem Grade sind alle
menschlichen Angelegenheiten ein nichts, daß es, mit Ausnahme
des Wesens, das durch sich selbst existiert, nichts Schönes giebt,
außer dem, was nicht ist" — sie meint unsere Chimären.
Julie räsonniert und deklamiert. Wie naiv und natürlich er=
scheint im Gegensatze zur ihr die kräftige Charlotte, z. B. in
jener ersten Situation, wo sie Brot für ihre kleinen Geschwister
schneidet! Wenn bei ihr etwas über die Linie des Natürlichen
hinausgeht, so sündigt sie nicht durch stelzenhafte Deklamation,
sondern durch einen Anflug sentimentaler Schwärmerei, wie in

der Szene, wo ihre und Werther's Gedanken sich begegnen, indem sie schweigend das Wort „Klopstock" mit ihrem Finger an die bethaute Fensterscheibe schreibt.

Und von Saint-Preux bis Werther ist der Fortschritt ebenso groß. Vielleicht erkennt man bereits, welchen neuen Charakterzug die Hauptfigur dadurch gewonnen hat, daß sie über den Rhein ging. Saint-Preux war noch, wie der Name schon andeutet, das ritterliche Ideal. Goethe der Dichter der modernen Zeit, macht dem ritterlichen Ideal ein Ende. Es sei hier nur darauf hingewiesen, wie in seinen Helden alle Eigenschaften der Ritterzeit, zuerst und zuvörderst der körperliche Mut, dessen Darstellung niemals seine Wirkung auf naive Leser verfehlt, völlig bei Seite geschoben sind. So in „Werther," im „Wilhelm Meister," im „Faust". Werther ist kein Ritter, sondern ein Grübler, ein Poet, ein Phantast. Verweilen wir noch einen Augenblick bei dieser Gestalt. Werther ist ein Kranker; was fehlt ihm denn eigentlich? Er ist unruhig und fieberhaft, aber verstehen wir's recht, seine Unruhe ist die der Ahnung, der Ungewißheit, der schlecht begrenzten und schrankenlosen Sehnsucht, aber nicht der Verzweiflung und Hoffnungslosigkeit. Er gehört einer Zeit an, welche ahnt und verkündigt, nicht einer Zeit, welche resigniert und verzweifelt. Wir werden ein Gegenstück zu ihm in Chateaubriand's René erblicken. Die Grundquelle von Werther's Unglück ist das Mißverhältnis zwischen der Unendlichkeit des Herzens und den Schranken der Gesellschaft. Zuerst waren die Helden der Litteratur Fürsten und Könige, ihre Verhältnisse standen in Uebereinstimmung mit ihrer geistigen Hoheit Der Kontrast zwischen Innerem und Aeußerem, zwischen Verlangen und Macht war unbekannt. Und selbst als die Litteratur den Kreis ihrer Günstlinge erweiterte, hielt sie sich an diejenigen, welche durch aristokratische Geburt und Reichtum hoch über die niederen Mühen und Beschwerden des Lebens gestellt waren. Goethe hat im „Wilhelm Meister" die Ursache angegeben: „Dreimal glücklich", sagt er, „sind Diejenigen zu preisen, die ihre Geburt sogleich über die unteren Stufen der Menschheit hinaushebt, die durch jene

Verhältnisse, in welchen sich manche gute Menschen die ganze
Zeit ihres Lebens abängstigen, nicht durchzugehen, auch nicht
einmal als Gäste darin zu verweilen brauchen. Sie sind von
Geburt an gleichsam in ein Schiff gesetzt, um bei der Ueber-
fahrt, die wir alle machen müssen, sich des günstigen Windes
zu bedienen und den widrigen abzuwarten, anstatt daß andere
nur für ihre Person schwimmend sich abarbeiten, vom günstigen Winde wenig Vorteil genießen, und im Sturme mit bald
erschöpften Kräften untergehen". Mit beredten Worten wird
hier ein einzelner Lebensvorteil, der Reichtum, gepriesen;
Goethe, der oftmals in seinen Werken, so vor allem in
„Wilhelm Meister", lediglich aus Liebe zum Schönen seine
Zuflucht zu den höchsten Gesellschaftskreisen nahm, hat mit
Schmerz gefühlt, daß das Leben des Plebejers ein Krieg, und
der traurigste von allen, ein Krieg für die Existenzmittel ist,
daß er auf Gelderwerb sinnen, beständig sich der Sparsamkeit
befleißigen, und daß seine Frau eine gute Haushälterin sein
muß, selbst wenn sie sonst eine Muse ist. Deshalb spricht
Goethe so ungezwungen von den Vorteilen des Reichtums.
Und was von diesem, von dem vulgärsten der äußerlichen
Lebensgüter gilt, das gilt mit noch größerem Gewicht von
allen andern äußeren Formen des Glückes und der Macht.

Jetzt beim Wechsel des Jahrhunderts stoßen wir zum
ersten Mal auf diesen Widerspruch: ein Individuum, das in
der Welt des Geistes wie ein Gott und ein König dasteht, das
mit Allem sympathisch empfindet und durch das Gefühl das
ganze Leben des Alls in sich aufnimmt, das nach der Wahrheit verlangt, aber sie nicht erreichen könnte, ohne zugleich
Allwissenheit zu erreichen, in dessen Herzensforderungen der
Anspruch auf Allmacht liegt, denn allmächtig müßte es sein,
um die kalte, harte Welt zu einer Welt nach seinem Herzen
umbilden zu können, und das zugleich etwa nur wie Werther
ein Legations-Sekretär ist mit ein paar hundert Thalern
jährlichen Gehaltes, der die Hälfte des Tages in seinem
Komptoir, d. h. in seiner kleinen Gesellschaftsrubrik eingesperrt,
ausgeschlossen sogar von der höheren Gesellschaft ist, und die ganze
Seligkeit seines Lebens in den Besitz eines Mädchens setzend,

das ihm dann der erste, beste Philister vor der Nase weg=
schnappt, und zwar auf solche Art, daß er selbst im Namen des
Rechtes, der Moral, der Vernunft die Berechtigung dieses
Philisters einräumen, ja vielleicht sogar zugeben muß, daß dieser
andere ein besserer Ehemann werden und Lotte glücklicher
machen wird, als er. Was ist doch das? Paßt denn die
Liebe nicht für die Ehe, das Individuum nicht für die Ge=
sellschaft, das Herz nicht zum Kopfe? Herrscht ein schreckvolles
Mißverhältnis in der großen Maschinerie des Seins, und ist
sie im Begriff, aus den Fugen zu gehen? Bald hörte man
sie krachen und bersten, als jene Zeit kam, da alle Mauern
niedergebrochen und alle Formen zersprengt wurden, da alles
Bestehende über den Haufen gestürzt ward, da alle Standes=
unterschiede mit einem Schlage verschwanden, da die Luft mit
Pulverdampf erfüllt wurde und die ersten Töne der Marseillaise
erklangen, da die hundertjährigen Grenzen des Reiches verrückt
und abermals verrückt, da Könige geköpft und abgesetzt, eine
tausend Jahre alte Religion abgeschafft, Throne und Altäre
zersplittert wurden, da ein korsikanischer Artillerie=Lieutnant
sich selbst als den Erben der Revolution proklamierte, alle
Bahnen dem Talente geöffnet erklärte, und da man den Sohn
eines französischen Schankwirtes den Thron Neapels besteigen
und einen ehemaligen Grenadier das Szepter Schwedens er=
greifen und sich Norwegens bemächtigen sah.

Wie gesagt, Werther wird vom Verlangen der Ahnung
und der unklaren Unruhe getrieben. Ungeheuere Umwälzungen
liegen zwischen ihm und dem nächsten modernen Typus, René.
In René ist die Poesie der Ahnung von der Poesie der Ent=
täuschung abgelöst. An die Stelle der Unzufriedenheit vor
den großen Katastrophen tritt die Unzufriedenheit nach den=
selben. Nach dem Aufschwunge die Niedergeschlagenheit. All'
jene gigantischen Umwälzungen haben nicht vermocht, das
Verlangen des Menschenherzens und die äußeren Verhältnisse
in Harmonie mit einander zu bringen. All' jene schönen
Träume der Freiheit und Gleichheit waren in einer Sünd=
flut von Blut und Schrecken fortgeschwemmt. Der Kampf
für das Menschenrecht des Individuums hatte zur brutalsten

Weltdespotie geführt. So begegnen wir denn wieder dem jungen Mann des Jahrhunderts, aber wie ist er verändert! Jegliche Frischheit und Kindlichkeit ist von ihm gewichen. Er ist bleich, seine Stirn ist gefurcht, sein Leben ist müßig, seine Faust geballt. Ausgestoßen aus einer Gesellschaft, die er verwünscht, weil er in ihr nicht seinen Platz finden kann, sehen wir ihn allein in der neuen Welt, in den Urwäldern unter wilden Indianerstämmen umherschweifen. Ein neues Element ist in seine Seele eingezogen, das in der Werther's nicht zu finden war: die Melancholie. Immer wieder kommt Werther gerade darauf zurück, daß ihm nichts so verhaßt sei, als Laune und Mißmut; Werther war unglücklich aber nicht melancholisch; René dagegen ist versunken in müßiger Pein, deren er nicht Herr zu werden vermag, er haßt die Menschen und sich selbst. Er ist Melancholiker und Misanthrop. Er bildet den Uebergang von Goethes Werther zu Byrons Giaur und Korsar.

4.
Chateaubriand's „René".

Chateaubriand gehört nicht wie Goethe zu den Männern des Friedens. Es stand ein Stern der Vernichtung über seiner Wiege; es liegt kein Jahr zwischen seiner und Napoleon Bonaparte's Geburt, und man vernimmt den finsteren und grausamen Geist jener Zeit des Schwertes in seinen Schriften, denen er eine eigenartige, wilde Poesie verlieh.

Aber, könnte man einwenden, besitzt er denn in der That etwas Gemeinsames mit Rousseau und Goethe, hat er wirklich etwas von ihnen gelernt? Ich halte es für erwiesen, daß nicht nur er, sondern sein ganzes Zeitalter durch jene Bücher gebildet waren, die wir soeben kritisch betrachtet haben. Es läßt sich hiefür eine Art von Beweis führen: an einer Stelle, wo Chateaubriand Byron den Vorwurf macht, nie seinen Namen erwähnt und verschwiegen zu haben, was Childe Harold René schuldet, hebt er hervor, daß er selbst nicht so handele und nicht verschweigen wolle, daß Ossian, Werther, Saint-Pierre auf die Gestaltung seiner Ideen eingewirkt hätten. An einer andern Stelle, wo er Napoleon's Zug nach Egypten schildert, sagt er: „Die Bibliothek, die er mit sich führte, umfaßte Ossian, Werther, die Neue Héloïse und das Alte Testament, ein genügendes Zeugnis für das Chaos im Kopfe Napoleon's. Er vermischte wirklichkeitstreue Gedanken und romantische Gefühle, Systeme und Träumereien, ernste Studien und Ausgeburten der Phantasie, Weisheit und Thorheit mit einander. Aus diesen unzusammenhängenden Produkten des Jahrhunderts formte er das Kaisertum."*) Ich lasse diese Aussage auf sich beruhen, aber soviel ist klar, daß schwirrten Rousseau's Héloïse, Goethe's Werther und Ossian's Gedichte so in der Luft umher, daß ein Zeitgenosse der Meinung sein konnte, sie hätten zum Zustandekommen des

---
*) Mémoires d'Outre Tombe II. 190. III. 78.

Kaiserreiches mitgewirkt, so müßten sie sogar notgedrungen an den epochemachenden Büchern Anteil haben, welche in derselben Zeit herauskamen.

Vergleicht man Chateaubriand's Talent mit Bonaparte's gleichzeitigem Genie, so scheint es, als ob das neue Jahrhundert seine ganze Thatkraft und allen Unternehmungsgeist in diesem großen Feldherrn und Eroberer konzentriert hätte, sodaß gleichsam für diejenigen jungen Männer des gleichaltrigen Geschlechtes, welche ihm nicht auf seinen kriegerischen Bahnen folgten, nichts übrig blieb. Der Zug jener Thätigen und Kämpfenden fährt an ihnen vorüber und läßt sie unentschlossen und mißvergnügt zurück.

René soll zur Zeit Ludwigs XV. leben, aber, was dort vom damaligen Zeitalter gesagt wird, paßt direkt auf Chateaubriand's Jugend. Es ist, sagt René, eine Zeit, in welcher das Volk von der früheren Ehrfurcht vor der Religion und der Sittenstrenge in Gottlosigkeit und Verderbtheit, von den Höhen des Genies zum gewöhnlichen geschmeidigen Witz herabgesunken war, und worin sich deshalb ein ernster und rechtschaffener Geist unglücklich und vereinsamt fühlte. Aber gerade dies paßt auf den Schluß des 18. Jahrhunderts, wie es von Chateaubriand aufgefaßt wird.

René erzählt Chactas, dem Geliebten „Atalas", die Geschichte seines Lebens zum Entgelt, daß dieser in „Atala" ihm die seine erzählt hat. Er schildert seine Jugend auf dem Gute in der abgelegenen Provinz, erzählt, wie er sich vor seinem Vater stets gezwungen und gehemmt und nur in Gesellschaft seiner Schwester Amélie zufrieden gefühlt habe. Beide waren melancholische Naturen, beide poetisch veranlagt, bald elternlos und gezwungen die Heimat zu verlassen. René sehnt sich zumeist nach dem Stillleben des Klosters, aber dies unbeständige Sehnen schlägt um und wechselt sein Wesen, er beschließt zu reisen, findet unter Roms und Griechenlands Ruinen Nahrung für seine Melancholie und entdeckt unter den lebenden Völkern dasselbe Vergessen der Gestorbenen, wie auf dem Erdboden dasjenige der untergegangenen Nationen. In London wissen die Arbeiter, die er auf der Straße fragt, nichts von Karl II., an dessen Statue sie stehen. Was ist daher Ruhm und Größe wert! Er reist nach Schottland, lebt in der Erinnerung an die Helden Morven's; aber wo Ossian sang und Fingal siegte, weiden jetzt Viehherden. Er geht wieder nach Italien, studiert die Denkmäler der Kunst, findet jedoch, daß er trotz all' seiner Mühe noch nichts gelernt hat. Vergangenheit und Gegenwart sind zwei unvollständige Bildsäulen, die eine ward verstümmelt aus der Erde gegraben, die andere steht unfertig da und kann erst von der Zukunft vollendet werden. Und die Natur beruhigt seine kranke Seele sowenig wie die Geschichte. Einmal bestieg er den Aetna, sah auf der einen Seite die Sonne am Horizonte aufgehen, sah unter sich ganz Sizilien von dem unendlichen Meere umgeben sich so winzig ausnehmen, daß die Flüsse geographischen Linien auf einer Karte glichen, sah auf der anderen Seite in den Krater des Vulkans hinunter mit seinem glühenden Innern und seinen schwarzen Dämpfen. Er findet dann in seiner Stellung das wahre Bild seines Charakters und seiner Existenz: „So" sagt er, „habe ich Zeit meines Lebens eine zugleich ungeheuer weitgestreckte und unbedeutend kleine Welt vor Augen gehabt, sowie einen Abgrund mir zur Seite.

Selbstverständlich ist diese vulkanische und anspruchsvolle Natur überall in seinem Vaterlande überflüssig. Vergebens sucht er seine Aeußerungsformen mit der Gesellschaft in Einklang zu bringen, über die ihn seiner Meinung nach sein Inneres so hoch erhebt; er wird überall als „romantischer Geist" (esprit romanesque) behandelt und bezeichnet, für den man im Leben keine Verwendung hat. Zum erstenmal begegnet uns hier eine Andeutung jenes Begriffes, welcher später in etwas veränderter Form zum Kunstausdruck in Frankreich werden sollte, als die romantische Schule aufkam.

Es liegt in diesem geheimnisvollen Leiden, welches fühlt, daß es „interessant" ist, wirklich etwas, das auf einen Romantiker vor der Romantik deutet. Aus all' jenen halbvergessenen Erinnerungen an eine Größe, welche entschwand, jenen Ein=

drücken von der Vergänglichkeit eines Namens und eines Ruhmes, jenen erbitterten Stimmungen bei der Kleinlichkeit und Schlechtigkeit der Menschen hat sich René nämlich eine hartnäckige Ueberzeugung herausdestilliert, daß es kein Glück giebt, sowie einen tiefen Lebensüberdruß und ein beständiges Gefühl von Leere und Langeweile, während er zur selben Zeit eine überströmende Lebenskraft in seinen Adern pulsieren fühlt. Seine Lieblingsworte sind: la folie de croire au bonheur — dégoût de la vie — profond sentiment d'ennui u. s. w. In all' diesem Jammer nimmt er in seinen Gedanken beständig seine Zuflucht zur Schwester, als seinem einzigen Troste, bis er zu seiner Ueberraschung und seinem Kummer bemerkt, daß sie ihm ausweicht, sich verschiedene Male bei seiner Rückkehr nach Frankreich außer Stande erklärt, mit ihm zusammenzutreffen, und seine Zärtlichkeit für sie vergessen zu haben scheint. Nur einmal, als sie ahnt, daß er im Begriffe steht, Selbstmord zu begehen, nähert sie sich ihm für einen Augenblick aufs neue. Er hat bereits die Kälte dieser seiner geliebten Schwester der Kette seiner bitteren Erfahrungen inbezug auf die Treulosigkeit der Menschen angereiht, als ihn die Nachricht von ihrer Absicht, sich als Nonne in ein Kloster aufnehmen zu lassen, nach ihrem Aufenthaltsorte eilen läßt. Er kommt gerade rechtzeitig genug an, um einen Platz bei der unheimlichen Feierlichkeit einzunehmen, Amélie's Haar unter der Scheere fallen zu sehen und an ihrer Seite niederzuknieen, während sie, wie es das Zeremoniell erfordert, wie eine Leiche auf dem Marmorboden der Kirche ausgestreckt liegt — da hört er seine Schwester eine Bitte um Vergebung für „die verbrecherische Leidenschaft, die sie für ihren Bruder gehegt hat", hervormurmeln. Auf einmal begreift er der Schwester Verhalten ihm gegenüber und fällt ohnmächtig um. Sobald er sich wieder gefaßt hat, beschließt er, Europa zu verlassen und nach der neuen Welt zu gehen. In der Nacht, in der er Frankreichs Küste verläßt, bricht ein furchtbares Unwetter los. „Wollte mich der Himmel davon unterrichten," sagt er, „daß Unwetter stets meine Schritte begleiten würden?" Soviel ist sicher, daß Chateaubriand diese Begleitung von

Blitz und Donner weder für Renés Lebenslauf noch für Atala's Liebe entbehren kann.

Es sind, wie man sieht, ungewöhnliche Geschicke, die hier einen ungewöhnlich veranlagten Charakter treffen. Und von diesem Charakter kann man die Melancholie und Menschenverachtung in der neueren Litteratur ableiten. Diese Schwermut und dieser Menschenhaß sind von ganz anderer Art, als sie sich je zuvor gezeigt haben. Ich will vergleichsweise einige Gestalten Molière's und Shakespeare's heranziehen. Der Unterschied zwischen diesen und denen der modernen Zeit wird dann klar werden.

Eine von Molière's interessantesten Figuren, und, wie ich bekenne, derjenige von all' seinen Charakteren, welcher für mich persönlich den größten Reiz besitzt, ist Alcest, der Misanthrop. Der Gegenstand von Alcest's Unwillen und Bitterkeit ist jenes ganze System von Rücksichten, von Zugeständnissen, von großen und kleinen Lügen, woraus der sogenannte gesellschaftliche Umgang beruht. Er hat darin gewiß Unrecht. Ohne die Fiktion, welche die konventionelle Höflichkeit erzeugt, würde das Leben noch unschöner sein, als es ohnehin ist. Ein feinsinniger und liebenswürdiger Philosoph hat gesagt: „Da die Schönheit nicht existiert, so erfand man die Kunst, und da die Güte und Herzlichkeit nicht existieren, so erfand man die Höflichkeit." Und giebt es, ernstlich gesprochen, nicht Gründe genug, ein wenig die Maske zu tragen? Wie Mancher möchte nicht lieber ganz ungekannt als ganz gekannt sein, und giebt es nicht Viele, welche zu demaskieren schon aus ästhetischen Ursachen Sünd' und Schande wäre, da ihre Maske so viel schöner ist, als ihr wirkliches Gesicht? Aber ich rede selbst wie Philint im Stücke, und ich darf nicht die glänzenden und beredten Antworten vergessen, welche Alcest giebt. Alcest haßt die Menschen, weil er sie in zwei Klassen teilt; die eine bilden die Gemeinen und Boshaften, die andere besteht aus denjenigen, welche artig und aufmerksam gegen jene Boshaften und Gemeinen sind, und dadurch ihr Treiben ermöglichen. Er stellt die feige Rücksichtnahme, die aus der Furcht entsprungene Falschheit auf

gleiche Linie mit den schlimmsten und verrufendsten Lastern.
Er ist so empört über die Feigheit, die das Verächtliche nicht
sehen will, wo es sich befindet, daß er die zweite große Welt=
macht, die Dummheit, welche es wirklich nicht sieht, wo es sich
findet, durchaus vergißt. Er schäumt vor Wut darüber, den
Schurken, mit welchem er in Prozeß liegt, und dessen Nichts=
würdigkeit alle Welt kennt, überall respektvoll begrüßt, wohl
aufgenommen, ja beschützt zu sehen. Er sagt Oront ins Ge=
sicht, daß seine Verse schlecht sind. Um den Charakter ins
richtige Relief zu stellen, läßt der Dichter nun Alcest sterblich
verliebt sein in eine junge Kokette von der feinsten und durch
ihre Liebenswürdigkeit gefährlichsten Art. Sie spielt mit ihm
wie mit einem Kinde, foppt ihn und trotzt ihm auf alle
Weise, lockt ihn an und reizt ihn aufs Aeußerste; jedes Wort
von ihr ist ein Dorn, der ihn sticht, und jede ihrer Hand=
lungen schneidet ihm ins Herz. Es ist sein Fluch, daß er zu=
gleich sie lieben und über sie verzweifeln muß. Kann man
sich ein schlimmeres Los für einen Misanthropen denken, als
das, ein solches Weib anzubeten und der Spielball all' ihrer
Launen zu sein! Man sollte es meinen; aber könnte man
nicht auch vielleicht die ganze Anschauung umkehren?

Ein Mann, der sich besser als irgend ein anderer auf
Schauspiel und Theater versteht, Herr Edmond Thierry,
Direktor des Théatre français, sagte mir am Tage nach
einer Aufführung des „Misanthrope" in Erwiderung einer Be=
merkung, die ich über einen Schauspieler machte, welcher nach
meiner Ansicht die Rolle allzu geschliffen gespielt hatte: „Finden
Sie, aufrichtig gesprochen, daß Alcest misanthropisch ist und
daß der Name paßt? Ich für meinen Teil glaube: wenn
Celimène nicht kokett wäre, so würde Alcest nicht misan=
thropischer als ich sein." Das war ein Scherz, aber er
verbirgt eine Wahrheit. Es sind Umstände und Verhält=
nisse, die Stellung inmitten eines verderbten Hofes, ein
reizbarer und ehrliebender Sinn, ein wahrheitsliebender
Charakter, welche im Verein mit zufälligen persönlichen Un=
glücksfällen Alcest's Misanthropie als Resultat erzeugen. Er
ist Misanthrop durch Räsonnement, nicht von Temperament

und er trägt kein Kainszeichen an seiner Stirne. Eben hierdurch ist er ein so echt französisches Erzeugnis. Bei einem deutschen Melancholiker ist die Grundlage Räsonnement, d. h. der analysierende Verstand. Alcest ist ein Produkt jener klassisch-oratorischen Zeit in Frankreich, über welche man erst am Schlusse des achtzehnten Jahrhunderts hinaus kam. Hier sehen wir ein Beispiel der überwältigenden Macht des Zeitgeistes und des Volksgeistes über das Individuum. Wenn man vom Zeitalter Boileau's und der Verstandestragödie in Frankreich spricht, so könnte es wohl auf den ersten Blick als Widerspruch scheinen, daß Molière, Boileau's Gegenpol, Racines Antipode, derselben Zeit angehört. Man könnte wenigstens meinen, daß seine tiefsten und trefflichsten Gestalten, die naive Agnes in der „Schule der Frauen" und der melancholische Alcest im „Misanthrop", eine Ausnahme bildeten. Aber es giebt Geistesgesetze, welche eben so unverbrüchlich wie die Naturgesetze sind. Ich habe an einer anderen Stelle*) nachgewiesen, bis zu welchem Grade Agnes' Naivetät eine vom Dichter durch Räsonnement erklügelte ist; dasselbe läßt sich von Alcest's Melancholie beweisen. Nehmen wir als Gegensatz einen von Shakespeare's Misanthropen, z. B. Jacques in „Wie es euch gefällt." Da haben wir den Misanthropen von Temperament. Jacques ist eine Poetennatur, schwermütig und weich. Hören wir, wie er geschildert wird:

> Heut schlichen wir, Lord Amiens und ich selbst,
> Uns hinter ihn, wie er der Länge nach
> Im Schatten einer Eiche lag, die mit
> Den Wurzeln in den Waldbach niederhängt.
> An diese Stelle kam ein scheuer Hirsch,
> Der von des Jägers Pfeil getroffen worden,
> Um zu verenden; und fürwahr, mein Fürst,
> Das arme Tier stieß solche Seufzer aus,
> Daß sie beinah sein ledern Fell zersprengten.
> Die dicken runden Thränen träufelten
> Ihm einzeln über das behaarte Maul.
> So stand der arme Narr, genau betrachtet
> Vom melanchol'schen Jacques, am Brink des Baches,
> Mit Thränen ihn vermehrend. Aber Jacques?

---

*) Aesthetische Studien von G. Brandes, S. 310 ff.

Wie zog er die Moral aus diesem Bild?
In tausend Gleichnissen. Dieweil der Hirsch
Ins Wasser überflüssig weinte, sprach er:
„Du armes Tier, du machst dein Testament,
Gleich manchem Weltkind, denen Geld erwerbend,
Die schon so viel besitzen." Weil das Wild
Verlassen war von seinen sammtnen Freunden,
Rief Jacques: „So ist es recht; das Unglück scheucht
Ja stets die Menge fort." Dann brach ein Rudel,
Frisch von der Weide, ohne Halt und Gruß,
Am kranken Hirsch vorbei. „Nur zu!" sprach Jacques.
„Ihr Spießer und Spießbürger, fette, feiste;
Das gleicht wohl eurer Art. Warum auch schauen
Auf den gefallnen Bankrottierer hier?
Mit solchen Stachelreden traf er Alles,
Das Land, die Stadt, den Hof, auch unser Leben;
Er schwor, wir sei'n Tyrannen, Räuber und
Was Schlimmres noch, weil wir das Wild verjagten
Aus seinem eignen Sitz, und ganz vertilgten
So klagt' er mit dem schluchzenden Geschöpf.

Wir sehen ihn zu Thränen gerührt über die Leiden des verwundeten Tieres. Nicht durch Räsonnement, nicht durch eine Verstandesreflexion, wird er empört über die Schlechtigkeit und grausame Rohheit der Menschen, sondern er fühlt unmittelbar, daß seine Seele von derselben Natur wie die des Hirsches sei. Der Hirsch ist ihm ein Kind derselben Mutter wie er selbst. Er ist in seinem Gefühle Pantheist. Welcher Abstand von der Anschauung jener klassischen Zeit in Frankreich, wo selbst Cartesius das Tier für eine Maschine ansah und seinen Schmerzensschrei für eine rein mechanische Wirkung des Schlages hielt, wie die Schreipuppe beim Drucke des Fingers quiekt!

Im Gegensatze hiezu antezipiert Jacques die Naturbetrachtung der feinfühligsten modernen Poeten, z. B. Shelley's. Man erinnert sich, daß Shelley als Jüngling einen Verein junger Männer stiftete, welche, von der Ansicht ausgehend, daß es eine unerlaubte und verbrecherische Barbarei der Menschen sei, Tiere zu essen, sich verpflichteten, ausschließlich von Pflanzennahrung zu leben.

Nichtsdestoweniger ist Jacques so wenig wie Alcest ein Typus der modernen Melancholie. Jeder von ihnen verkörpert nur einen allgemeinen menschlichen Mißmut in der Form, welche ihnen nach ihrer verschiedenen Nationalität natürlich ist. Die mit dem Beginn des 19. Jahrhunderts entstehende Art von Melancholie trägt nicht den Charakter einer rein persönlichen Krankheit, sie ist auch nicht blos national; es ist eine kosmopolitische Epidemie, in ihrem Wesen verwandt mit den religiösen Krankheitsformen, die sich im Mittelalter so oft über Europa verbreiteten, und René ist nur diejenige Gestalt, welche zuerst und am kräftigsten die Kennzeichen der Krankheit bei den begabtesten Geistern darstellt.

René trägt jenes Kainszeichen; das ich erwähnte; aber dies Merkmal ist zugleich das Herrschersiegel. Unsichtbar für ihn selbst ist dies Siegel des Genies ihm auf die Stirne gedrückt worden. Hinter den schwermütigen Selbstanklagen, aus denen René's Bekenntnisse bestehen, verbirgt sich das stolze Ueberlegenheitsgefühl, welches des Dichters eigene Brust erfüllte. Wenn man Chateaubriand's Erinnerungen sorgfältig liest, so kann man sich nicht des Gedankens erwehren, daß sich sogar hinter dem Verhältnis zu Amélie eine Art Beichte, ein Geständnis der leidenschaftlichen Liebe verbirgt, welche seine Schwester Lucile für ihren bewunderten Bruder hegte. Welch großes Bekenntnis enthält daher nicht der übrige Inhalt der Erzählung!

René's Qual sind die Geburtswehen des Genies in der Seele der modernen Persönlichkeit. René bezeichnet jenes erste Stadium, das der Unruhe und Auserwählung. René ist der Augenblick, in welchem die auserwählte Natur in derselben Weise, wie der Prophet der jüdischen Vorzeit, zum erstenmal die Stimme vernimmt, die ihn beruft, und sich angstvoll zurückzieht, sich verzweiflungsvoll windet und nach einem Auswege zur Flucht späht, antwortend gleich dem Propheten: „Herr, nimm nicht mich, sondern einen andern, meinen Bruder; ich bin zu gering, ich bin ein Mann, welcher nicht seine Worte zu setzen weiß." Der Auserwählte zögert und hofft, einen andern dem Rufe folgen zu sehen, er schaut sich um, aber keiner ersteht, und die Stimme fährt fort zu ihm zu reden. Ueberall sieht er das siegen, was er verabscheut und verachtet, und das unterliegen, wofür er alles opfern möchte, wenn nur ein anderer ihn zum Opfer hinführen wollte: aber mit Staunen und Grausen sieht er, daß kein anderer so wie er empfindet, er schweift umher, um seinen Meister zu finden, denn wie St. Christoph will er nur dem Stärksten dienen, aber er findet ihn nicht, und da erfaßt ihn der Gedanke: wenn kein anderer erstehe, wenn er keine Stütze und keinen Führer finde, so müsse er wohl selber der Mann und geeignet zum Führer und zur Stütze für andere schwächere Geister sein. Jetzt folgt er dem Rufe, er sieht, daß die Zeit des Träumens und Zweifelns vorüber und die Zeit des Handelns gekommen ist. Hinter ihm liegen die langen Stunden des Zweifels und Selbstmißtrauens, mit einem Schlage ist er verwandelt. Der Sonnenstrahl hat ihn getroffen, der für immer sein Antlitz bräunt, in welchem keine Röte mehr aufsteigt oder schwindet. Er überwindet die Krise, nicht wie Werther, durch einen Selbstmord, sondern durch einen Entschluß und mit einem erhöhten Selbstgefühl. Er zögert und schwankt nicht mehr, er gebietet und er will. Aber das Genie ist stets ebensosehr ein Fluch, wie ein Segen. Selbst die größten, die am harmonischsten, veranlagten Naturen haben in mancher Epoche ihres Lebens den Fluch verspürt, den es enthält und mit sich führt. In René hat Chateaubriand nur jenen Fluch dargestellt; seine eigene Organisation und sein Verhältnis zu den Ideen seiner Zeit bewirkten im Verein, daß die Genialität, wie er sie kannte, ihm nur als Quelle einsamer Qual und wilden egoistischen Genußes erschien, die stets das Gefühl seiner Leere und Nichtigkeit mit sich führte.

Chateaubriand, welcher die religiöse Reaktion des 19. Jahrhunderts einleitet, besaß keinen Glauben, kein Ergriffensein, keine Selbsthingabe an eine Idee. Die Gedanken des vergangenen Jahrhunderts begannen gerade damals verdunkelt zu werden, sich als Irrtümer zu erweisen, die großen Ideen des 19. Jahrhunderts waren noch nicht auf wissenschaftlichem Wege gewonnen worden, und Chateaubriand vermochte, veranlagt und gestellt wie er war, nicht, sie gleichsam durch einen Scherblick vorwegzunehmen. So ward er der Führer der Reaktion, der Ritter des Katholizismus und der Bourbonen. Mit dem der Genialität innewohnenden Trieb, den historischen Gedanken des Zeitalters zu erfassen, aber ohne die sichere Ahnung des Genies von dessen Wesen und ohne Glauben an dessen Sieg, erfaßte er die Gedanken, welche der vorläufige Umschlag in Sympathieen und Stimmungen zu Tage förderte, und behauptete sie mit Stetigkeit, mit prächtiger, aber auch oft hohler Beredsamkeit, mit großen Fähigkeiten, aber ohne Wärme und ohne jene Ueberzeugung, welche die Persönlichkeit durchdringt und sie zum begeisterten und unermüdlichen Organ der Idee macht Während Voltaire mit all' seiner Unruhe und all' seinen Fehlern den Kampf seines Lebens frisch, ungeschwächt und unüberwindlich bis zuletzt führte, weil er keine Minute im Vertrauen auf die Wahrheit seiner Ideen schwankte, wird Chateaubriand von unablässigem Lebensüberdruß, Unglauben und Menschenverachtung verzehrt. Nur auf einem Punkte war er ein Bahnbrecher: als Dichter, besonders als poetischer Kolorist, und deshalb fühlte er sich auch nur im dichterischen Streben seiner Jugend zufrieden und innerlich belohnt. Aber als Dichter ist ihm wiederum keine andere Gestalt so gelungen, als diejenige René's, d. h. als Darstellung jenes geistigen Typus, zu dem er selbst gehörte.

Da ein genialer Mensch von der Art Renés trotz seiner religiösen Redensarten nie in irgend einer höheren Macht aufgeht, so wird die Melancholie hier in ihrem innersten Wesen nur die unbefriedigte Genußsucht des Egoismus. René weiß als geniale Persönlichkeit, daß der Gott mit ihm und in ihm ist, und er kann kaum mehr zwischen sich und dem Gotte unterscheiden. Er betet sich selbst an, indem er den Gott anbetet. Er weiß ja, daß seine Gedanken und seine Rede inspiriert sind, und wo ist die Grenze zwischen dem, was von ihm und dem, was nicht von ihm stammt? Er liebt sogar mehr die Irrtümer, als die Wahrheiten, welche er ausspricht; denn jene gehören ihm selbst eigentümlicher an, und er fühlt sich in höherem Grade als ihren Erzeuger. Der Weihrauch der Menge betäubt seinen Sinn. Seine Feinde sind nicht die seinen, sondern die Feinde der Sache, des Guten, und alle Mittel sind ihnen gegenüber gut und recht. Für sich selbst fordert er alles, die Gunst des Volkes, die Liebe der Frauen, alle Lorbeeren und Rosen des Lebens und es fällt ihm nicht ein, daß er seinerseits dafür etwas zu leisten verpflichtet wäre. Er läßt sich lieben, ohne wieder zu lieben. Ist er nicht eine privilegierte Natur, ein Apostel, der wie ein Flüchtling durchs Leben eilt, ein auflodenderes Feuer, das erhellt, verzehrt und entschwindet?

In diesen Zügen hat der Dichter nur sein eigenes Spiegelbild gezeichnet. Chateaubriands Erinnerungen enthalten, und besonders durch das, was sie verschweigen, genügend Zeugnisse für jene künstliche Kälte, mit der er Zärtlichkeit und Bewunderung entgegennahm. Einzelne vertraute Briefe von ihm, welche Sainte-Beuve in Händen gehabt hat, zeigen, mit welchem eiskalten Selbstgefühl er zuweilen danach strebte, durch Versprechen einer verzehrenden Leidenschaft zu bethören. Noch mit 64 Jahren schreibt er einer jungen Dame, die er auffordert, ihm ein Rendez-vous in der Schweiz zu geben: „Mein Leben ist nur ein Zufall, nehmen Sie von diesem Zufall die Leidenschaft, den Wirbel und das Unglück, ich werde Ihnen an einem Tage mehr davon geben, als andere in langen Jahren."

So sprach also der erste René noch, als er vierundsechszig Jahre alt war. Und wohlgemerkt, der Mann, welcher so spricht, ist in aller Aufrichtigkeit und ohne Henchelei derselbe, der als Ritter des Glaubens und begeisterter Verteidiger des Christentums auftritt; denn ihm ist alles erlaubt; er ist der Auserwählte und wie die pythische Priesterin, halb wahnwitzig im Gefühl seines Berufes.

Ihm wohnt zugleich etwas Göttliches und etwas Satanisches, eine eigentümliche Zerstörungslust inne.*) Die Form, unter welcher er liebt, ist die, zu verwirren und zu verzehren. Er verführt gleichsam durch übernatürliche, durch geistige Mittel,

---

*) Vgl. Sainte-Beuve, Causeries du lundi über Chateaubriand.

er legt Runen, flößt Zaubertränke ein. Die berückende Macht des jungen, offenen Herzens, der jungen, frischen Liebe ist es nicht, womit er bethört. René schreibt Worte, wie diese an seine indianische Gattin: „Ja, Celuta, wenn Du mich verlierst, wirst Du als Wittwe leben; denn wer könnte Dich mit der Flamme umgeben, die ich ausstrahle, selbst wenn ich nicht liebe?" und an einer anderen Stelle: „Diesem Herzen entströmen Flammen, welchen es an Nahrung gebricht, welche die Schöpfung verzehren könnten". Ich mache Chateaubriand nicht verantwortlich für die Worte, welche er René in den Mund legt, aber man blicke zurück, und man wird jenen Lucifer des vorigen Jahrhunderts, Voltaire, in Vergleich hiermit unschuldig wie ein Kind finden. Welche rührende Zärtlichkeit bewies er nicht seinen Geliebten, eine Zärtlichkeit, die sich selbst in den Fällen, wo er schändlich verraten ward, nicht im Mindesten verlor. Man blicke vorwärts, und man wird in Tieck's „William Lovell" oder in Kierkegaard's „Verführer" nur eine breitere Ausführung dessen finden, was hier im Umrisse gegeben ist. Füge man nun zu der Zerstörungslust des Egoismus die Gleichgültigkeit wider alles hinzu, was außerhalb des Helden vorgeht, den tiefen Ekel an dem Leben und den unvermeidlichen Ekel an dem eigenen Ich, welchen auch die aufrichtigste Selbstbewunderung nicht fernhalten kann, so hat man die Grundzüge des Typus. Erkennt ihr das Bild, gleicht es dem Original? Oder giebt es jemanden, der nicht einer der unzähligen Kopieen desselben begegnet wäre? Bei dem einen tritt ein Zug, bei dem anderen ein anderer mehr hervor. Der eine erhebt sich in übermenschlichem Stolze, wie jener englische Lord, welcher der Welt ihr Spiegelbild in „Kain" und „Manfred" gab; der andere gewinnt aus seinen philosophischen Studien nur das Resultat, daß er ein Gott ist, wie der deutsche Dichter, welcher das „Buch der Lieder" schrieb, so oftmals gestanden hat. Der Dritte verlegt sich auf die Rolle, Prophet der Gottheit zu sein, läßt sich wie ein Papst verehren, und läßt noch als Greis junge Frauen zu sich kommen, um ihm die zitternden Hände zu küssen. Für einen vierten wird die Schwermut das absolut Bestimmende, das Pfand seines Berufes, der Quell seiner Lebensführung und seiner ganzen Schriftstellerthätigkeit. Und diese Schwermut beraubt ihn jenes praktischen Blickes in der Beurteilung der Wirklichkeit. Das geringste Ereignis, welches ihm begegnet, schwillt zu etwas Bedeutungsvollem, zu etwas Entscheidendem und gleichsam Vorherbestimmtem an, worauf er immer und immer wieder zurückkommt, während es für eine weniger melancholische Anschauung zu einer reinen Bagatelle einschrumpfen würde. Man kennt all' diese nahen und entfernten, echten und entarteten Brüder und Söhne René's. Der Typus umfaßt eine kurze Spanne von Jahren, und man wolle ihn vor allem nicht mit einem anderen Typus verwechseln, welcher ihm folgt und welcher uns allen vertraut ist. René personifiziert ein Geschlecht, das zu sich selbst sagte: Vor meinem fünfundzwanzigsten Jahre will ich im Besitz dieses Mädchens, will ich ein großer Dichter, ein großer Künstler sein oder sterben. Beim nächsten Geschlecht lautet dieser Satz: Vor meinem fünfundzwanzigsten Jahre will ich ein Amt haben, vor meinem dreißigsten will ich Minister sein. Die Sehnsucht nach einem gesicherten Einkommen und einem gesicherten Einflusse ist an die Stelle all' jener unbestimmten und idealen Sehnsucht getreten bei einem Geschlechte, in welches das Individuum sich ohne Schwärmen und ohne Zweifeln sein beschränktes Ziel setzt und dasselbe erreicht. Wenn jene hart und kalt erschienen, so war das in einem zweiten Stadium, nachdem sie den Zweifler und den Träumer in ihrem Herzen erstickt hatten; diese waren es von Geburt an und hatten keine Krise überstanden.

Nach all' dem Gesagten klingt es schier wunderlich, wenn man betont, daß „René" dem „Geist des Christentums" in rein reaktionärem und katholischem Interesse eingefügt worden ist, um zu beweisen, wie notwendig der Trost der christlichen Religion für gewisse Leiden und wie nötig es sei, die Nonnenklöster wieder zu errichten, da nur das Kloster Rettung und Schutz vor gewissen Verirrungen biete. René's Hauptunglück ist nämlich wie gesagt, das, leidenschaftlich von seiner Schwester geliebt zu werden, die um ihre Passion zu überwinden, den

Schleier nimmt und im Kloster stirbt. Wie hübsch klingt das! Aber fühlt man nicht das Raffinement? So verführerisch, so unwiderstehlich ist jener René, daß er sogar nicht ruht, oder vielmehr, daß der Dichter nicht ruht, bis er René's eigener Schwester eine unnatürliche Liebe zu ihrem Bruder eingeflößt hat. Wieder zeigt sich hier, wie reaktionäre Tendenz in den Maalstrom der revolutionären Bewegung hineingewirbelt wird. Denn wenn es etwas giebt, worauf die sogenannte satanische Schule später ein herkömmliches Recht zu haben schien, so war es das, nachdem sie die Passion als Natur verherrlicht hatte, dieselbe mit Sympathie zu schildern, auch wo sie der Natur zuwiderläuft. Ich will auf ein paar analoge Züge hinweisen.

Bei der jungen revolutionären Schule war es ein beliebtes Thema, daß der Abscheu vor der Blutschande nur auf Vorurteil beruhe. Dies war ein Lieblingssatz Mérimée's in seiner Jugendzeit. Man berief sich außerdem auf die Autorität der Bibel, da das Menschengeschlecht sich nach der biblischen Tradition ja von Anbeginn durch Blutschande vermehrt habe. Byron's Kain ist mit seiner Schwester vermählt. Außerdem war es ja durchaus in der Mode, sich ein wenig als Teufel zu schildern. Chateaubriand, der sich in René selbst dargestellt hat und dessen Verhältnis zu seiner Schwester in äußerer Hinsicht demjenigen René's entspricht, wurde in der Wirklichkeit keineswegs von ihr anders denn als Bruder geliebt, und es dürfte mehr als wahrscheinlich sein, daß hier der Schlüssel zum Verständnisse eines der unheimlichsten und peinlichsten litterarischen Ereignisse der jüngsten Zeit liegt. Alle erinnern sich noch der empörenden Anklage, durch welche Mrs. Beecher-Stowe vor einigen Jahren das Andenken Byron's beschimpfte. Ein verbrecherisches Verhältnis zwischen ihm und seiner Stiefschwester sollte den Anlaß zu der Scheidung von seiner Frau gegeben haben. Die Wahrheit in dieser Sache zu ermitteln, ist unmöglich; Thomas Moore hat ja Byron's Aufzeichnungen verbrannt. Aber selbst wenn man mit vollkommener Ruhe Frau Stowe angehört und, was schon ein großes Zugeständnis ist, annimmt, daß sowohl sie wie Lady Byron die reine

Wahrheit reden, was liegt dann vor? Eine Aeußerung von Byron gegen seine Frau, daß ein solches Verhältnis bestanden habe. Nun war Lady Byron, wie männiglich bekannt, eine in höchstem Grade tugendhafte und einfältige Puritanerin, die ihren Mann alles hat verüben sehen, was nach ihrer Ansicht das Empörendste auf Erden war. Sie wußte, daß er trank und an Zechgelagen teilnahm, daß er ganze Nächte außerhalb des Hauses verbrachte, daß er weder Rücksicht auf seinen Namen noch auf seinen Rang nahm, daß er allein hatte ins Parlament gehen müssen, weil er keinen einzigen seiner Standesgenossen hatte bewegen können, ihn dort einzuführen, daß er in seinen Schriften, die eine heilige anglikanische Kirche verhöhnten, die schwärzesten Verbrechen in der schönsten Beleuchtung darstellte; ja, so arg hatte ihr Gemahl es getrieben, daß achtmal eine Pfändung bei dem jungen Paare vorgenommen und sogar ihr eigenes Ehebett mit Beschlag belegt worden war. Was Wunder also, daß sie ihren Mann beim Worte nahm, als er eines Tages, vermutlich mehr als gewöhnlich durch ihre Einfalt und ihre Predigten geärgert, sie anschnauzte: Ja, ich bin der Teufel — puh! — mein Klumpfuß ist wirklich ein Pferdefuß und ich lebe im schändlichsten Verhältnis mit meiner eigenen Schwester!

Wir sehen, daß Chateaubriand Byron in „René" das Beispiel gegeben hat. Wir sehen, wie dies Produkt der Revolutionspoesie aus dem reaktionären Werke entsprießt, in welchem es sich befindet, und wie in diesem beide großen Strömungen vermischt sind. Aber wohl zu merken, der Unterstrom ist eher alles andere, als christlich, eher alles andere, als religiös. Das Grundgefühl ist überall ein seltsamer wilder Egoismus, eine Art Genußsucht der unheimlichsten Art, welche darin besteht, den Gedanken an Tod und Vernichtung, eine gewisse satanische Wut mit dem sonst so sanften und so natürlichen Gefühle der Lust und des Glückes zu verbinden. René schreibt an Celuta: „Ich habe Dich mitten in der Einöde an mein Herz gedrückt, ich hätte Dich in jenem Augenblicke gern mit einem Dolche durchbohrt, um das Glück in Deinem Busen zu befestigen und mich selbst dafür zu strafen, daß ich Dir solches Glück geschenkt."

5.

Der neue Seelenzustand.

Wie in der körperlichen Welt zu gewissen Zeiten bisher unbekannte Krankheiten entstehen, so auch im geistigen Leben. Was ich hier zu schildern versuche, ist der zugleich kräftige, und ungesunde Geisteszustand, der eigentümliche Aufschwung und die eigentümliche Gemütskrankheit, welche den Anfang unseres Jahrhunderts bezeichnen. Der Grundzug dieses Seelenzustandes war mit der großen Revolution des Menschengeistes gegeben. Alle Gemütskrankheiten, welche infolge davon ausbrechen, lassen sich als Symptome von zwei großen Ereignissen auffassen: von der Emanzipation des Individuums und von der Befreiung des Gedankens.

Das Individuum wird emanzipiert. Nicht mehr zufrieden damit, auf der Stätte zu bleiben, die ihm angewiesen oder wo er geboren ist, sich nicht mehr bescheidend, das Feld seines Vaters zu pflügen, vielmehr von jeglicher Leibeigenschaft befreit, fühlt der Mann zum erstenmal in der buchstäblichen Bedeutung des Wortes die Welt offen vor sich liegen. Welcher Fortschritt im Vergleich mit allen früheren Zeiten! Es scheint mit einem Male, als sei alles möglich geworden und als habe das Wort Unmöglichkeit seinen Sinn verloren, als könne z. B. der Trommelstock in der Hand des Soldaten durch eine Reihe schneller Metamorphosen sich in einen Marschallstab oder in ein Szepter verwandeln. Aber zur selben Zeit, wo die Möglichkeit solchergestalt zugenommen hat, ist die Kraft keineswegs im selben Maße gewachsen, am allerwenigsten die Kraft der Selbstbeherrschung. Von den Hunderttausenden, denen die Bahn plötzlich geöffnet ward, kann nur einer das erwünschte Ziel erreichen — und wer sichert dem Individuum, gerade dieser eine zu werden? Daher das unbändige Verlangen und die unbändige Melancholie. Und zu dem großen, rasenden Wettlauf hat ja auch nicht Jeder ohne Ausnahme Zutritt; all' jene, die sich aus diesem oder jenem Grunde an

die ältere Ordnung der Dinge geknüpft fühlen, sowie die
feineren, weniger dickfelligen Naturen, die lieber träumen als
handeln, fühlen sich ausgesperrt, weichen zur Seite oder wandern
aus, und indem sie auf sich selbst zurückgeführt werden, er=
wacht mit der Selbstbetrachtung ein stärkeres Selbstgefühl und
mit diesem eine vermehrte Fähigkeit, zu leiden. Der höchst
entwickelte Organismus leidet ja am meisten.

Hierzu kommt, daß, indem die alte Gesellschaft gesprengt
wird, der nützliche Druck von dem Individuum weicht, der es
innerhalb gewisser sozialer Schranken hielt, und es verhinderte,
sich unbegrenzten Wert und unbegrenzte Bedeutung beizulegen.
So wird die Selbstanbetung überall möglich, wo die Kraft der
Selbstbeherrschung nicht so stark ist, wie früher die ordnende
Macht der Gesellschaft.

Und zur selben Zeit, wo alles möglich geworden ist,
scheint auch alles erlaubt worden zu sein. Alle Macht, deren
sich das Individuum früher entäußert, die es freiwillig seinen
Göttern und seinen Königen übertragen hatte, nimmt es
jetzt zurück. Wie es nicht mehr den Hut vor dem vergoldeten
Wagen zieht, dessen Vergoldung es selbst bezahlt hat, so
beugt es sich auch vor keinem Verbote mehr, dessen rein mensch=
lichen Ursprung es durchschauen kann. Auf jedes Verbot hat
es eine Antwort bereit, eine Antwort, die eine Frage ist, eine
furchtbare Frage, der Anfang aller menschlichen Kenntnis und
aller menschlichen Freiheit, die Frage: „Warum?" Und so
sind schließlich selbst jene Verirrungen der Phantasie, von
welchen vorhin die Rede war, das häufige Verweilen bei dem
Verbrechen, auch wo es unnatürlich ist, nur ein Zug, nur eine
Verirrung jenes so gewaltigen und so bedeutungsvollen Ein=
tretens des Individuums in sein Recht.

Und der Gedanke wird befreit. Das emanzipierte Indi=
viduum empfindet sich nicht als Glied oder Teil eines größeren
Ganzen, sondern als Mikrokosmus, d. h. als ein Wesen, das,
wiewohl einzeln, eine kleine Welt in sich begreift, welche in
verjüngtem Maßstabe die ganze große abspiegelt. So viele
Individuen, eben so viele Spiegel, die das Weltall auffangen.
Aber zur selben Zeit, wo der Gedanke solchergestalt den Mut

gefaßt hat, nicht stückweis, sondern auf eine alles umfassende Art zu erkennen, ist das Vermögen nicht mit dem Mute gewachsen, und jetzt wie früher tappt die Menschheit in unendlichem Dunkel und begreift nichts von dem Geheimnisse ihres Daseins. Wozu werden wir geboren, weshalb leben wir, was ist das Ziel des Ganzen? Man ist der Antwort auf diese alten Fragen nicht näher gerückt, und insofern man sie unterscheidet, scheint sie unbefriedigend und niederschlagend, eine pessimiste Antwort zu sein. Früher wurde der Mensch in einer bestimmten, unanfechtbaren Konfession geboren, die ihm bestimmte, auf übernatürlichem Wege erworbene, tröstende und verheißende Antwort gab. Im 18. Jahrhundert, als die Konfessionen aufgegeben waren, wurden die Geister in einem fast ebenso dogmatischen und in jedem Falle ebenso begeisternden Glauben an die damals herrschenden Ideen der Zivilisation, an die befreiende Macht der Aufklärung geboren, und man lebte in den Verheißungen des Glücks und der Harmonie, die sich über die Erde ausbreiten würden, sobald die Ueberzeugung der Philosophen durchgedrungen sei. Jetzt, zu Beginn des 19. Jahrhunderts, war auch dieses Vertrauen untergraben; die Lehre der Geschichte schien ihnen die zu sein, daß auch dieser Weg zu nichts führe, und die Verwirrung in den Gemütern war ebenso groß, wie in einem Heere, welches mitten in einer Schlacht plötzlich Kontreordre erhält. Diejenigen Geister, welche die Bewegung in die alte religiöse Spur hineinleiten, stehen selbst nicht einmal mehr auf dem Standpunkte der alten Glaubensgemeinschaft, sie waren selbst wenige Jahre zuvor Voltairianer oder Anhänger von dem Deismus Rousseau's; sie alle haben sich die neue Religiosität erkämpft oder selbe durch Räsonnement erworben. Darin liegt es, daß die geistige Bewegung bei denjenigen Schriftstellern, welche das neue Jahrhundert einleiten, so gehemmt und gestutzt auftritt. Nur das Gefühl des Verlustes, nur die Ungeduld über die Mangelhaftigkeit unseres Wissens ist gewachsen. So fühlt man die Wahrheit eines Bildes, das Alfred de Musset gebraucht: „Die Ewigkeit gleicht einem Adlerhorste, aus welchem alle Jahrhunderte wie junge Adler herausfliegen, um jedes nach der Reihe das Universum zu durcheilen. Jetzt ist das unsrige an den Rand des Nestes gekommen; es blickt hinaus, aber man hat ihm seine Flügel beschnitten, und es erwartet den Tod, hinabstarrend in den unendlichen Raum, in welchen es sich nicht hinauszuschwingen vermag."

6.

Sénancour's „Obermann".

Im schärfsten Gegensatze zu dem selbst in der Verzweiflung und dem Ekel vor dem Leben so stolzen und gebieterischen René steht die nächste beachtenswerte Variation des zeitalterlichen Typus, Obermann.

„Obermann" ein Werk, das im selben Jahre wie René geschrieben ward, ist, ebenso wie dieses Buch, in der Verbannung, fast während eines Eremitenlebens, von einem leidenschaftlichen Atheisten, einem tief fühlenden Stoiker, Etienne de Sénancour, verfaßt. Etienne Pierre de Sénancour wurde in Paris im Jahre 1770 geboren, wanderte aber in den ersten Tagen der Revolution nach der Schweiz aus, wo ihn langwierige Krankheit und verschiedene Verhältnisse zu bleiben zwangen. In seiner Eigenschaft als Emigrant wurde er aus Frankreich verbannt, über dessen Grenzen er sich nur heimlich wagte, um seine Mutter zu besuchen. Unter dem Consulat ging er doch ohne Erlaubnis, zurück, und lebte während der ersten drei Jahre ein vollständiges Eremitenleben in Paris, um nicht die Aufmerksamkeit der Behörden auf sich zu lenken. Später fand er einen mäßigen Erwerb als Mitarbeiter liberaler Zeitungen und als Herausgeber historischer Handbücher. Sein Leben war einsam und glanzlos — das Leben eines tiefempfindenden Stoikers.

Sénancours erste Schrift „Träumereien über die ursprüngliche Natur des Menschen", dessen Titel schon den Schüler Rousseaus verrät, erschien 1799. Im Anfang des Jahres 1804 gab er seinen psychologischen Roman „Obermann" heraus, der bei seinem Erscheinen kein besonderes Aufsehen erregte. Nichtsdestoweniger wurde dies Buch später immer wieder neu aufgelegt; ein folgendes Geschlecht griff immer wieder auf dasselbe zurück, und sein Name wurde in Frankreich lange Zeit im Verein mit denjenigen Ossians und Werthers genannt. Es wurde frühzeitig von Nodier und Ballanche studiert. Sainte-Beuve erwählte es zu seinem Lieblingsbuch, wie auch er und George Sand viel dazu beigetragen haben, die allgemeine Aufmerksamkeit auf dasselbe hinzulenken.

Man könnte „Obermann" den französischen „Werther" nennen, er hat, was die Selbstmordsepidemie betrifft, in Frankreich eine ähnliche Rolle wie „Werther" in Deutschland gespielt; aber der Ausdruck ist irreleitend, denn „Obermann" enthält keine Liebesgeschichte. Es war in den Händen des unglücklichen Rabbe, des Freundes Victor Hugos, bekannt durch die Biographie und Gedichte desselben, und förmlich verehrt wurde es in einem Kreise junger Leute, wie Sautelet, Bastide, Ampère, Stapfer, von denen der erstgenannte selbst seinem Leben ein Ende machte. War René der Auserwählte, so ist Obermann der Uebergangene. Sein Geist ist ebenso vielseitig, sein Gemüt eben so tief wie René's, aber der Engel, welcher diesen berief, ist an ihm vorbeigegangen. In René erkannte ein Teil der Herrschernaturen des Jahrhunderts sich selbst wieder, Obermann aber ist die Geschichte der Mehrzahl, d. h. nicht der vulgären, sondern der tiefbewegten und begabten Menge, welche gleichsam den Chor der auserwählten Geister bildet. Das Buch beginnt mit den Worten: „Man wird in diesen Briefen Aeußerungen eines Geistes finden, welcher fühlt, nicht eines Geistes, welcher arbeitet." Hierin liegt alles. Warum arbeitet er nicht? Das ist schwer zu erklären. Am kürzesten lautet die Antwort: Weil er unglücklich ist. Warum ist er unglücklich? Weil er allzu empfindlich, für Stimmungen und Eindrücke allzu empfänglich ist. Er ist lauter Herz, und das Herz arbeitet nicht. Es war die Zeit der Regel, der Manneszucht, des militärischen Despotismus. Es war jene Epoche, wo unter den Wissenschaften die Mathematik, unter den Tugenden die mit der Fähigkeit zu unbedingter Unterwerfung vereinte Thatkraft in höchstem Ansehen standen. Obermann gehört mit keiner einzigen Faser seines Herzens zu dieser Zeit; denn er verabscheut sowohl die Disziplin wie die Mathematik so kräftig, wie es nur irgend ein späterer Romantiker thun könnte. Er spottet über die Philister, welche täglich denselben abgemessenen Spaziergang

und täglich an derselben Stelle Kehrt zu machen. Er hält
nichts davon, im voraus zu wissen, wodurch sein Gefühl be=
einflußt werden wird. Laß den Geist, sagt er, danach streben,
seinen Erzeugnissen eine gewisse Symmetrie zu geben, das Herz
arbeitet nicht und kann nur dann etwas schaffen, wenn man
es mit aller Ausbildung verschont. Man fühlt dies kultur=
feindliche Prinzip in seinen Briefen: sie bilden ein schwer=
fälliges, breites, ernsthaftes, schlecht geschriebenes Buch, das
sich wie eine Reihe Improvisationen ausnimmt, denen der
Verfasser im Bewußtsein, daß sie seines Herzens Kinder sind,
keine gewinnendere oder zusagendere Form hat geben wollen
oder können. Ganz gewiß findet man ringsum in dem ge=
diegenen Erz des Werkes Goldkörner; aber man muß sie
mit peinlicher Mühe aufsuchen.

Der Held des Buches gehört zu jenen Unglücklichen,
welche für die Schattenseite des Lebens geschaffen zu sein
scheinen und nie dazu gelangen, in seinem Sonnenlichte zu
wohnen. Das Glück geht an ihnen vorbei, und der ver=
geßlichen Fama, deren Gedächtnis mit Namen so überfüllt ist,
fällt es immer so schwer, ihre Namen auszusprechen, daß sie
tot scheinen, während sie noch leben. Meistens gelangen sie
auch gar nicht auf den Schauplatz der Oeffentlichkeit. Es
ist, wie Hamlet sagt, neben den vielen vortrefflichen Eigen=
schaften ein eigentümlicher Fehler in der Natur, welcher das
Zusammenspiel der Teile hemmt. In der so fein komplizierten
Uhr bricht jetzt eine kleine Feder, jetzt ein kleines Rad und
die Maschinerie steht für lange Zeit still. Obermann hat
keine feste Beschäftigung, keinen Wirkungskreis, kein Fach und
gelangt erst auf den letzten Seiten des Buches zu dem Vor=
satz, als Schriftsteller auftreten zu wollen; aber der Leser
glaubt nicht recht daran, daß ihn auf dieser Bahn das Glück
erwartet. Wer ein noch so kleines Werk zur Welt befördert
hat und seine Erinnerungen zurück schweifen läßt, der weiß,
welch eine fast unglaubliche Menge günstiger Umstände ein=
treten, welche unglaubliche Zahl kleiner und großer Hinder=
nisse er überwinden, wie genau er auf den Zeitpunkt achten,
wie eifrig er die Gelegenheit und den Augenblick erfassen

mußte, wie häufig er im Begriffe stand, das Ganze aufzugeben, wie viele Anfälle von Hoffnungslosigkeit und Entmutigung er besiegt hat, nur um dies geringe Ziel zu erreichen; das kleinste lebende, ans Licht geborene Werk zeugt von tausend Triumphen. Und welche Kombination von Umständen ist erforderlich, damit es dann nicht gleich nach der Geburt stirbt! Eine eben so große Zahl wie für einen lebenden Organismus. Das Werk muß gleichsam eine offene Stelle, eine Lücke finden, in welche es hinein paßt, das Interesse dafür darf nicht von anderen stärkeren Interessen durchkreuzt werden, die Strömung darf nicht nach entgegengesetzter Richtung gehen, das Talent nicht durch ein größeres überstrahlt werden. Es darf an nichts Früheres erinnern, es darf nicht zufälligerweise einem andern ähnlich sein, und es muß doch in der einen oder anderen Art sich an ein schon Bekanntes anknüpfen und einem schon gebahnten Wege folgen. Es muß endlich in die rechte Beleuchtung kommen. Es giebt Werke, die, ohne weichlich zu sein, in der Beleuchtung, welche ein gleichzeitiges Ereignis oder ein gleichzeitiges Litteraturprodukt ihnen giebt, weichlich erscheinen. Es giebt Werke, welche sich altmodisch, welche sich dürftig und gleichsam verblaßt ausnehmen.

Man kann sagen, daß das Geheimnis des litterarischen Erfolges gewissen Naturen wie ein Zauber eigen ist.

Man blicke z. B. auf zwei gleich begabte Naturen; wahre Silbernaturen könnte man sie nennen, und jeder von ihnen hat außerdem als Zugabe sein kleines Goldkorn. Aber der eine verbirgt sein Goldkorn als unscheinbares Pünktchen in der Silberbarre, der andere überzieht die ganze Silberkugel damit, denn ein Goldkorn reicht dazu aus; es zu benutzen verstehen, heißt Talent, und Talent ist ein anderes Wort für Glück.

Oder man trifft auf zwei Naturen von fast gleich edlem Metalle. Die eine gehört, so scheint es, zu den Auserwählten in den Augen der Welt, die andere zur Menge. und sieht man genauer zu, dann entdeckt man sogar mit Verwunderung, daß die reinste, die edelste dieser beiden Naturen diejenige ist, welche im Schatten stehen muß und bei Seite gedrängt wird.

Aber bei näherem Studium begreift man, daß ein bischen un=
edles Metall, ein bischen Kupfer oder Erz, weit entfernt, der
reinen Silbermünze zu schaden oder ihren Glanz zu schwächen,
ihr Halt und Festigkeit giebt und ihren Umlauf ermöglicht.
Das reine Silber wird eben durch seine Reinheit und Weich=
heit unbrauchbar.

Man wird also leicht begreifen, daß die angedeuteten
Variationen der Menschennatur — bald ein allzu zarter und
zusammengesetzter Charakter, bald ein allzu einförmiger, bald
einer, der sich selbst zerbricht, bald einer, der von der ihn
umgebenden Welt zerbrochen wird — eine Gruppe für sich
allein bilden. Bald sind es ihre Mängel, bald sind es ihre
Vorzüge, die ihnen verderblich werden. Kann man sich etwas
Unseligeres denken? Und doch kann man in Wahrheit sagen,
daß selbst diese Hintangesetzten ihr Glück haben.

Sie fahren fort, mit sich allein, sie selbst zu sein, und
in dieser Einsamkeit ihr ganzes Interesse zu bewahren. Kein
Weihrauch steigt ihnen betäubend zu Kopfe, kein Ruhm ent=
nervt sie; fehlen ihrer Blütezeit die kräftigen, die glühenden
Farben, welche nur der schmeichelnde Strahl des Sonnenlichtes
hervorruft, so behält der Stamm länger seine Frische und
seine Säfte. Die rauhe Strenge des Lebens stärkt ihre Natur.
Sie genießen das Glück, unbekannt zu leben. Sie haben die
Beruhigung, nie überschätzt, albern vergöttert und dann gleich
nachher, wie es immer zu gehen pflegt, verlassen, ja verhöhnt
zu werden. Denn so rächt sich das Menschengeschlecht an
dem, der einen Augenblick der Welt Bewunderung abgenötigt
hat. Sie brauchen nie zu den Komplimenten eines Dumm=
kopfes zu lächeln, sich nie von dem Geifer eines Buben be=
spritzen zu lassen, wie diejenigen, welche immer als Zielscheiben
der Anerkennung und des Hasses dastehen. Es bleibt ihnen
sogar das Recht, sich den Vorgezogenen überlegen zu fühlen,
sich des Mißverhältnisses zwischen ihrem Werte und der An=
erkennung, welche sie ernten, mit Stolz bewußt zu sein. Ein
schönes Los ist ihnen beschieden, wenn sie es verstehen, aus
ihrer Lage und ihren Verhältnissen Nutzen zu ziehen und das,
was sie niederzuschlagen droht, in einen Anker der Kraft und

Ermutigung zu verwandeln. Verkennung ist ein bitterer, aber stärkender Trank. Auf der anderen Seite freilich liegt hierin auch der erste Keim all jener Zerrformen der Verkennung, die uns allen bekannt sind, — die ganze Kohorte von Jammergesellen und Neidern, der große Troß der Narren aus unbefriedigter Eitelkeit, ebenso unausstehlich wie die, welche in gesättigter Eitelkeit schwimmen.

Aber wer kann, trotz all' dieser Karikaturen, ohne Rührung jene Schar edler Geister betrachten, die abseits der Welt gelebt und niemals geglänzt haben, liebender Herzen, die niemals wieder geliebt wurden, jene Elite, welche von den Göttinnen der Gelegenheit, des Glücks und des Ruhmes niemals besucht ward; Obermann wird als Schriftsteller kaum zu einer anderen Klasse von Schriftstellern gehören, als Sénancourt, zu derjenigen nämlich, für welche das Geheimnis des Erfolges einer Art Zauber gleicht. Seine Briefe enthalten eine allseitige Darstellung seines Seelenlebens und seiner Seelengeschichte. Die letzere ist in diesen Worten zusammengedrängt: „Ach, wie groß ist der Mensch, so lange er unerfahren ist, wie reich und fruchtbar würde er sein, wenn nicht der kalte Blick des Nächsten und der trockene Wind der Ungerechtigkeit unser Herz ausdörrten! Ich bedurfte des Glückes. Ich war geboren, um zu leiden. Wer kennt nicht jene dunklen Tage um die kälteste Jahreszeit, wo selbst der Morgen eine Verdichtung der Nebel bringt und nur durch ein paar dunkle Streifen von brennender Farbe auf den zusammengeballten Wolken Licht zu verbreiten beginnt? Denkt an jenen Nebelschleier, an jene orkanartigen Windstöße, jenen bleichen Schimmer, an das Pfeifen in den Bäumen, welche zitternd sich beugen, an jenes schrille Geheul, dessen schneidender Laut furchtbaren Klagen gleicht; das war meines Lebens Morgen. Zur Mittagszeit kältere und anhaltendere Stürme, gegen Abend dichteres Dunkel, und des Menschen Tag ist zu Ende."

Für eine Natur von solcher Melancholie ist das ganze geordnete Leben unerträglich. Ueber jenen schwierigsten und peinlichsten Zeitpunkt, wo der junge Mann seinen Lebensstand wählen soll, wird er nie hinweg kommen. Denn die

Wahl einer Lebensstellung heißt Verzichtleistung auf die unendliche Freiheit, auf die eigentliche Menschheit, und Einpferchung in einen Stall nach Art des Tieres. Das Standesgepräge ist eine Beschränktheit, eine Endlichkeit, eine Lächerlichkeit. Dem Freisein von jedem Standesgepräge verdanken die Frauen einen Teil ihrer Schönheit und der Poesie ihres Geschlechtes. Wie sollte also eine Natur, gleich der Obermann's, einen Stand wählen können! Gleichzeitig zu tief und zu schwach für die Wirklichkeit, haßt er nichts mehr, als die Abhängigkeit: „Soviel ist gewiß, ich will mich nicht von einer Stufe zur andern nach oben schleppen, eine Stellung in der Gesellschaft einnehmen, Vorgesetzte haben, denen ich Ehrerbietung erweisen muß, um zum Entgelt Untergeordnete zu haben, die ich geringschätzen darf. Nichts erscheint mir so drollig, als diese Stufenleiter von Geringschätzung, welche sich durch die ganze Gesellschaft erstreckt, vom Fürsten an, der, wie er sagt, nur Gott untergeordnet ist, bis zum ärmsten Lumpensammler, welcher der Person Achtung erweisen muß, die ihm eine Strohmatratze für die Nacht vermietet." Er wünscht nicht das Recht zu befehlen, mit der Pflicht, zu gehorchen, zu erkaufen. Den Inbegriff alles irdischen Leides verkörpert ihm die Uhr. Seine Stimmungen nach dem Glockenschlage zerreißen zu sollen, wie der Arbeiter, der Geschäftsmann, der Beamte es muß, das heißt, sich des einzigen Gutes, das uns das Leben bei all seiner Widerwärtigkeit bietet: der Unabhängigkeit, der Freiheit, berauben. Er fühlt sich fremd unter seinen Mitmenschen, sie fühlen nicht wie er, und er glaubt nicht wie sie. Sie erscheinen ihm so sehr von Aberglauben, Vorurteilen, Heuchelei und sozialer Unwahrheit angesteckt, daß er davor zurückschaudert, mit ihnen in ein gesellschaftliches Verhältnis zu treten. Das achtzehnte Jahrhundert war nicht in Orthodoxie ausgemündet, aber es hatte sich in Frankreich nicht über eine deistische Religiosität in Verbindung mit dem Glauben an die Fortdauer des menschlichen Lebens in einer anderen Welt erhoben. Sénancour teilt diesen Glauben nicht, er ist ein ganz moderner Geist; die wissenschaftliche Weltanschauung des neunzehnten Jahrhunderts findet man schon bei ihm. Er ist ein warmfühliger, überzeugter Humanist und glaubt eben so wenig an eine spätere, bessere Existenz als an einen persönlichen Gott.

Das religiöse Problem wird in seinen Briefen von verschiedenen Seiten erörtert. Man wird hier schon das erbitterte Bekämpfen der Doktrin, daß der Atheismus aus Bosheit und schlechten Leidenschaften entspringe, finden, welches später in der aufwachsenden Litteratur des Jahrhunderts so vielfach variiert wird. Er macht mit Nachdruck geltend, daß mit demselben Recht, mit dem die Orthodoxen behaupten, daß nur die Leidenschaften daran verhindern, Christ zu sein, auch die Atheisten behaupten, daß nur der Böse Christ sei, weil er sich nur Gaukelbilder vor Augen zu halten brauche, um nicht zu stehlen, zu lügen oder zu morden, und weil er nur das Argument befriedigend finden könne, wenn es keine Hölle gäbe, so wäre es nicht der Mühe wert, ein rechtschaffener Mensch zu sein. Er versucht, den Glauben an die Unsterblichkeit des Individuums psychologisch zu erklären. Unruhig und unglücklich wie die meisten Menschen sind, hoffen sie beständig, daß ihnen die nächste Stunde, der folgende Tag, und schließlich das zukünftige Leben das Glück und die Seligkeit bringen soll, die sie erstreben. Aber, wendet er in Gedanken ein, dieser Glaube ist doch stets ein Trost, und antwortet darauf, wenn dies ein Trost für den Unglücklichen ist, so ist es für mich gerade ein Grund mehr, diese Wahrheit für höchst verdächtig anzusehen. Die Menschen glauben so gern, was sie wünschen. Wenn ein Sophist des Altertums einem Menschen eingebildet hätte, daß er, wenn er 10 Tage seine Lehre befolge, unverwundbar, ewig jung und dergleichen mehr werden könne, so würde dieser Gedanke auch der Einbildungskraft des Betreffenden schmeicheln, aber deshalb nicht wahrer gewesen sein. Man wendet ein: aber wo bleibt die Bewegung, der Geist, die Seele, welche doch nicht vermodern können? Und er antwortet: wenn das Feuer in deinem Kamin ausgeht, so verläßt dessen Licht, dessen Wärme, dessen Bewegung dasselbe und geht in eine andere Welt über, wo es ewig belohnt wird, wenn es deine Füße erwärmt hat, und ewig bestraft wird, wenn es deine Pantoffeln versengt hat.

Schließlich kommt er zu dem gleichfalls in späterer Zeit so oft behandelten Einwand, daß der, welcher nicht an die Dogmen der Religion glaubt, schweigen müsse, um nicht den anderen ihren Halt im Leben zu rauben. Mit Wärme und Leidenschaft antwortet er hierauf, daß, was die gebildeten Klassen und die Städte angehe, da keiner mehr gefunden werde, der an Dogmen glaube — man beachte, daß er dies 1801 bis 1802 schreibt, — und was die niederen Klassen anbelangt, so reduziert er seine Fragen folgendermaßen: selbst wenn es feststehe, daß die große Menge nie aus ihren Irrtümern gerissen werden solle oder könne, so müsse doch erst entschieden werden, ob die Rücksicht auf die Oeffentlichkeit das Recht gebe, zu täuschen, und ob es ein Verbrechen sei, die Wahrheit zu sagen oder doch ein Uebel, daß sie gesagt werde. Aber es zeige sich jetzt gerade umgekehrt, daß das Volk überall damit anfange, die Wirklichkeit kennen lernen zu wollen und daß der Glaube aller Orten untergraben sei. Es handle sich also darum, den Menschen schleunigst zu beweisen, wie unabhängig die Verpflichtung, das Rechte zu thun, vom Glauben an ein zukünftiges Leben sei, und ihnen zu zeigen, daß die sittlichen Gesetze überhaupt natürliche und keine übernatürlichen Gesetze seien, mithin vom Zusammenbruch des Glaubens nicht berührt würden.

Er hebt endlich an vielen Stellen die verderblichen praktischen Wirkungen dieses Schweigsamkeitssystems in religiösen Angelegenheiten hervor, indem nur dies es möglich mache, daß die Erziehung der Frau im alten Geleise vor sich gehe, daß sie so durchgehends in Unwissenheit gehalten werde, wodurch sie zum Feinde aller Entwickelung gemacht werde und sie so häufig in die physische und moralische Gewalt ihres Beichtvaters komme. Ein Vergleich zwischen der Liebe als beglückender Macht und der Rolle, die sie in der Ehe spielt, veranlaßt ihn, sehr weitgehende Meinungen über die auf geschlechtlichem Gebiet herrschende öffentliche Meinung und über die Richtschnur auszusprechen, nach welcher das Betragen einer Frau in der zivilisierten Gesellschaft gebilligt oder gemißbilligt wird.

In diesen Punkten ist Obermann ganz **modern**; er folgt hier auf geradem Wege der gegebenen Gedankenspur des vorigen Jahrhunderts. In seinem Gefühlsleben dagegen steht er der modernen Geistesrichtung ferner, obschon er auch hier manches Kommende und Neue verkündet; in seinem Gefühlsleben ist er ganz **romantisch**. Er beschäftigt sich sogar mit dem Begriff des Romantischen. Ein Abschnitt des Buches hat die bezeichnende Ueberschrift: „Ueber den romantischen Ausdruck und über den Kuhreigen der Schweizer". Er faßt diesen Begriff ungefähr so auf, wie ihn die deutschen Romantiker gleichzeitig definierten, obschon er weit davon entfernt ist, seine bezüglichen Anschauungen, wie jene, in ein System zu fassen. Das Romantische ist für ihn „das Einzige, was mit den tiefen Seelen, mit der wahren Empfindsamkeit, übereinstimmt". Die Natur sei in allen von der Kultur unberührten Landstrecken, wie die Schweiz, voll von Romantik; aber die Romantik werde allerorten verdrängt, wo man die Menschenhand verspüre. Die romantischen Wirkungen glichen losgerissenen Worten aus der ursprünglichen Sprache des Menschen, deren sich nicht mehr alle erinnern usw. Die Natur sei in ihren Lauten und Tönen romantischer, als in ihren Schauspielen; das Romantische wende sich mehr an den Hörsinn, als an den Sehsinn. Die Stimme des geliebten Weibes wirke romantischer, als ihr Antlitz, die Melodieen des Alpenhornes gäben einen kräftigeren Eindruck von der Romantik der Alpen, als irgend ein Gemälde; denn man bewundere, was man sehe, empfinde jedoch, was man höre.

Es ist interessant, zu beobachten, wie Sénancour unwillkürlich mit den deutschen Romantikern, die er nie gelesen hat, zusammentrifft. Auch diese preisen beständig die Musik als die Kunst aller Künste. Irgendwo ruft Sénancourt sogar aus, daß er ebensoviel von Liedern halte, deren Text er nicht verstehe, als von denen, wo er sowohl den Worten wie der Melodie folgen könne. Er sagt dies in Bezug auf die deutschen Lieder, die er in der Schweiz gehört hat und fügt noch hinzu: „außerdem hat die deutsche Betonung etwas Romantischeres". Es ist erstaunlich, daß selbst dieser Zug: die Sprache ausschließlich als Landmusik aufzufassen, ein Zug, der bei der romantischen Schule in Deutschland so hervortretend ward, schon bei Sénancour angedeutet ist. Er besitzt indessen eine allzu verfeinerte Sensibilität, um bei der Musik als dem besten Vermittler zwischen dem einzelnen Menschen und der unendlichen Natur stehen zu bleiben. An zwei verschiedenen Stellen seines Buches hebt er hervor, daß eine Reihe verschiedenartiger Wohlgerüche eine ebenso reiche Melodie enthalte, als irgend eine Reihe von Tönen, und wie die Musik, Bilder von außergewöhnlichen Gegenden und Gegenständen hervorrufen könne.*) Man muß sicher in der französischen Romantik zu Baudelaire gehen, bevor man einen so verfeinerten Geruchssinn findet. Während aber diese Verfeinerung bei Baudelaire das Symptom eines verfeinerten Sensualismus ist, ist sie bei Sénancour nur das Symptom des rein romantischen Subjektivismus. Sie ist ein Element in der Gefühlsschwärmerei; denn durch den Geruchs- wie den Gehörsinn meint Sénancour die verborgenen Harmonieen des Daseins erfassen zu können; sie bezeichnet ferner die Wirklichkeitsscheu und das diesem entsprechende potenzierte Selbstgefühl; denn durch Geruchs-Wahrnehmungen wie durch Töne wird nur ein Sublimat der Wirklichkeit, ihr Geist und Duft eingeatmet.

Obermann kann in seiner Wirklichkeitsscheu nicht einsam genug leben. Er wohnt allein, er vermeidet sowohl Stadt wie Dorf. Es lebt in ihm das wunderlichste Gemisch allgemeiner Menschenliebe und vollständiger Gleichgültigkeit für alle wirklichen Lebensverhältnisse. Er ist so empfindlich, daß er, dessen Lieblingsgetränk bezeichnend genug der Thee ist, sich unendliche Skrupel über seine Neigung zum Theetrinken als Stimmungsmittel macht. Er hat empfunden, daß der Thee seinen Mißmut beruhigt (le thé est d'un grand secours pour s'ennuyer d'une manière calme), aber er schätzt jedes äußerliche Reizmittel gering. Er weiß selbst, daß er in diesem Punkte sehr wenig französisch ist; denn die Franzosen würden, sagt er treffend, "wenn sie Neapel besäßen, im Krater des

---

*) Obermann, Aug. v. 1833. I. S. 262. II. S. 90.

Vesuv einen Ballsaal erbauen." Nur wenn er ganz allein, ganz unaufgeregt, in nebelverhüllten Wäldern, wo er an den in dieser Periode unvermeidlichen Ossian denkt, oder im Dunkel der Nacht, an einem stillen Schweizersee z. B. ist, lebt er vollkommen. Er fühlt, wie sein Zeitgenosse Novalis, daß das Dunkel, indem es die sichtbare Natur dem Ich verbirgt, das Ich in sich selbst zurücktreibt.

Er erzählt von einer Nacht, die er allein in der Natur verbracht hat. „In dieser einen Nacht", sagt er, „habe ich alles empfunden und durchlebt, was ein sterblich Herz an tiefem Sehnen und tiefer Trauer enthalten kann. Ich habe in derselben zehn Jahre meines Lebens verzehrt." Doch noch tiefer als im Dunkel, wird er sich seiner in den Eisregionen der Alpen bewußt, wo das Leben um ihn herum nicht nur wie bei Nacht verschleiert, sondern wo es erstarrt ist und still zu stehen scheint.

Ganz er selbst ist er nur, wenn er von dem Schweizer=thale, in welchem er wohnt, zu den höchsten Bergen in der ödesten Einöde, zu den „Firnen", allein und ohne Führer emporsteigt und Menschen und Zeit vergißt.

Wollen wir ihn in dieser Umgebung sehen? „Der Tag war heiß, der Horizont neblig, die Thäler von Dunst um=raucht. Das Funkeln der Gletscher erfüllte die niedere Atmosphäre mit leuchtendem Wiederschein, aber eine unbekannte Reinheit schien der Luft eigen, welche ich einatmete. In dieser Höhe störte oder unterbrach keine Ausdünstung von niederen Stätten, kein irdischer Lichtpunkt die unendliche und dunkle Tiefe des Himmels. Seine anscheinende Farbe war nicht mehr das blasse und helle Blau, das sanfte Kuppeldach der Ebene, nein, der Aether gestattete dem Blick, sich in eine Unendlichkeit ohne Grenze zu verlieren und inmitten des Glanzes der Sonne und der Gletscher andere Welten und andere Sonnen zu suchen, wie in der Nacht. Unmerklich stiegen die Dünste der Gletscher auf und bildeten Wolken zu meinen Füßen. Der Glanz des Schnees blendete nicht mehr meine Augen, und der Himmel ward dunkler und tiefer. Die Schneekuppe des Montblanc erhob ihre unbewegliche Masse

über diesem grauen und reglosen Meere, über diesen zusammen=
geballten Nebeln, in welche der Wind sich hineinbohrte, und
welche er in unförmlichen Wellen empor trug. Ein schwarzer
Punkt zeigte sich in diesen Abgründen; er stieg schnell hinan
und kam gerade auf mich zu. Es war der mächtige Adler
der Alpen. Seine gewaltigen Schwingen waren feucht und
seine Augen wild; er suchte eine Beute, aber beim Anblick
eines Menschen entfloh er mit einem unheimlichen Schrei und
stürzte sich in die Wolken. Dieser Schrei wiederholte sich
zwanzigmal, aber mit trockenem Laut ohne Nachhall; es klang
wie ein eben so oft wiederholter isolierter Schrei in der all=
gemeinen Stille. Dann versank wieder alles in absolutes
Schweigen, als hätte der Laut selbst aufgehört zu existieren,
und als wäre die Eigentümlichkeit der Körper, zu tönen und
zu klingen, aus dem Universum vertilgt worden. Nie kennt
man die Stille in den lärmenden Thälern; nur auf den kalten
Höhen herrscht die Reglosigkeit, jenes andauernde feierliche
Schweigen, das keine Zunge auszudrücken, keine Phantasie
sich vorzustellen vermag. Ohne die Erinnerungen, welche der
Mensch aus den Ebenen mitbringt, würde er hier oben nicht
glauben können, daß es außen um ihn her irgend eine Be=
wegung in der Natur gäbe; selbst die Bewegung der Wolken
scheint ihm unerklärlich; sogar die Veränderungen der Dünste
scheinen ihm inmitten der Veränderung selbst stabil zu sein.
Da jeder gegenwärtige Augenblick sich ihm fixiert, hat
er nur die Gewißheit, aber durchaus nicht die Empfindung,
daß alle Dinge auf einander folgen; Alles scheint ihm
ewig erstarrt. Ich wünschte, ich hätte sichere Spuren
meiner sinnlichen Wahrnehmungen in jenen stummen Re=
gionen bewahrt; die Einbildungskraft kann sich im täglichen
Leben kaum einen Gedankengang zurückrufen, welchen alle
Umgebungen zu verneinen und abzuweisen scheinen. Aber in
solchen energischen Augenblicken ist man nicht im Stande, sich
mit der künftigen Zeit oder mit anderen Menschen zu be=
schäftigen, und Notizen für jene und für diese aufzuzeichnen.
Man denkt dann nicht im Hinblick auf eine künstliche Konvenienz
an die Ehre, welche man für seine Gedanken ernten wird, ja

nicht einmal im Hinblick auf das allgemeine Wohl. Man ist
natürlicher, man denkt nicht einmal daran, den gegenwärtigen
Augenblick zu benutzen, man kommandiert nicht seine Ideen
man verlangt nicht von seinem Geiste, daß er sich in einen
Stoff vertiefen, verborgene Dinge enträtseln, etwas sagen
sollte, das bisher nicht gesagt worden ist. Der Gedanke ist
nicht mehr aktiv und an Regeln gebunden, sondern passiv und
frei. Man träumt, man giebt sich hin, man ist tief ohne
Witz, groß ohne Begeisterung, energisch ohne Willen."

So sitzt er, dieser Lehrling von Jean Jacques, dieser
„Energische ohne Willen", denn das Wort paßt auf Ober=
mann, einsam in Jean Jacques' Natur. „René" hatte den
Kreis der Natureindrücke erweitert. Statt eines Sees in den
Schweizeralpen, einiger Bosketts und Waldblumensträuße, wo=
mit wir in der „Neuen Héloise" begannen, gaben „René"
und „Atala" uns die ungeheueren Urwälder, den Riesenstrom
Mississippi und seine Nebenflüsse, die tropische Natur in ihrer
ganzen leuchtenden und grellen Farbenpracht, ihrer ganzen
blendenden und duftenden Ueppigkeit. Diese Natur stimmt zu
einer Gestalt wie René. In dieser Natur war Chateaubriand
als Verbannter umhergestreift, und ihr Gepräge nahm er mit
sich. In der öden Stille der Bergnatur ist Obermann an
seinem Platze.

Außerhalb des Lebens, da, wo das Leben aufhört, fühlt
er sich heimisch. Kann er denn das Leben ertragen? Oder
wird es ihm wie Werther ergehen, daß er es eines Tages
von sich wirft?

Er thut das nicht, er sucht seine Stärke in einem großen
Entschlusse, ein für alle Mal verzichtet er auf Genuß und
Glück. „Laßt uns," sagt er, alles das als bedeutungslos be=
trachten, was verschwindet und vergeht, laßt uns im großen
Spiele der Welt ein besseres Los suchen. Von unsern kräftigen
Entschlüssen allein wird vielleicht die eine oder die andere
Wirkung fortdauern." Er will also leben, aber wenn er be=
schließt, nicht trotzig Hand an sich zu legen, so geschieht das
nicht aus Demut, sondern kraft eines noch höheren Trotzes.

„Der Mensch," sagt er, „ist vergänglich, das mag sein, aber laßt uns im Widerstande zu Grunde gehen, und wenn das große Nichts uns vorbehalten ist, dann laßt uns nicht so handeln, daß dies als eine Gerechtigkeit erscheinen kann.

Wie lange währt es jedoch, bis Obermann zu dieser Ruhe gelangt! Wie viele Plaidoyers bringt er zu Gunsten der Berechtigung des Selbstmordes vor, und man darf sich darüber nicht wundern, denn die Selbstmordsepidemie in der Litteratur gehört ebenfalls noch zu den vorhin erwähnten Symptomen der Emanzipation des Individuums. Es ist eine der Formen, die negativste und radikalste, für die Befreiung und Losreißung des Individuums von der ganzen Gesellschaftsordnung, in welche dasselbe von Geburt an hingestellt ist. Wie hätten auch jene Zeiten, in welchen Napoleon seinem Ehrgeize jährlich Hekatomben von Blutopfern schlachtete, Achtung vor dem Menschenleben erwecken können? „Ich höre überall," sagt Obermann, „es sei ein Verbrechen, aus dem Leben zu scheiden; aber dieselben Sophisten, welche mir den Tod verbieten, setzen mich demselben aus oder schicken mich hinein. Es ist eine Ehre, auf das Leben zu verzichten, wenn das Leben schön ist, es ist recht und erlaubt, den zu töten, welcher leben möchte; und denselben Tod, den zu suchen Pflicht ist, wenn man ihn fürchtet, sich selbst zuzufügen, wenn man ihn wünscht, sollte ein Verbrechen sein! Unter tausend, bald spitzfindigen, bald lächerlichen Vorwänden spielt ihr mit meiner Existenz, und ich allein sollte kein Recht über mich haben! Wenn ich das Leben liebe, soll ich es verachten, wenn ich glücklich bin, schickt ihr mich in den Tod, und wenn ich sterben will, verbietet ihr es mir und bürdet mir ein Leben auf, das ich verabscheue.

Wenn ich mich nicht des Lebens berauben darf, so darf ich mich auch nicht einem wahrscheinlichen Tode aussetzen, und all' eure Helden sind dann nur Verbrecher. Der Befehl, den ihr ihnen erteilt, rechtfertigt sie nicht. Ihr habt kein Recht, sie in den Tod zu senden, wenn sie kein Recht gehabt haben, ihre Einwilligung dazu zu geben. Habe ich dieses Recht zum Tode nicht über mich selbst, wer hat es denn der Gesellschaft verliehen? Welches wahnwitzige Gesellschaftsprinzip habt ihr

erfunden, laut dessen ich zu meiner Unterdrückung ein Recht
abgetreten habe, das ich nicht besaß, um mich der Unter=
drückung zu entziehen?"

Ich habe vor Jahren in einer Abhandlung über das
tragische Schicksal dem Mörder ähnliche Worte in den Mund
gelegt: „Der, welcher unter den Lasten des Daseins seufzt,
kann sich anklagend wider sein Schicksal erheben und sagen:
warum ward ich geboren, mit welchem Rechte, warum werde
ich nicht gefragt? Wäre ich gefragt worden, und hätte ich ge=
wußt, was es sei, zu leben, so hätte ich nie meine Ein=
willigung dazu gegeben. Wir sind alle wie Männer, die wider
ihren Willen zu Matrosen gepreßt werden; aber der Matrose,
welcher gepreßt und ohne seine Einwilligung auf das Schiff
geschleppt worden ist, hält sich nicht für verpflichtet, auf dem=
selben zu bleiben; wenn er die Gelegenheit wahrnehmen kann,
wird er desertieren. Wendet man ein, daß ich das Gute des
Lebens genossen hätte, und deshalb jetzt das Schlimme er=
tragen müsse, so antworte ich: die Güter des Lebens, das
Kindheitsglück z. B., welche ich genoß, und durch deren An=
nahme ich meine Zustimmung dazu gegeben haben soll, zu
leben, diese Güter empfing ich, ohne die leiseste Ahnung
davon zu haben, daß sie ein Handgeld wären, darum bindet
dies Handgeld mich nicht. Ich will die Mannszucht des
Schiffes nicht verletzen, meine Kameraden nicht ermorden oder
dergleichen, ich will nur das Eine, worauf ich Recht habe, die
Freiheit, da ich mich nie verpflichtet habe, zu bleiben."

Man wird begreifen, daß ich nicht die Absicht habe, mich
hier auf die Realität der Frage einzulassen. Obschon ich nicht
glaube, daß man Anderes gegen die Berechtigung zum Selbst=
morde anführen kann, als die Pflichten gegen andere Menschen,
so bezweifle ich für meinen Teil durchaus nicht, daß dies
Argument völlig hinreichend und befriedigend ist. Im übrigen
überlasse ich ganz den Moralisten die Beantwortung dieser
Frage. Ich schildere hier nur rein historisch und naturwissen=
schaftlich einen Seelenzustand, der sich geschichtlich gezeigt und
in der Litteratur seine Dokumente niedergelegt hat. Denn
„Obermann" und „Werther" sind nicht die einzigen Bücher

aus jener Zeit, in welchen der Selbstmord gerechtfertigt wird. Atala tötet sich selbst. Auch René, der nur von seiner Schwester Amélie, welche Verdacht schöpft, davon abgehalten wird, schreibt an seine Gattin: „Celuta, es giebt Versuchungen, die so hart sind, daß sie die Vorsehung anzuklagen und uns von der Manie, existieren zu wollen, heilen zu müssen scheinen." Sainte-Beuve bemerkt hierzu: „Man achte darauf, daß dieser unglaubliche Ausdruck: „die Manie, leben zu wollen," gebraucht wird, um die Liebe bis ins tiefste Herz zu beleidigen. Das so instinktmäßige und universelle Gefühl, welches bewirkt, daß für jeden Sterblichen, selbst wenn er unglücklich ist, das Leben lieb und wert genannt werden darf, welches jedes Wesen das einmal geboren ist, dazu veranlaßt, „das süße Licht des Tages" zu lieben und sich nach demselben zu sehnen, dies Gefühl nennt er eine Manie." Auf dieselbe Art erklärte später Arthur Schopenhauer es für die höchste Tugend, zu überwinden, was er „den Willen zum Leben nennt."

Der Verfasser des „Obermann" bildete seinen Typus nach sich selbst und seinem Talente, sein Held endet mit dem Entschlusse, Schriftsteller werden zu wollen. „Welche Aussicht auf Erfolg werde ich haben?" sagt er. „Wenn es nicht genug ist, etwas Wahres auszusprechen und bemüht zu sein, dasselbe auf eine überzeugende Art auszusprechen, so werde ich keinen Erfolg haben, daß ist gewiß." „Geht nur erst," ruft er aus, „ihr, die ihr den Ruhm des Augenblickes, den Ruhm des Gesellschaftssaales verlangt, geht erst, ihr Alle, die ihr reich an Ideen seid, welche einen Tag lang dauern, an Büchern, welche einer Partei dienen, an Kunstgriffen und Mitteln, welche Effekt machen. Geht erst, ihr verführerischen und verführten Menschen, denn es kümmert mich nichts, ihr eilt schnell vorüber, und es ist gut, daß ihr eure Zeit habt. Ich für meinen Teil glaube nicht, daß es notwendig ist, bei Lebzeiten anerkannt zu werden."

Sénancour hat mit diesen Worten sein eigenes litterarisches Glaubensbekenntniß abgelegt und sein eignes Geschick prophezeit. Er blieb vollständig von seinen Zeitgenossen übersehen und wurde zu seinen Lebenszeiten nicht gewürdigt, obwohl er zu seinem Unglück einzig und allein von seiner Feder zu leben gezwungen war. Als aber die romantische Schule in Frankreich auftrat, kam er zu Ehren. Seine einfachen Feldblumen wurden von der romantischen Kritik zusammen mit Chateaubriand's und Frau von Staëls Passionsblumen und Rosen in einen Strauß gebunden. Und er verdiente die Aufmerksamkeit, die er jetzt erregte. Denn er ist einer der eigentümlichsten Geister der Emigrantenlitteratur, ein Naturverehrer als echter Schüler Rousseau's, ein Melancholiker als echter Bewunderer Ossian's, voller Lebensüberdruß als echter Zeitgenosse Chateaubriand's. Er ist ganz modern in all seinen theoretischen Anschauungen von Religion, Moral, Erziehung und der gesellschaftlichen Stellung der Frau, er ist ganz deutsch-romantisch in seiner Gefühlsschwelgerei, seiner Unthätigkeit und in seiner unbeschreiblichen Scheu, mit der Wirklichkeit in Berührung zu kommen, als müsse er sich daran verbrennen. Er ist endlich französisch-romantisch durch dasselbe Gemisch von Freisinn und Sensibilität, von Schwärmerei und verfeinertem Sensualismus, welches man zwanzig Jahre später in der französischen Litteratur bei Saint-Beuve unter dem Pseudonym Joseph Delorme wiederfindet. Er ist nach seinem ganzen Wesen ein Vorgänger oder Vorläufer der langen Schar größerer Geister, welche in demselben Augenblick, als er auftritt, ihren Zug durch das Jahrhundert beginnen, die er mit seiner schwachen Stimme ankündigt, und denen er den Weg bahnt.

7.

Nodier.

Genau zur selben Zeit wie „Obermann," erschien auf dem französischen Büchermarkte ein kleiner Roman, der seinen Ursprung in einer Sénancour verwandten Geistesrichtung hat und dessen Verfasser gleichfalls ein Vorgänger bedeutenderer Geister als er selbst, ist, der aber ein reiches und im höchsten Grade geschmeidiges Talent besaß, eine in der französischen Poesie höchst ungewöhnliche Veranlagung für das Phantastische und einen Mut, neue Bahnen einzuschlagen, der ihn auch zugleich zum Bahnbrecher macht. Dieser Schriftsteller war Charles Nodier, der Name des kleinen Buches: „Der Maler von Salzburg."

Charles Nodier, der nur mit einem paar seiner Jugendschriften zur Emigrantenlitteratur gehört, im übrigen seinen Platz in der romantischen Schule in Frankreich (Kap. 4) hat, wurde zu Besançon im Jahre 1780 geboren. Der Vater war ein begabter und ehrenhafter Mann, streng als obrigkeitliche Persönlichkeit, liebevoll in seinem Hause, ein erklärter Anhänger der Philosophie des achtzehnten Jahrhunderts, der seinen Sohn nach den Prinzipien in Rousseau's „Emile" erzog. Dieser zeigte frühzeitig eine erstaunliche Gelehrigkeit und vielfältige, außerordentliche Fähigkeiten. Erst siebzehn Jahre alt, war er schon ein so tüchtiger Philologe, daß er ein „Lexikon über die französischen onomatopöetischen Worte" schrieb, welches vom Unterrichtsministerium für würdig befunden wurde, um es den Schulbibliotheken einzuverleiben, und mit achtzehn Jahren war er ein so tüchtiger Naturforscher, daß er sein Werk über die Fühlhörner und Hörorgane der Insekten zur selben Zeit erscheinen ließ, als er seinen ersten Roman in Druck gab.

Seine Kindheit und erste Jugend waren äußerst bewegt. Mit dreizehn Jahren erlebte er die Schreckensperiode und sah die Gräuel in nächster Nähe, denn sein Vater war Präsident des Revolutionsgerichtes in Besançon. Im Jahre 1793 rettete der kleine warmblütige und energische Knabe ein Frauenleben. Eine Dame in der Stadt hatte sich der Geldunterstützung eines Verwandten, eines Emigranten bei der Rheinarmee, schuldig gemacht. Ihre Schuld lag klar, der Spruch des Gesetzes war unzweideutig, keine Rettung schien möglich. Da aber ein Freund der Familie und der Dame dem jungen Charles Nodier die Angelegenheit erklärt und er vergebens seinen Vater um das Leben der Angeklagten angefleht hatte, so ergriff er den Ausweg, dem Vater damit zu drohen, daß er sich selbst töten würde, wenn ein Todesurteil gefällt werde. Er legte solchen Ernst in seine Drohung und zeigte einen so festen Entschluß, daß der Vater im entscheidenden Moment nachgab und aus Furcht, seinen Sohn zu verlieren, seine Römertugend beschwichtigte und die Schuldige frei sprach.

Im selben Jahre, als dieses geschah, wurde er, da der Unterricht in Besançon für ihn nicht ausreichend war, nach Straßburg gesandt, und der Zufall wollte, daß er im Hause des bekannten und berüchtigten Eulogius Schneider, dem henkerartigen Regenten des Elsaß, der bald darauf auf dem Schafott in Paris starb, untergebracht wurde. Die Szenen, welche er in Straßburg erlebte, waren allerdings geeignet, um die Einbildungskraft des zukünftigen Romanschreibers zu befruchten. Als Jüngling wurde er dann bald in Paris Zeuge der Leichtfertigkeit und Vergnügungssucht unter dem Direktorium, und als er 1798 nach Besançon zurückkehrte, interessierte er sich vor allem für die Staatsgefangenen und die Verdächtigen in der Stadt. Er wurde als gesellschaftsgefährlich angeklagt; eines Nachts wurde seine Thür erbrochen und seine Papiere untersucht; man fand nur seine Arbeiten über Wortstämme und Fühlhörner. Aber das Aufreizende der Situation erweckte seine poetische Abenteuerlust, er liebte es noch, Krieg mit den Gewalthabern zu führen, sich Gefahren auszusetzen, sich verfolgt zu wissen. Er hatte und bekam auch später keine politische Ueberzeugung aber er schwärmte für die Freiheit, und unter allen wechselnden Regierungen in Frankreich gehörte er beständig der Opposition an, war religiös unter der Republik, freisinnig unter dem Kaiserreich u. s. w. Der Despotismus des ersten Konsuls empörte ihn, und zwanzig Jahre alt, schleuderte er seine Ode „La Napoléone" gegen diesen. Als man infolgedessen Verschiedene aufs Gerathewohl verhaftete, darunter auch den Buchdrucker, gab Nodier sich selbst als Verfasser an und wurde darauf einige Monate in Paris gefangen gehalten, später nach seiner Vaterstadt zurückgesandt, wo er unter Polizeiaufsicht gestellt wurde.

Von diesem Augenblick an begann für Nodier eine lange Reihe Verfolgungen und Plackereien von Seiten der Regierung, die dem jungen Poeten sicherlich oft genug im höchsten Grade peinlich waren, sicherlich aber auch oft von seiner lebendigen und stets thätigen Phantasie übertrieben wurden. Sicher ist es in jedem Fall, daß er, um den Verfolgungen zu entgehen, von einem Versteck im Jura nach dem andern flüchtete, in unbesuchten und einsamen Dörfern lebte und schrieb, und nie lange genug an einem Orte blieb, um das dort begonnene Manuskript zu vollenden. So erfährt er in sehr jugendlichem Alter außer allen früheren Eindrücken, die er vom Zeitalter empfangen hatte, voll und ganz die Gefühle und Stimmungen des Verbannten und Emigranten. Und diese Gefühle und Stimmungen sind es, welche den Hintergrund seines ersten dichterischen Versuches bilden. „Der Maler von Salzburg" wurde in den Bergen bei stetem Wechsel des Aufenthaltes geschrieben.

„Le peintre de Saltzbourg, journal des émotions d'un coeur souffrant, suivi des Méditations du cloître" ist der Titel der ersten Ausgabe, Paris 1803. Die Klostergedanken, welche hier die Zugabe zum Roman bilden, haben insofern Interesse, als sie der bei dem jungen Geschlecht herrschenden Stimmung Ausdruck geben. Sie haben denselben Zweck, wie bei René, ein kräftiges Wort zum Besten der Wiederaufrichtung der Klöster einzulegen. Das Ganze ist ein Monolog, den ein nach seiner eigenen Meinung höchst Unglücklicher, der darüber jammert, kein Kloster zu finden, wohin er Zuflucht nehmen könne, hält, und der sich nun als zukünftiger Trappist legitimieren zu wollen scheint.

Ich, der ich noch so jung und bereits so unglücklich bin, ich, der ich mit einer allzu frühen Erfahrung das Leben und die Gesellschaft durchschaut habe und den Menschen fremd bin, die mein Herz verwundet haben; ich, der ich jeder Hoffnung beraubt bin, welche zuvor mich getäuscht hat — ich habe in meinem Elend einen Zufluchtsort gesucht und keinen gefunden." Hierauf folgt eine lange Lobrede über Mönche und Nonnen, diese „Engel des Friedens," welche nur beteten, trösteten, erzogen und Kranke pflegten, milde Gaben brachten, den zum Tode Verurteilten zum Schafott folgten und die Wunden der Helden verbanden. Wodurch haben sich doch diese Männer und Frauen Gottes solche rasende in der Geschichte des Fanatismus einzig dastehenden Verfolgungen zuziehen können? Wie ist es möglich, daß die Gesetzgeber des achtzehnten Jahrhunderts das menschliche Herz so schlecht kannten, daß sie weder einen einzigen jener Fälle verstanden noch geahnt haben, für welche die Religion die Klöster erfunden hat!

„Hier steht eine ganze Generation, welcher die politischen Begebenheiten die Erziehung eines Achilles zu Teil werden ließen. Sie ist mit Löwenmark und Löwenblut genährt worden; und jetzt, da eine Regierung, die nichts dem Zufall überlassen will und sogar die Zukunft festsetzt (d. h. Napoleons Regierung, gegen welche schon diese Ausdrücke kühn waren), Schranken für die gefährliche Entwickelung der Jugend gesetzt, und derselben zugerufen hat: Bis hier und nicht weiter! — ist man sich jetzt klar darüber, welche traurigen Begebenheiten so viel unbenutzte Leidenschaft und unterdrückte Energie hervorrufen kann, oder wie viele Versuchungen zur Sünde ein sturmerfülltes Herz, in dem Sorge und Lebensüberdruß herrschen, birgt? Ich erkläre mit Bitterkeit und Entsetzen: Werthers Pistole und des Henter's Beil haben uns bereits dezimiert. Diese Generation erhebt sich und verlangt Klöster von Euch!"

Ganz gewiß ein demütiges und sentimentales Verlangen von einem Geschlecht, welches mit Löwenmark aufgezogen sein will! aber man fühlt den Trotz hinter dieser demütigen, doch nicht buchstäblich gemeinten Forderung. Die ungeduldige

Melancholie greift aufs Geratewohl nach einem schmerz=
stillenden Mittel.

In einer Vorrede, die Nodier 1840 einer neuen Auflage
des Buches beifügte, spricht er sich über die Zeitumstände
aus, die es hervorgerufen: Die Regierung des Direktoriums,
sagt er, war alles andere, als sentimental. Die Sprache
der Träumerei und Leidenschaft, welcher Rousseau dreißig Jahre
zuvor eine vorübergehende Gunst verschafft hatte, wurde am
Schluß des Jahrhunderts als lächerlich betrachtet. Anders
war es in Deutschland „diesem wunderbaren Deutschland,
dem letzten Vaterlande der europäischen Dichtung, der zu=
künftigen Wiege einer kommenden kräftigen Gesellschaft, wenn
überhaupt noch in Europa eine Gesellschaft erschaffen werden
kann, und Deutschlands Einfluß begann damals sich bei uns
geltend zu machen. . . . Wir lasen Werther, Goetz von
Berlichingen und Karl Moor!"

Der Held in Nodiers Buch ist nach dem Werthersystem ge=
formt, er ist zwanzig Jahre alt, ist Maler, Poet und vor allem
ein Deutscher. Allerdings steht diese matte, halbverwischte Nach=
bildung unendlich hinter dem Original zurück. Charles — er
trägt Nodiers eignen Namen — ist Emigrant; aus politischer
Ursache aus Bayern verwiesen und geächtet; zwei Jahre lang
hat er Europa als ruheloser Flüchtling durchirrt, zwei Jahre
lang hat er Nodiers eigenes Leben gelebt. Nur ein Gefühl
hat ihn aufrecht erhalten, die Liebe zu einem Mädchen, welches
den poetischen Namen Eulalia trägt; er kehrt zurück und —
hört es, ihr Himmlischen! — Eulalia ist untreu, Eulalia hat
einen anderen geheiratet.

Der verratene Liebhaber kann seinem Hange, ihren Wohn=
ort zu umkreisen, nicht widerstehen. Eines Tages begegnet er
ihr und — o Geschick! — Eulalia, die in all der Zeit nichts von
ihm gehört und die falsche Nachricht seines Todes empfangen
hat, hat nur unter Thränen, nur aus Gehorsam gegen den
Willen ihrer Mutter und endlich auch in Folge einer schwachen
Aehnlichkeit des jungen Freiers mit Charles, jenen, einen
Herrn Spronck geheiratet, der, wie es sich zeigt, einer der
edelsten Menschen ist. Hierüber Werther=Klagen, Werther=

Stimmungen usw.; dies alles aber im Vergleich zu Werther in einer sehr abgeschwächten Tonart. Charles giebt sich wehmütigen Erinnerungen hin: Hier sah er sie zum erstenmal, hier fühlte er die ersten dunklen Ahnungen über die Zukunft, hier vergaß er in seinem Entzücken, sie zu erblicken, sein Papier, seine Bleistifte, seinen Ossian; hier, wo die Bäume jetzt umgehauen sind, hatte er einstmals beschlossen, seinen lieben Werther begraben zu lassen und jetzt verspürt er Lust, hier sein eigenes Grab zu graben. Werther war nämlich Charles Freund, und man sieht, daß er ihn zum Muster genommen hat. Nur in einem Punkte ist Charles kräftiger und männlicher als Werther und zwar in seinen Zornausbrüchen über die Hindernisse, die sich zwischen ihn und die Geliebte stellen:

„Weshalb wagte ich es nicht, sie in meine Arme zu schließen, sie als meine Beute zu ergreifen, sie weit fort von den Menschen zu führen und sie im Angesichte des Himmels als meine Gattin zu erklären! Oder, wenn selbst dies Verlangen ein Verbrechen ist, weshalb ist es dann so innig mit dem Empfinden meines Daseins verknüpft, daß ich es nicht aufgeben kann ohne zu sterben? Ein Verbrechen, sagte ich! In den Zeiten der Barbarei, den Tagen der Unwissenheit und der Knechtschaft ist es diesem oder jenem Menschen aus dem großen Haufen eingefallen, seine Vorurteile niederzuschreiben und hat dann gesagt: „Da habt ihr Gesetze." Welche Verblendung der Menschheit! Welch verächtliches Schauspiel, so viele Geschlechter von den Vorurteilen und Launen eines längst verstorbenen Geschlechts gelenkt zu sehen!"

Höchst komisch nimmt sich unmittelbar hiernach eine feierliche Verherrlichung von Klopstocks Messias aus, die augenscheinlich durch andere, aber sehr ungleichartige Reminiscenzen aus Werther veranlaßt ist. „O göttlicher Klopstock!" bricht Charles aus, „mit welcher Pracht führst du uns nicht alle Wunder der Poesie vor Augen, indem du uns entweder in die Versammlung des Höchsten einführst, wo die Erstgeborenen unter den Engeln die Mysterien des Himmels lobsingen oder wo die Cherubim in heiliger Andacht ihr Antlitz mit ihren goldenen Flügeln bedecken." Dieser Sprung scheint groß zu sein; aber gerade dies Gemisch von revolutionären Instinkten und romantischem Anlauf, welches in jedem anderen Zeitalter toll erscheinen würde, ist in der Emigrantenlitteratur weit davon entfernt, zu überraschen, es findet sich bei allen Schriftstellern wieder. Bei Chateaubriand tritt es als satanischer Katholizismus auf, bei Sénancour als sentimentaler und romantischer Atheismus, hier als Empörung gegen die gesellschaftliche Ordnung, und wird mit der Messiasschwärmerei vereint; die Beschaffenheit der Mischung ist verschieden, aber der Grundzug ist überall derselbe. Es zeigt sich jetzt im Roman, daß Eulalia's Gatte nicht glücklicher ist, als ihr unglücklicher Liebhaber. Er hat seine Jugendgeliebte durch den Tod verloren und kann diesen Verlust nie vergessen, selbst nicht an Eulalia's Seite; er ist Zeuge der Liebe Eulalia's und Charles', und um ihnen nicht im Wege zu stehen, nimmt er Gift und stirbt, nachdem er die Liebenden um Verzeihung für die Widerwärtigkeiten gebeten hat, die er ihnen unfreiwillig „durch sein unseliges Leben" bereitet hat. Es ist unmöglich, sich einen gefügigeren Ehemann vorzustellen. Die Liebenden zeigen sich jedoch nicht weniger edel als er; Eulalia besonders ist zu hochherzig, um sich diesen so traurigen Todesfall zu Nutze zu machen. Sie geht ins Kloster und Charles ertränkt sich in der Donau. Zwei Selbstmorde und eine Selbsteinsperrung im Nonnenkloster — das war zu jener Zeit der gewöhnliche Abschluß.

So wenig bedeutend dieser Roman auch als Geistesprodukt ist, so interessant ist er aber als historisches Dokument. Es währte nur kurze Zeit, und Nodier erhob sich über diese Anfangsentwickelungsstufe und wir werden ihm, wie schon angedeutet, in einem höheren Entwickelungsstadium der französischen Litteratur wiederbegegnen. Keiner hat sich mehr gehäutet als er, und der Schmetterling ist schöner als die Puppe.*)

---

*) Vgl. Bd. 5. Die romantische Schule in Frankreich: Nodier.

8.
Constant's „Adolphe".

Wer in der Litteraturgeschichte den Typus eines bestimmten Zeitraums von einer Variation zur anderen begleitet, verfährt wie der Naturforscher, welcher die Umbildung einer und derselben Grundform, z. B. des Armes zum Beine, zur Pfote, zum Flügel, zur Flosse, durch verschiedene Arten im Tierreiche hindurch verfolgt. Die nächste Variation des Grundtypus, auf welche ich aufmerksam machen will, ist Benjamin Constant's „Adolphe", der Held in dem einzigen poetischen Werke des berühmten politischen Autors. Adolphe ist weniger glänzend als René, weniger resigniert als Obermann, aber er schildert dasselbe unentschlossene Geschlecht. Auch er ist ein Sproß der Werther=Familie, aber er ist ein Kind des Zeitalters der Enttäuschung, wie René.

„Adolphe" erschien erst nach dem Fall des Kaiserreiches, es ward jedoch schon in den allerersten Jahren des Jahrhunderts geschrieben, oder zum mindesten angelegt. Es steht, wie all' diese Bücher, welche der Gefühlsrichtung nach in Rousseau's Spuren gehen, im schärfsten Gegensatze zu dem Regimente in Frankreich. Was in Paris herrscht, ist die Zahl und der Säbel, in der Litteratur der klassische Odenstil und die exakte Wissenschaftlichkeit. Hier dagegen Gefühle und Reflexionen über ein Gefühlsleben.

Benjamin Constant de Rebecque wurde 1767 zu Lausanne von protestantischen Eltern geboren. Seine Geburt kostete der Mutter das Leben; sein Vater war ein kalter und weltkluger Mann von derselben Art wie der Vater in „Adolphe". Er war von Kindheit an ganz ungewöhnlich begabt. Wenn man in „Adolphe" vielleicht die außerordentliche Anziehungskraft, welche der Held ausübt, nicht ganz versteht, so kommt es daher, weil Constant, der die Erinnerungen seines eigenen Lebens zur Abfassung des Buches benutzte, durch eine gewisse Scham abgehalten ward, Adolphe's fesselnde Eigenschaften allzu stark hervorzuheben. Aber Adolphe ist in solchem Grade Constant selbst, daß man die Entstehung dieses Typus eigentlich erst recht begreift, wenn man die Jugendgeschichte des Verfassers studiert. Es geht mit Adolphe wie mit René, zu dessen Verständnis Chateaubriand's eigene Äußerungen über sich selbst uns den Schlüssel geben.

Er besaß Grazie und Feinheit, eine frühreife, schlagende Selbstironie, sowie eine stürmisch pulsierende Empfänglichkeit für Eindrücke, was um so merkwürdiger war, als sie mit einer beginnenden Blasiertheit vereint war. Ein Drang zu starken Gemütsbewegungen vereinigte sich bei ihm mit der Gabe, sich über dieselben hinwegzusetzen. Er entwickelte bereits als Jüngling die Fähigkeit, sich zu teilen, zu verdoppeln und zu verspotten. Er konnte ausrufen: „Ich amüsiere mich über all' diese Verlegenheiten in denen ich mich befinde, als wären es die eines Andern," und wenn er zornig ward, äußerte er Lieblingsphrasen wie: „Ich bin wütend, ich verliere den Verstand vor Wut, aber im Grunde ist mir das Ganze höchst gleichgültig."

Es wurde keine Mühe gescheut, dem geistreichen und aufgeweckten Jüngling eine Erziehung zu geben, welche seinen Anlagen entsprach. Er wurde zuerst auf die Edinburgher Universität gesandt, wo er Freundschaftsverbindungen mit einem Kreise junger vornehmer Engländer und Schotten anknüpfte, welche später fast sämtlich berühmte oder bekannte Männer wurden. Von dort kam er auf die stille und friedliche Universität Erlangen, wo er den Grund zu seiner Kenntnis deutscher Verhältnisse und deutscher Litteratur legte und wo seine klassische Bildung vollendet ward. Die Staatsverhältnisse der alten griechischen Republiken interessierten ihn hier wie in Edinburgh noch mehr als ihre Poesie.

Die beste Quelle zur Kenntnis seiner Entwickelungsstufen und Stimmungen in der ersten Jugend findet sich in seinen Briefen an Frau von Charrière, eine freigeistige, feinbegabte schweizerische Schriftstellerin von holländischer Geburt, aber vollständig französiert, die über vierzig Jahre alt war, als Constant in seinem zwanzigsten Jahre in ein Verhältnis zu ihr trat.

In ihrem Hause begann er, an demselben Tische sitzend, an welchem sie schrieb, sein großes Werk über die Religion, welches den religiösen Geist wieder in Frankreich einführen sollte. Er beschäftigte sich fast sein ganzes Leben hindurch mit demselben, indem er es unaufhörlich, je nachdem seine Anschauungen wechselten und bestimmtere Form annahmen, umarbeitete. Dreißig Jahre später beendigte er es in der Zeit, welche die Rednerbühne in der Kammer und die Spielhäuser in Paris ihm für Arbeiten anderer Art übrig ließen. Aber jetzt ward es bei Frau von Charrière begonnen. Und symbolisch und charakteristisch genug: den ersten Abschnitt schrieb er auf die Rückseite eines Kartenspiels, und so oft er eine Karte vollgeschrieben hatte, schob er sie seiner Ratgeberin hin.

In Briefen an diese zuverlässige und ergebene Freundin spricht sich Constant als Jüngling mit vollkommener Offenheit aus und man kann hier sein Gefühls- und Gedankenleben in dessen ursprünglicher Form und mit dessen frühestem Gepräge erfassen. Dieses Gepräge ist dasjenige des achtzehnten Jahrhunderts, nur daß dessen Begeisterung für gewisse geistige Erzeugnisse fehlt und ein gut Teil Skepsis hinzugekommen ist. Er schreibt:

„Ich fühle mehr, als jemals, die Nichtigkeit aller Dinge, wie alles verspricht und nichts hält, ich fühle, wie sehr unsre Kräfte über unsern Behältnissen stehen, und wie unglücklich dies Mißverhältnis uns machen muß. Sollte nicht Gott, der Urheber unserer selbst und unsrer Umgebungen, gestorben sein, ehe er sein Werk beendet hat, so daß die Welt eigentlich ein opus posthumum ist? Er hatte die schönsten und größten Weltprojekte und die größten Mittel, sie auszuführen. Er hatte schon mehrere dieser Mittel in Bewegung gesetzt, wie man Gerüste errichtet, um zu bauen, und mitten in dieser Arbeit ist er gestorben. Jetzt ist solchermaßen alles mit Rücksicht auf einen Zweck aufgeführt, der nicht mehr existiert, und wir insbesondere, wir fühlen uns zu etwas bestimmt, wovon wir uns keine Idee machen können. Wir sind wie Uhren, denen das Zifferblatt oder der Zeiger fehlt, und deren Räder, denen es nicht an Intelligenz gebricht, sich drehen, bis sie abgenutzt sind, ohne zu wissen weshalb, und stets murmelnd: „Ich drehe mich, also habe ich einen Zweck." — Leben Sie wohl, liebes und geistreiches Rad, welches das Unglück hat, so hoch über dem Uhrwerk zu stehen, von dem Sie ein Teil sind, und das Sie stören! Ohne Eigenlob: Das ist auch mein Fall."

An einer anderen Stelle sagt er: „O wie die Fürsten edelmütig und hochherzig sind: Da haben sie nun wieder eine Amnestie erlassen, von welcher niemand ausgeschlossen ist, als alle die, welche sich des Aufruhrs schuldig gemacht haben. Das erinnert mich an einen Psalm, welcher die Thaten des jüdischen Gottes verherrlicht. Er hat Die und Die erschlagen, denn seine Güte währet ewiglich; er hat Pharao und sein ganzes Heer ersäuft, denn seine Güte währet ewiglich; er hat alle Erstgeburt der Aegypter mit dem Tode gestraft, denn seine Güte u. s. w., u. s. w."

„Sie scheinen mir nicht demokratisch zu sein. Ich glaube, wie Sie, daß auf dem Grunde der Seele der Revolutions= männer Arglist und Raserei lauert. Aber ich liebe mehr die Arglist und Raserei, welche Festungen schleift und Titel und andere dergleichen Dummheiten abschafft, und welche all' die religiösen Träumereien auf gleichen Fuß mit einander stellt, als die Arglist und Raserei, welche jene elende Mißgeburt der barbarischen Stupidität der Juden, die auf die barbarische Unwissenheit der Vandalen gepfropft ist, erhalten und kanoni= sieren will."

„Je mehr man darüber nachdenkt, desto mehr giebt man es auf, ein „cui bono?" in dieser Dummheit, welche man die Welt nennt, zu begreifen. Ich verstehe weder den Zweck, noch den Architekten, noch den Maler, noch die Figuren in dieser laterna magica, von welcher ich einen Teil zu bilden die Ehre habe. Werde ich's besser verstehen, wenn ich von dieser engen und finsteren Kugel verschwunden bin, auf der, ich weiß nicht, welche unsichtbare Macht sich den Spaß macht, mich mit oder gegen meinen Willen tanzen zu lassen? Das weiß ich nicht. Aber ich fürchte, es verhält sich mit diesem Geheimnisse wie mit dem der Freimaurerei, das nur in den Augen der Uneingeweihten einen Wert hat."

Man wird sich, nachdem man diese Bruchstücke gelesen hat, nicht darüber wundern, daß jenes Buch "Ueber die Religion", welches zur Jahrhundertwende begonnen und bestimmt war, von protestantischem Standpunkte dieselbe That auszuführen, die Chateaubriand gleichzeitig vom katholischen ins Werk setzte: nämlich den religiösen Geist wieder in Frankreich einzuführen, in seinem ursprünglichen Entwurfe ein ganz anderes Gepräge trug, als es später erhielt. Dessen erste Abschnitte, die ganz im Geiste des achtzehnten Jahrhunderts geschrieben waren, würden, wenn sie gedruckt vorlägen, in Constant's Leben genau dieselbe Entwickelungsstufe bezeichnen, welche das Buch über die Revolutionen im Leben Chateaubriand's kennzeichnet. So, wie das Werk in seiner endgültigen Gestalt der französischen Litteratur angehört, zeichnet es sich durch einen ruhigen, leidenschaftslosen Stil, vorurteilsfreien Blick, sowie eine für jene Zeit ungewöhnliche Gelehrsamkeit aus. Hingegen leidet es unter einem vollständigen Mangel an Wärme und einer durchgreifenden Halbheit in seinem Prinzip.

Sein Grundgedanke ist folgender: Alle früheren Auffassungen vom Wesen der Religion sind unvollkommen gewesen. Eine Schule von Schriftstellern, welche die Religion für den Menschen auf dem Wege der Vernunft als unzugänglich und als ein für alle Mal durch göttliche Offenbarung mitgeteilt betrachtet, sucht nur die Religion auf ihre ursprüngliche Form zurückzuführen. Eine andere Schule, die sich mit Recht über die Uebel entsetzte, welche Unduldsamkeit und Glaubenseifer hervorbringen, hat in der Religion nur einen Irrtum gesehen und danach gestrebt, die Moral auf einer rein irdischen Grundlage zu begründen. Eine dritte glaubte, einen Mittelweg durch Annahme einer sogenannten natürlichen oder Vernunftreligion einhalten zu können, welche nur aus den reinsten Dogmen und einfachsten Grundbegriffen bestände. Aber auch diese Schule hat, wie die vorerwähnten, geglaubt, daß der Mensch die unbedingte Wahrheit erlangen könne, und daß es folglich nur eine und zwar unveränderliche Wahrheit gäbe; wer weniger glaubte als sie, den stempelte sie als atheistisch, wer mehr glaubte, als orthodox und abergläubisch. Constant will im Gegensatz zu diesen drei Schulen die Religion als fortschreitend betrachten, indem er davon ausgeht, daß das religiöse Gefühl eine der menschlichen Seele zu Grunde liegende Thatsache bilde, daß nur deren Formen verschieden und für immer größere Vollkommenheit empfänglich seien. Man merkt, daß er Lessing's „Erziehung des Menschengeschlechtes" gelesen hat; doch noch inniger als mit Lessing fühlt er sich mit seinen Zeitgenossen Kreuzer und Görres verwandt. Er versteht oder würdigt augenscheinlich Lessing's feine und doch so tiefe Ironie nicht, während ihn hingegen die romantisch=protestantischen Restaurationsversuche mit der ganzen Macht der Gleichzeitigkeit gefangen nehmen und er sich davon alles aneignet, was er als liberaler französischer Politiker und bekehrter Voltairianer gebrauchen kann. Er will absolut nichts von der Unduldsamkeit und Verfolgungssucht wissen, welche so gewaltsam bei Lamennais (im „Essai sur l'indifférence) hervorbrechen, er will ferner nichts von einer weltlichen Papstmacht, noch von irgendwelcher Vereinigung geistlicher und weltlicher Autorität (wie de Maistre oder Chateaubriand) wissen, aber er bildet sich ein, in „dem religiösen Gefühl" eine Art seelisches Grundelement gefunden zu haben, das sich nicht auf's neue auflösen läßt, er meint, daß es unveränderlich und universell, d. h. sowohl über die ganze Erde verbreitet, als auch über alle Verwandlung in Ewigkeit erhaben sei — eine Anschauung, die sich mit keinem tieferen Seelenstudium vereinigen läßt — und auf diesem Gefühl gründet er daher sein ganzes erhaltendes System.

Den kitzlichen Fragen geht er, soweit ihm dies möglich ist, aus dem Wege; er will z. B. nicht entscheiden, ob die Menschheit mit einem wilden oder einem paradiesisch voll= kommenen Zustande begonnen habe und behauptet ausdrücklich, daß, wenn er mit Schilderung des niedrigsten Fetischdienstes angefangen habe, dies nur der Ordnung halber geschehen sei und er dadurch nicht leugnen wolle, daß dies unvollkommene

Stadium die Folge eines Falles gewesen sein könne. Im Gegenteil, diese Annahme komme ihm wahrscheinlich vor. — Wenige Bücher sind schneller veraltet, als diese Schrift, und sie besitzt jetzt nur noch ein historisches Interesse durch die für die Periode ihres Entstehens typische Unsicherheit und Halbheit.

In den ersten Jahren der französischen Revolution ward Constant in Braunschweig als Kammerjunker der regierenden Herzogin angestellt. Hier hörte er von der Revolution mit jenem Gemisch von Schrecken und Abscheu sprechen, wie sie z. B. in Goethe's mißglücktem Lustspiel „Der Bürgergeneral" zum Ausdruck gelangen; es war ihm jedoch nicht schwer, sich eine selbständige und vorurteilsfreie Anschauung von der Bedeutung der Revolution zu bilden. Im übrigen scheint seine Zeit hier, wie später, stark von wechselnden Liebesverhältnissen in Anspruch genommen gewesen zu sein. Er erhielt von den Damen den Namen „L'inconstant" und hat selbst im Scherz „Sola inconstantia constans" als seinen Wahlspruch bezeichnet. Er verheiratete sich — wie es scheint, zumeist aus Langeweile — hier in Braunschweig, und ließ sich nach den Flitterwochen scheiden. Darauf verliebte er sich in eine Dame, die mit ihrem Manne in Scheidung lag und kehrte ihrethalben später nach Braunschweig zurück. Ihr Mädchenname war Charlotte von Hardenberg und sie wurde viele Jahre später Constant's zweite Gattin. In Briefen an Frau von Charrière aus dieser Zeit zeigt er sich ebenso ziellos und lebensmüde, wie scharfsinnig und geistreich. Er macht sich über seine dumme und kleinliche Umgebung, über sich selbst lustig, eine Zeit lang sogar über sein Gefühl für die Dame seines Herzens, bis er ihr eines schönen Tages mitteilt, daß er mit Spöttereien darüber aufhören wolle, da er einen derartigen Spott nicht für erlaubt halte. Einen Halte- und Mittelpunkt hatte sein Leben noch nicht gefunden.

Da trat Ende des Jahres 1794 eine entscheidende Wendung in Constant's Leben ein. Er lernte Frau von Staël kennen, und es stellte sich heraus, daß keiner dieser beiden Geister imstande war, das Höchste ohne des andern

Befruchtung hervorzubringen. Benjamin Constant war damals siebenundzwanzig, Frau von Staël achtundzwanzig Jahre alt. Er war eben in Paris angekommen, wohin ihn sein Ehrgeiz längst gerufen hatte, das er aber jetzt zum erstenmal sah und wo er in verschiedene der ersten Kreise, bei Frau Tallien, Frau Beauharnais und Frau von Staël eingeführt wurde. Er wurde sowohl seiner Schönheit wie seiner überlegenen Fähigkeiten halber sehr bemerkt. Mit seiner frischen Hautfarbe und seinem langen blonden Haar glich er einem jungen Nordländer, sein Verstand war jedoch klar und ganz französisch und seine Bildung kosmopolitisch. Er machte auf die damals begabteste Frau Frankreichs einen Eindruck, der sich niemals verwischte, selbst als die Lebensverhältnisse sie zumeist von einander trennten, und bald war es kein Geheimnis mehr, daß sich Frau von Stael's Bewunderung in leidenschaftliche Liebe verwandelt hatte. Sie übertrug dem jungen zukünftigen Staatsmanne ihr Vertrauen auf die politische Freiheit, ihre Begeisterung für die Rechte des Individuums und eine diese sichernde Verfassung, und durch einen Flammenhauch ihrer Feuerseele ward er von ihrem Unternehmungsgeiste und ihrem Glauben an die Macht des Wortes und der Handlung beseelt, um allen Schicksalstheorieen zum Trotz in die Wirklichkeit einzugreifen und sie umzugestalten. Zum Entgelt scheint das Verhältnis zu ihm, indem es sie mit der Gesellschaft überwarf, sie mit der Hauptsumme jener leidenschaftlichen Gefühle und streitbaren Gedanken bereichert zu haben, welche den Kern in ihren dichterischen Schöpfungen bilden.

In Frau von Staëls Haus traf Constant eine Heerschar fremder Diplomaten, mißvergnügter Journalisten und intriganter Damen, die ihn im ersten Augenblick gegen den Konvent einnahmen. Bald bildete er sich indessen seine Ueberzeugung, widerlegte selbst seine ersten Zeitungsartikel und schloß sich, radikaler als die Freundin, der Partei der „Patrioten" gegen die sogenannten Gemäßigten an, bei denen er jegliches Maßhalten vermißte. Das Jahr 1795 verbrachte er, einer Einladung der Frau von Staël Folge leistend, auf ihrem Schlosse Coppet in der Schweiz; ein Jahr danach trennte sie sich von ihrem Manne.

Als Bonaparte im Jahre 1799 als erster Konsul Frankreich eine Verfassung gab, in welcher eine schwache Scheinfreiheit die Alleinherrschaft verdecken sollte, ernannte er Constant, der früher zu seinen wärmsten Bewunderern gehört hatte, zum Mitglied des Tribunats. In dieser Eigenschaft führte Constant mit einigen wenigen Gesinnungsgenossen jenen ehrenvollen Kampf gegen Bonapartes absolutistische Pläne, welcher die Augen von ganz Europa auf ihn hinlenkte und die heftigste Erbitterung beim ersten Konsul erweckte. Im Jahre 1802 sagte dieser von Constant und seinen Freunden die bekannten Worte von den fünf oder sechs Metaphysikern im Tribunat, welche ins Wasser geworfen zu werden verdienten, und kurz darauf ließ er sie durch eine servile Majoritätsabstimmung entfernen. Da Frau von Staël zur selben Zeit Bonapartes Streben nach der Alleinherrschaft zu bekämpfen begann und ihr Vater, der berühmte Necker scharf vor seiner Politik warnte, ließ er sie aus Frankreich ausweisen. Als ihr Constant nach Coppet folgte, verbot er auch diesem die Rückkehr.

Im Mai 1802 war Frau von Staël Wittwe geworden. Gemeinsam mit Constant bereiste sie in den Jahren 1803 und 1804 Deutschland und es scheint, als ob sie in ihrer schwärmerischen Liebe erwartet hat, daß Constant sie heiraten würde. Er hat jedoch augenscheinlich ihre Gefühle nicht geteilt, er täuschte sie aus Mitleid und Schwäche und verbarg ihr, daß er in beständigem Briefwechsel mit Charlotte von Hardenberg stand. Wahrscheinlich hat er sie unter irgend einem Vorwande verlassen, um nach Weimar zu reisen, wo er im Jahre 1804 Schillers Wallenstein ins Französische übertrug. Es war nicht Constant, sondern A. W. Schlegel, der (als Hauslehrer ihrer Kinder) Frau von Staël nach Italien, auf dieser durch „Corinna" berühmten Reise begleitete, die sie im Jahre 1805 dorthin unternahm. Im Sommer 1808 ließ sich Constant heimlich mit seiner Charlotte trauen, und so wenig resigniert war Frau von Staël damals noch,

daß es zu den heftigsten Szenen kam, als sie das neuvermählte
Paar unvermutet in Interlaken traf. Sie machte ihrer
Eifersucht mit solcher Rücksichtslosigkeit Luft, daß Charlotte in
ihrer Verzweiflung einen — glücklicherweise mißlungenen —
Vergiftungsversuch ausführte.

Jetzt folgen einige Jahre, wo Constant in stiller Zurück-
gezogenheit mit neuen Vorstudien zu seinem Werke über den
Ursprung und die Entwickelungsgeschichte der Religion in
Göttingen lebt. Dann brachten ihn Napoleon's Niederlagen
im Jahre 1813 dazu, aufs neue im Verein mit Frau von
Staël in den politischen Gedankenstreit und, durch die Verbindungen seiner Freundin am russischen, preußischen und schwedischen Hofe, zugleich in das Vorgehen gegen den besiegten
Alleinherrscher mit einzugreifen. In Bernadotte's Gefolge zog
er in Paris ein, und obschon Fürsprecher der Wiederaufrichtung
des Königtums, war er eifrig bemüht, zu retten, was noch
von verfassungsmäßigen Freiheiten zu retten war. Er ließ
seine meisterhaften Broschüren über Preßfreiheit, Minister-
verantwortlichkeit u. s. w. erscheinen und wurde zum Volks-
repräsentanten gewählt. Es ist bekannt, wie ihn gleich darauf
seine blinde Verliebtheit in Frau von Récamier dazu brachte,
mit einer Heftigkeit gegen Napoleon nach seiner Rückkehr von
Elba aufzutreten, die seiner Ernennung zum Staatsrat während
der 100 Tage und seinen Anschluß an den letzten Versuch des
Kaisers, Frankreich eine Art Selbstregierung zu geben, das
Gepräge eines Verrates gab. Dennoch darf man Constant
als Politiker nicht nach dieser unschönen Episode verurteilen.
Unter der Herrschaft der Bourbonen, ja sogar noch während
der ersten Jahre des Julikönigtums war er, wie nicht minder
bekannt, der hartnäckige und im höchsten Grade beredte Führer
der freisinnigen parlamentarischen Opposition. Er zeichnete
sich nie durch Charakterreinheit aus, doch besaß er hochherzigen
Aufschwung. Als er im Jahre 1830 einen Brief von einem
seiner Freunde erhielt, in welchem stand: „Hier spielt man ein
fürchterliches Spiel, unsere Köpfe sind in Gefahr, kommen Sie
und bringen Sie uns den Ihren!" schwankte er keinen Augenblick, sondern kam und nahm unerschrocken die Partei der

Julirevolution. Wenige Monate danach empfing er dann, obschon Führer der Opposition — um seine Spielschulden zu decken — 100 000 Franks von Louis Philippe. Constant war ein großer Dialektiker; keine Wahrheit, pflegte er zu sagen, ist vollkommen, so lange man nicht ihren Gegensatz darin aufnimmt. Es glückte ihm, manche Wahrheit zu vervollständigen. Er verlor nie das Gepräge, welches das Zeitalter, in das seine frühe Jugend fiel, ihm aufdrückte. Dieselbe Doppelheit, die sich bei dieser ganzen Generation findet, bei den anderen jedoch nur eine Nebeneigenschaft ausmacht, hat seinem Wesen dessen durchgreifenden und eigenartigen, aber zwiespältigen Grundzug gegeben.

Die bedeutendste Jugendarbeit dieses Mannes verdient eingehend betrachtet zu werden. In „Adolphe" findet man folgendes entwickelt:

„Was mich überrascht, ist nicht, daß der Mensch einer Religion bedarf; was mich wundert, ist, daß er sich jemals stark genug, hinlänglich geschützt vor dem Unglück fühlt, um den Mut zu haben, irgend eine zu verwerfen: er müßte, dünkt mich, in seiner Schwäche geneigt sein, die Hilfe aller anzurufen; denn giebt es in der dichten Finsternis, welche uns umhüllt, einen Lichtschimmer, den wir könnten zurückstoßen wollen? Giebt es inmitten des Wirbels, der uns mit sich fortreißt, einen Ast, an den uns fest zu klammern wir wagen sollten uns zu weigern?"

Man fühlt, der Verfasser ist sicherer davon überzeugt, daß der Wirbel, als daß der Ast vorhanden ist. Die Form, in welcher die Religion hier empfohlen wird, ist eine solche, unter welcher man die Religionslosigkeit hervorschimmern sieht und hinter ihr einen Abgrund von Schwermut.

Die Erklärung liegt nahe. Nach der Voltaire'schen Verstandesperiode war eine notwendige Reaktion vorzunehmen, diejenige, welche Rousseau in ihrem Prinzip angegeben hatte, die Reaktion des zurückgedrängten, des nie befragten und stets überhörten Gefühls. Es galt, das harmonische Gleichgewicht zwischen den verschiedenen Vermögen und Kräften der Menschen-

seele wieder herzustellen, welches durch die absolute Allein=
herrschaft des kritischen Verstandes gestört worden war und
diese halb unbewußte Tendenz, spürt man sogar als innere
Triebfeder bei denjenigen Naturen, welche ihrer ganzen Ver=
anlagung nach reine Abkömmlinge Voltaires waren, und die,
wenn sie dreißig Jahre früher zur Welt gekommen wären,
seine unbedingtesten Gesinnungs= und Arbeitsgenossen geworden
wären. Voltaire war ja nicht blos kritisch gewesen, sondern
war, durch die Ungunst der Zeiten und seinen unbeherrsch=
baren Witz genötigt, polemisch geworden. Es galt für ihn,
mit allen Waffen, selbst mit vergifteten, die rein äußere, rein
brutale Autorität zu vernichten, welche zu seiner Zeit den
geistigen und materiellen Fortschritt hinderte, ja unmöglich
machte. Jetzt waren all' jene Autoritäten gestürzt und das
Geschlecht sehnte sich nach einer Autorität. Es giebt innere
Autoritäten. Das Wahre, das Rechte, das Gute sind solche
Autoritäten. Aber die begeisterten Versuche, derlei freie äußere
Institutionen einzuführen und zu befestigen, welche ohne Be=
rufung auf eine der Vernunft nicht sichtbare Macht nur diese
Ideale verwirklichen wollten, waren ja in die Brutalitäten
der Anarchie ausgemündet. Kein Wunder daher, daß nicht
nur manch' Einzelner aus der Menge umhertappend nach
einer Planke des Wrackes der einst so kräftigen politischen
und religiösen Systeme griff, sondern daß auch die Begabtesten
der Mehrzahl nach dahin gelangten, als Vorkämpfer für
teils geistliche, teils weltliche Autoritäten aufzutreten, welche
sie selbst nur des Prinzips halber unterstützten, aber mit
halbem oder gar keinem Glauben und mit stets schwankender
Zuversicht.

Schwankend war die Zuversicht, aus dem einfachen
Grunde, weil es für sie als echte und wirklich hervorragende
Söhne des jungen neunzehnten Jahrhunderts unmöglich war,
sich mit aufrichtigem Glauben an einen Stamm zu stützen,
den ihre Väter zersägt hatten. Daher kommt es, daß Chateau=
briand's Glaube an die Legitimität eben so locker ist, wie
Constant's Glaube an die Religion im Allgemeinen. Man
fühlte sich unbehaglich zu Mute. Das alte Haus war ab=

gebrannt. Man hatte noch nicht begonnen, das neue zu errichten. Der Fehler war, daß man, statt dies kühn zu versuchen, sich in die Ruinen des alten Gebäudes flüchtete und dessen schlechtes, halb verbranntes Material zusammen zu flicken und wieder aufzumauern begann. Bei diesem Unternehmen fühlte man sich nun unaufhörlich zu Einfällen verlockt, die ganz außerhalb des Planes lagen; denn bald wurde man verlockt, zu völlig neuem Material zu greifen, das man mit dem alten vermengte, um dem Bau Festigkeit zu geben, bald stand man im Begriffe die undankbare Arbeit, welche man vorhatte, gänzlich aufzugeben, und versetzte dann in der Verzweiflung den wieder errichteten zerbrechlichen Mauern einen Stoß, daß die Steine durch einander polterten. Keine Gruppe konservativer Schriftsteller hat wohl jemals eine leidenschaftlichere Polemik wider die Gesellschaft geführt, wie sie auf Grund der Ueberlieferung geordnet war, als eben die Schriftstellergruppe der Emigrantenlitteratur. Ein Kampf, eine Anklage gegen die Gesellschaft ist denn auch das eigentliche Lebensprinzip in Benjamin Constant's Roman „Adolphe".

„Adolphe" ist eine Liebesgeschichte, welche durch ihre Schilderung des Verhältnisses zwischen der Gesellschaft und dem Individuum ein vollständiges Gegenstück zu „Werther" bildet. In „Werther" stellen sich äußere und dadurch auch innere Hemmnisse der Vereinigung eines zusammengehörenden Paares entgegen. In „Adolphe" zwingen äußere und dadurch auch innere Hindernisse zwei Wesen, die vereint sind, auseinander. „Werther" zeigt, wie die Macht der Gesellschaft und bereits eingegangener sozialer Verpflichtungen eine erotische Vereinigung verhindern. „Adolphe" schildert, wie die Macht der Gesellschaft und der öffentlichen Meinung persönliche Verpflichtungen auflöst und ein lange bestehendes Liebesverhältnis trennt. Beide Bücher im Verein geben ein doppelseitiges Bild von der päpstlichen Macht der Gesellschaft, zu binden und zu lösen. Aber während „Werther" für jenes vorrevolutionäre, kräftig vorwärtsstürmende Geschlecht typisch ist, dem sein Dichter angehörte, entspricht „Adolphe" genau der ersten französischen Generation des neuen Jahrhunderts.

„Adolphe" zeichnet nicht, wie frühere Liebesgeschichten, die Liebe nur in ihrem ersten Erwachen im Morgenrote der Illusionen, sondern er giebt, so zu sagen, ihre ganze Biographie, er schildert ihr Wachstum, ihr Hinwelken, ihren Tod, ja, er verfolgt sie bis jenseits des Grabes und zeigt, in welcherlei Gefühle sie sich verwandelt.

So ist „Adolphe", mehr noch als „René", die Geschichte der Enttäuschungen und des Selbstbetrugs des Individuums. Es ist die Blüte des Lebens selbst, welche hier ihrer Blätter, eines nach dem andern, beraubt und auf das Sorgfältigste botanisiert wird. In dieser Hinsicht bildet das Buch den schärfsten Kontrast zu „Werther". Im Vergleich mit demselben erscheint „Werther" durchaus naiv. Die Blume, deren Duft für Werther ein tötliches Gift wird, zupft Adolphe kaltblütig auseinander.

Das Kostüm ist noch einmal gewechselt; der blaue Rock und die gelbe Weste verschwinden vor unserer trübseligen, farblosen schwarzen Tracht und ihrem Leichenbitteraussehen.

Aber der Enthusiasmus, welcher hier den Mann verläßt, bleibt bei der Frau. „Adolphe" ist der „Werther" der Frauen. Die Krankheit des Jahrhunderts, die Melancholie, hat hier einen neuen Schritt gemacht. Sie hat sich vom Manne auf die Frau ausgebreitet. In „Werther" war der Mann derjenige, welcher liebt, fühlt, entrüstet wird und verzweifelt. Aber sie, Charlotte, steht gesund, fest und unangefochten da, andererseits freilich ein bischen kalt und unbedeutend. Jetzt ist die Reihe an sie gekommen, jetzt ist sie es, welche liebt und verzweifelt.

Das Geschlecht junger Männer ist erstanden, welches den Wahlspruch im Munde führt: „Laßt die Greise lieben! Wir Jungen, wir, die auf den Galeeren des Ehrgeizes rudern, haben keine Zeit, keine Lust, keine Gemütsruhe dazu." Derselbe Kampf, den Werther im Namen seiner Liebe gegen die Gesellschaft führt, wird hier in „Adolphe" von Eleonore gekämpft. Und das Resultat ist ebenso tragisch.

So kann man diesen Roman ohne Uebertreibung als das erste Vorbild für eine ganze nachfolgende Litteratur, für die psychologischen Studien, bezeichnen. Neu ist hier die Behandlungsart des Erotischen. Weit in der Ferne liegt die Zeit, da Amor, wie in Voltaire's Dichtungen, in Gestalt des liebenswürdigen Kindes dargestellt wurde, das wir alle aus Thorwaldsen's Basreliefs kennen. Für Voltaire war Amor der Gott des Vergnügens, „les ris, les jeux et les plaisirs" waren seine Begleiter. Für Rousseau war er der Gott der Leidenschaft. Bei Goethe wird er noch viel minder als ein wohlthuender Dämon geschildert; man versteht, wenn man Goethe liest, recht gut, was Schopenhauer meinte, als er schrieb, daß Amor, überall seinem eigenen Willen folgend, keine Rücksicht auf das Unglück des Individuums nimmt. In „Faust", dem hervorragendsten Gedichte der neuen Zeit, ist Amor aus einem schalkhaften Kinde in einen großen Verbrecher verwandelt. Faust und Margarethe lieben einander, das will sagen: Faust verführt Margarethe und verläßt sie, und Gretchens Liebesaffäre bringt ihrer Mutter, ihrem Bruder, ihrem Kinde und ihr selber den Tod. Denn sie, das schuldlose und liebenswürdige Mädchen, tötet ihre Mutter durch den Schlaftrunk, den sie ihr eingiebt, damit Faust sie nachts besuchen kann; Faust und Mephistopheles im Verein stoßen ihren Bruder nieder, als er die Ehre der Schwester rächen will. Aus Furcht vor der Schande tötet Gretchen ihr neugeborenes Kind, dann wird sie ins Gefängnis geworfen und hingerichtet.

Goethe's Leidenschaft für das Wahre hat ihn hier dahin geführt, ein anderes Bild von Amor zu geben, als das, auf welchem man ihn als Knaben im Rosenkranze der Grazien erblickt. Und nicht blos in ihren Folgen, sondern in ihrem Wesen ist die Liebe bei Goethe unheilschwanger und schicksalbestimmt. In den „Wahlverwandtschaften" hat er die geheimnisvollen und unwiderstehlichen Sympathien und Antipathien studiert, von welchen die gegenseitige Anziehung der Seelen bestimmt wird, wie die der Stoffe in der Chemie. Dies Buch enthält eine Art naturphilosophischer Betrachtung der Leidenschaft; Goethe weist ihr Entstehen, ihre magische Gewalt als dunkle Naturkraft, ihren Grund in den unbewußten Tiefen unserer Seele nach.

Goethe hatte also den Versuch gemacht, die Sympathie als Liebe zu verstehen, indem dieselbe mit der Sympathie, wie wir sie außerhalb der Menschenwelt vorfinden, parallelisiert wurde; aber es war noch ein Schritt zu thun. Man hatte die Liebe in eine große Synthese eingeschlossen; der nächste Schritt war, daß man sich daran machte, sie selbst zu analysieren. Diese Aufgabe fiel jenem reflektierenden, unruhigen, nach allen Seiten umherspähenden Geschlechte zu. Wie verschieden man auch bisher die Liebe, ihre Ursachen und ihre Folgen aufgefaßt hatte, in einem war man einig gewesen, nämlich darin, die Liebe als etwas Gegebenes, etwas, das man kannte, d. h. als etwas Einfaches anzusehen. Erst jetzt begann man, sie als etwas Zusammengesetztes zu betrachten und den Versuch zu machen, sie in ihre Elemente aufzulösen.

In „Adolphe" und in der ganzen Litteratur, welche sich an dies Buch anschließt, wird genau darauf gemerkt, wie viele Teile, wie viel Gran Freundschaft, Hingebung, Eitelkeit, Ehrgeiz, Bewunderung, Achtung, sinnlicher Anziehung, Illusion, Einbildung, Täuschung, Haß, Ueberdruß, Enthusiasmus, verständiger Berechnung u. s. w. bei jedem der beiden Betreffenden in dem mixtum compositum, das sie ihre Liebe nennen, enthalten sind. Durch eine solche Analyse verlor sie ihren übernatürlichen Charakter und hörte auf, vergöttert zu werden.

Statt ihrer Poesie erhielt man ihre Psychologie. Es ging, wie, wenn man das Fernrohr auf einen Stern richtet, seine Strahlen verschwinden, man sieht nur den astronomischen Körper; aber wo man früher im Mondenlichte nur eine helle und glänzende Scheibe mit stets unveränderter Fläche sah, dort gewahrt man jetzt eine Mannigfaltigkeit von Bergen und Thälern. In dem Momente, wo man wirklich das Gefühl erkennen wollte, richtete sich die Aufmerksamkeit notwendiger Weise viel minder auf sein erstes Erwachen, das alle Dichter der Erde von Alters her besungen und verherrlicht hatten, als auf das, was später geschah, seine Dauer, sein Aufhören. In den Tragödien, welche bei den verschiedenen Völkern gleichsam die Hymnen dieser Völker auf die Liebe sind, folgt der Tod der Liebenden rasch auf das erste Erblühen der Liebe.

Romeo erblickt Julien, sie beten einander an, und nachdem
sie einige Tage und Nächte im siebenten Himmel verbracht
haben, liegen sie beide als Leichen da. Die Frage der Treue
für die Dauer bleibt noch ganz aus dem Spiele. In der
dänischen Liebes-Tragödie „Axel und Walburg" scheint freilich
von nichts anderem als Treue die Rede zu sein. Das Stück
hat ja die lange Verlobung der Liebenden zur Voraussetzung,
und ist eben dadurch so national. Aber Oehlenschläger's
„Axel und Walburg" behandelt die Treue während der
Trennung, nicht die Treue im Beisammenleben. Die Treue
ist hier die äußere, das Festhalten des liebenden Herzens an
seinem Gegenstande, und nach der inneren, nach dem Festhalten des Herzens an seiner Liebe, wird gar nicht gefragt.
Die erste ist dem Herzen natürlich, ja notwendig, die andere
vermag das Herz nicht durch einen Beschluß zu bewahren;
sie wird unfreiwillig bewahrt und aufgegeben. In „Axel
und Walburg" ist die Treue als Tugend verherrlicht, nicht
als Produkt erklärt; denn das Drama ist ein lyrisches Trauer-
spiel, keine psychologische Untersuchung.

Es ist das Problem von den Bedingungen der Treue,
das in „Adolphe" behandelt ist, die Frage, unter welchen
Bedingungen die Leidenschaft von Dauer ist und unter welchen
nicht. Und hier ist die Antwort wie eine Anklage gegen die
Gesellschaft formuliert, indem sie darauf ausgeht, daß die
Gesellschaft, welche die öffentliche Meinung bildet, den von
ihr gebildeten Zustand behauptet, zugleich durch die schlechtesten
Mittel daran arbeitet, die Bedingungen der Treue in jeder
von ihr nicht sanktionierten Verbindung zu zerstören, selbst
wenn diese vollkommen so edel, vollkommen so uneigennützig
und von ganz ebenso adligen Naturen getragen ist, welche
die Gesellschaft auf jede Weise umfriedet und stützt.

Constant hat diese Antwort durch einen Roman gegeben,
der nicht anspruchsloser sein könnte. Er hat nur zwei
Personen, nicht den geringsten Aufwand an Szenerie und keine
einzige Zufälligkeit im Gange der Handlung. Alles vollzieht
sich nach inneren Gesetzen, und der Leser beobachtet den Verlauf der doppelten Seelengeschichte bis zu ihrem Ende auf

dieselbe Art, wie der Zuschauer bei einem naturwissenschaftlichen Experimente die Gährung der im Gefäß eingeschlossenen Stoffe und die Resultate dieser Gährung wahrnimmt.

Wer sind nun diese beiden Personen?

Zuerst und zuvörderst, wer ist er? Er ist noch sehr jung, in den ersten Jünglingsjahren, er ward (wie der Autor des Romans), nachdem er seine Studien auf einer kleinen deutschen Universität beendet hat, an einem kleinen deutschen Hofe angestellt. Er hat eine Reihe von Zerstreuungen durchlebt und einen Kursus angestrengter und ernster geistiger Arbeit durchgemacht. Das Verhältnis zu seinem Vater, einem in seinem äußeren Wesen kalten und ironischen Manne, welcher die Bildung des achtzehnten Jahrhunderts repräsentiert, hat in seiner Seele die Vorliebe der Jugend für starke, leidenschaftliche Eindrücke, sowie deren Neigung, das Ungewöhnliche und Außerordentliche zu suchen, gefördert. Der Zwang, in dem er von seinem Vater gehalten wird, hat ihm ein ungeduldiges Sehnen nach Befreiung von den drückenden Banden, sowie eine große Scheu, sich neue Fesseln aufzuerlegen, verliehen.

So entwickelt, wird er an einem Hofe eingeführt, wo alles Einförmigkeit und Zwangsregeln atmet. Er leidet unter all' jenen Plattheiten, die er mit anhören muß, er, der seit seiner frühesten Jugend einen unüberwindlichen Abscheu gegen alle dogmatischen Sätze und Formeln gehegt hat:

„Wenn ich die Mittelmäßigkeit selbstgefällig von ganz unzweifelhaften, unerschütterlichen Grundsätzen auf den Gebieten der Moral, des Herkommens oder der Religion sich verbreiten hörte, so fühlte ich mich zum Widerspruch getrieben, nicht so sehr, weil ich entgegengesetzter Meinung war, sondern weil ich die Geduld darüber verlor, eine so massive und plumpe Weisheit mit anhören zu müssen. Unwillkürlich war ich diesen allgemeinen Regeln gegenüber auf meinem Posten, welche ohne die geringste Beschränkung, ohne die geringste Anpassung gelten sollten. Die Dummköpfe kneteten ihre Moral zu einer festen, unteilbaren Masse, so daß sie ganz außer Stande ist, ihre Handlungen zu durchdringen und sie in jedem besonderen Falle frei stellt."

Er rächt sich für die Langeweile, die er empfindet, indem er sich über seine Umgebungen und deren Lebensregeln lustig macht und kommt dadurch schnell in den Ruf eines leichtfertigen und boshaften Spötters. Der Erzähler billigt diese seine Spottlust und seinen Trotz selbst nicht. „Aber," sagt er, „ich kann zu meiner Entschuldigung anführen, daß man Zeit gebraucht, um sich an die Menschen wie sie sind, sowie an das, was Eigennutz, Geziertheit, Eitelkeit und Feigheit aus ihnen gemacht haben, zu gewöhnen. Die Verwunderung, die man in der ersten Jugend über eine so künstlich und willkürlich eingerichtete Gesellschaft empfindet, verrät eher eine natürliche Gesinnung, als eine verderbte Geistesrichtung. Diese Gesellschaft hat zudem nichts von uns zu befürchten: sie lastet in dem Maße auf uns, ihr dumpfer Einfluß ist dermaßen mächtig, daß es nicht langer Zeit bedarf, um uns nach dem allgemeinen Muster umzubilden. Wir wundern uns dann nur über unsere erste Verwunderung, gleich wie man schließlich in einem menschengefüllten Raume frei atmet, dessen Luft einem zuerst kaum atembar erschien.

Diese Scharmützel mit einer beschränkten Umgebung können jedoch die Zeit des begabten jungen Mannes nicht ausfüllen.

Es lastet auf ihm eine Unzufriedenheit, die er wie eine Kugel am Beine nachschleppt. Wie René und Obermann gehört er zu der Generation von Söhnen, denen ihre Väter keine That zu vollbringen hinterlassen haben. Obschon er niemals geistig gesättigt worden, ist er doch nicht hungrig; obschon er nichts erlebt hat, ist er über alles hinaus. Das Zukünftige hat kein Interesse für ihn, denn er hat in seiner Phantasie allem vorgegriffen, und das Vergangene hat ihn alt gemacht, denn er hat in seinen Gedanken mehrere Jahrhunderte gelebt. Er hat alles mögliche begehrt, aber er hat nichts ernstlich gewollt; je ohnmächtiger er sich fühlt, desto größere Dimensionen nimmt seine Eitelkeit an; denn Eitelkeit ist überall das Material, womit die Kraft- und Willenslosen vergebens die Lücken ihres Willens oder ihres Talents auszufüllen suchen. Er wünscht zu lieben und geliebt zu werden, denn er will die Liebe als einen Stärkungstrank

für sein Selbstgefühl benutzen. Er will eine kräftigere
Empfindung seines Wertes erzielen. Er will steigen in seinen
eigenen und in den Augen der anderen. Er erstrebt nicht
ein verborgenes oder unfriedetes Glück; er sehnt sich, eine
Eroberung zu machen, der Glückliche genannt zu werden,
Aufsehen und Neid zu erregen durch einen in die Augen
fallenden Triumph und Skandal. So erhält er zum ersten=
male Verwendung für seine Kräfte, und das Glück der
Liebe wird für ihn das Glück, endlich einmal seinen Willen
zu fühlen, indem er einen anderen Willen unter den seinigen
beugt. Er ist von Natur nicht treuloser als andere Männer.
Er wird nur zärtlicher lieben, aufopfernder als mancher andere
handeln können. Um aber jetzt mit Treue lieben zu können,
müßten viele Bedingungen anders sein. Er ist zu jung, um
nicht einem Weibe gegenüber mehr Neugierde und Abenteuer=
lust als Liebe zu empfinden, er ist zu schwach und unmännlich,
um selbst, wenn er tief liebte, dies Gefühl unbeschädigt be=
wahren zu können, falls dasselbe von der Umgebung ein=
stimmig gemißbilligt wird, und vor allem ist er trotz seiner
Verschiedenheit von seinem Vater zu sehr sein Sohn, um
ohne Selbstverdoppelung oder Selbstironie sein ganzes Wesen
auf eine Karte zu setzen. Er ist dem Vater unähnlich und
ähnlich, wie das beginnende neunzehnte Jahrhundert Gegner
und Kind des achtzehnten war.

Und wer ist nun sie? Sie ist vom Dichter mit Fleiß
so gezeichnet, daß Adolphe's Liebe zu ihr, wie stark sie auch
ist, einmal den Verhältnissen und der Gesellschaft weichen
muß. Erstens ist Adolphe nicht der erste Mann, den sie
geliebt hat, und das Urteil der Welt hat sie bereits gekenn=
zeichnet, bevor sie ihn kennen lernte; sie ist ihm in gesellschaft=
licher Stellung nicht ebenbürtig, wenn auch hinsichtlich des
Standes. Zweitens ist sie bedeutend älter als er, also auch
nicht an Jahren gleich. Drittens besitzt sie einen leidenschaft=
lichen, energisch liebenden Charakter, der sich mit dem seinen
nur verschmelzen könnte, wenn die Gesellschaft zu dieser Ver=
schmelzung mitwirkte, der aber ihn wie sie unglücklich machen
muß, wenn die Gesellschaft ihn gegen sie verhärtet.

Eleonore ist in dem Augenblick, da Adolphe sie kennen lernt, kein junges und unerfahrenes Mädchen, das von einer ersten Liebe ergriffen wird. Sie ist ein Weib, bei dem jedes aufkeimende Gefühl sich auf einem Hintergrunde der Erfahrung, ernster und schmerzlicher Erfahrung, abzeichnet, welche nach allen Richtungen die Seele durchpflügt hat. Dieser Fond von Erfahrung ist der erste neue Zug in ihrer Persönlichkeit; denn Erfahrung setzt Geistesentwickelung und Verstand voraus. Es gehört mehr dazu, etwas erfahren zu haben, als schlichthin etwas erlebt zu haben. Eleonore hat auf alle Güter und Freuden des umfriedeten und geschützten Lebens Verzicht geleistet. Von vornehmer Herkunft und im Reichtum geboren, hat sie Familie und Heimat verlassen, um dem, welchem sie den Vorzug gab, als seine Geliebte zu folgen. Sie hat zwischen der ganzen Welt und ihm gewählt. Sie hat ihre Aufführung dadurch geadelt, daß sie sich völlig isoliert, um sich unbedingt für ihn opfern zu können, und sie hat damit begonnen, ihm durch Rettung seines ganzen Vermögens die größten Dienste zu erweisen. Sie hat bald alle Welt auf sich hindeuten sehen als auf einen Gegenstand des Hohnes und der Verachtung, bei jedem Schritte, den sie that, hat sie sich von beleidigenden, unverschämten Blicken verletzt gesehen, die eine Frau hat sie der anderen mit dem Finger gewiesen. Jeder, selbst der Nichtswürdigste, hat sich berechtigt gefühlt, mit einem Blick oder Wort das Brandmal der Schande auf ihre Stirn zu prägen. Das eine Haus nach dem andern hat sich an dem fremden Orte, den sie bewohnt, vor ihr verschlossen; bald hat sie sich fast ausschließlich auf den Umgang mit Männern, Freunden ihres Geliebten, beschränkt gesehen, und der Ton dieser ist ihr gegenüber, wiewohl ehrerbietig, bisweilen zweifelhaft gewesen. Aber sie, welche ein für alle mal ihr Leben auf eine einzige Karte gesetzt, hat vom ersten Tage an alle Kraft ihrer Seele zum Widerstande gesammelt; sie hat zu sich selbst gesagt: „Habe ich gefehlt dadurch, daß ich mich an diesen Mann gebunden, so will ich mich erheben und den Fehler durch die strengste Treue büßen. Sollte eine glühende Begeisterung, eine Hingabe, deren Aufopferung keine

Grenze kennt, nicht genug an sich selbst haben und den aufrecht erhalten können, welcher unter der Mißbilligung und Verachtung der Welt zusammenbrechen zu müssen scheint? Mögen sie höhnen und auf mich hinweisen, daß die Röte mir ins Gesicht steigt, ich will meinen Nacken nicht beugen und meine Augen nicht niederschlagen. Möge ich alles entbehren, ihre Gastlichkeit und ihre Feste, ihre Achtung und die gegenseitige Schmeichelei, mit Hilfe deren die Gesellschaft sich zusammenkittet, mein Leben hat in einem einzigen Gefühl einen größeren Reichtum, als das ihre in all' seinem erlogenen Glanze." Dies Element des Willens ist der zweite neue Zug.

Auf diesem Punkte hat sie sich jahrelang unerschütterlich gehalten, so fest hat sie an die Liebe und an ihn geglaubt. Da erfaßt sie der erste Zweifel an seiner Beständigkeit, und ihr ganzes Gebäude stürzt zusammen. Würdigt er immer noch so viel Hingabe, versteht er, was sie leidet, und wird er sie dafür schadlos halten? liebt er sie oder handelt er nur wie ein Mann von Ehre? ist er treu oder ist er nur zu stolz und wohlerzogen, um sich undankbar und gleichgültig zu bezeigen?

Nicht ohne Thränen stellt sie sich diese Fragen, nicht ohne das tiefste Weh giebt sie sich selbst die Antwort. Von jetzt an ist es aus mit ihr, sie ist zermalmt und vernichtet; denn der Glaube an die Liebe, der ihre einzige Stütze war, ist in alle Winde verweht, und die Treue, in welche sie ihre Ehre setzte, ist ein inhaltloses Wort geworden. Wenn sie nicht, derweil sie noch jung ist, gealtert und verwelkt in das Grab sinken soll, muß sie das Leben zurückgewinnen, indem sie ihren Glauben an die Allmacht der Liebe zurückgewinnt, auf daß nicht die allgemeine Weltklugheit und die schmutzige Selbstsucht, die sich als Tugend und Religion herausstaffieren, die stärksten seien und Recht behalten. In diesem Augenblick begegnet ihr Adolphe. Er nähert sich ihr mit einem Verlangen, in welchem der ganze Durst nach dem Leben und seinem Inhalte konzentriert ist, er wird zu ihr hingezogen als zu einem Wesen, in dem, wie er geheimnisvoll fühlt, Schätze von Leidenschaft, von Zärtlichkeit und Begeisterung aufgespeichert und gleichsam begraben sind.

Und seine Sehnsucht und ihr Bedürfnis, seine Eitelkeit und ihre Verzweiflung, seine Jugend und ihre Enttäuschungen greifen in einander ein, wie zwei Räder in einem und demselben Uhrwerk.

Wir ahnen leicht den Enthusiasmus, mit welchem die Leidenschaft im ersten Augenblicke emporlodern, den vollen und mächtigen Akkord, der erklingen, die jubelnde Symphonie, welche erschallen wird, als sei Rettung und Sieg auf immer für Beide gewonnen. Analysieren wir Eleonorens Gefühl, so finden wir in demselben eine neue und ganz eigentümliche Mischung, eine Begeisterung, die fast fanatisch ist, denn sie muß in jedem Augenblick die stets von Neuem hervorbrechende, rückwärts schauende Eifersucht Adolphe's töten können, — einen Glauben, der fast krampfhaft ist, weil er nicht auf dem gesunden natürlichen Vertrauen, sondern auf dem Willen basiert, glauben zu wollen, trotz allem, trotz dem Bewußtsein, schon einmal betrogen worden zu sein, — eine Treue endlich, die unter der Notwendigkeit ächzt, beständig ihr Vorhandensein beweisen zu müssen, weil sie aus der Untreue gegen eine Vergangenheit hervorgegangen ist. Diese ganze potenzierte Leidenschaftlichkeit ist der dritte hervortretende Charakterzug Eleonoren's. „Man betrachtete sie," sagt Adolphe, „mit demselben Interesse und derselben Bewunderung wie ein schönes Gewitter."

Mit diesen neuen Zügen tritt hier aber in der Litteratur ein ganz neuer weiblicher Typus auf, ein Typus, den der große Romanschriftsteller Balzac später sich aneignet und mit einem solchen Bewußtsein von dem typischen Charakter desselben und mit solcher Genialität variiert, daß er als sein Schöpfer gelten kann, — ein Typus, der von ihm in die dramatische Poesie übergeht und das ganze moderne französische Theater beherrscht, der aber am besten mit dem Namen benannt wird, den er bei Balzac empfangen hat: die Frau von dreißig Jahren.

Gleichzeitig mit ihm prägt auch George Sand diesen Typus aus und idealisiert ihn in einer ganzen Reihe ihrer Romane. Unter ihrer beider Behandlung erweist er sich als eine bis dahin unbekannte Welt, in der alle Gefühle, Leidenschaften und Gedanken einen kräftigeren Charakter hatten, als in dem ganz jungen Herzen. Er geht aus dem Roman in die dramatische Poesie über und beherrscht lange das französische Theater — es ist ein Typus, in welchem kurz gesagt, die beginnende Litteratur des Jahrhunderts ihre Königin fand, wie sie in René ihren König gefunden hat.

Ich pflege bei jedem Typus zugleich seine Karikatur zu schildern. Ich erwähnte die Zerrform der Selbstvergötterung bei „René", die der Empfindelei bei „Werther", die der Verkennung bei „Obermann". Die Karikatur der Frau von dreißig Jahren bei Balzac ist die Frau von vierzig Jahren bei seinen Nachahmern. — Es kam ein Tag, wo die Kritik sich bitter darüber beklagte, Jugend und Schönheit in der poetischen Litteratur entthront zu sehen. Jules Janin formulierte in seiner leichten Art diese Klage in Gestalt einer Anklage wider Balzac, den er beschuldigt, die Ursache all' jener Liebschaften zu sein, auf welche die Frauen nach ihrem dreißigsten Jahr verfallen. Er nennt ihn den Christoph Columbus der vierzigjährigen Frau. „Die Frau von dreißig bis vierzig Jahren", sagt er, „war früher ein Territorium, das als verloren für die Passion, d. h. für den Roman und das Drama, galt; aber heut zu Tage, Dank der Entdeckung jener lachenden Gefilde, herrscht die vierzigjährige Frau allein in Drama und Roman. Diesmal hat die neue Welt ganz die alte Welt unterdrückt, und die Frau von vierzig Jahren besiegt das junge Mädchen von sechszehn.

„Wer klopft? ruft das Drama mit seiner tiefen Stimme. Wer ist da? schreit der Roman mit seiner hohen Fistel Ich bin es, antwortet zitternd das sechzehnte Jahr mit seinen Perlenzähnen, seinem Busen von Schnee, mit seinen weichen Linien, seinem frischen Lächeln, seinem sanften Blick. Ich bin es. Ich stehe in dem Alter wie Julie bei Racine, Desdemona bei Shakespeare, Agnes bei Molière, Zaïre bei Voltaire,

Manon Lescaut beim Abbé Prévost, Virginie bei Saint-Pierre. Ich bin es, ich habe dasselbe liebliche, flüchtige, bezaubernde Alter, wie alle jungen Mädchen bei Ariost, bei Lesage, bei Byron und Walter Scott. Ich bin es, ich bin die Jugend, welche hofft, welche unschuldig ist, welche ohne Furcht einen Blick, schön wie der Himmel, in die Zukunft wirft. Ich habe das Alter aller keuschen Neigungen, aller edlen Instinkte, das Alter des Stolzes und der Unschuld. Weist mir meinen Platz an, lieber Herr! So spricht das liebliche Alter von sechszehn Jahren zu den Romanschriftstellern und Dramendichtern: Wir sind mit deiner Mutter beschäftigt, Kind; komm nach zwanzig Jahren wieder, und wir wollen sehen, ob wir etwas aus dir machen können.

„Es giebt jetzt in Drama und Roman nichts anderes, als die Frau von dreißig Jahren, welche morgen vierzig Jahre alt werden wird. Sie allein kann lieben, sie allein kann leiden. Sie ist um so dramatischer, als sie keine Zeit mehr hat, zu warten. Was sollten wir mit einem kleinen Mädchen anfangen, das nichts als weinen, lieben, seufzen, lächeln, hoffen und beben kann? Die Frau von dreißig Jahren weint nicht, sie schluchzt, sie seufzt nicht, sie wimmert, sie liebt nicht, sie verzehrt, sie lächelt nicht, sie kreischt, sie träumt nicht, sie handelt! Das ist das Drama, das ist der Roman, das ist das Leben. So sprechen, handeln und antworten unsere großen Dramatiker und unsere berühmten Novellisten."

Eine der begabtesten und geistvollsten Frauen der Neuzeit, Madame Emile de Girardin, verteidigte Balzac und sagte sehr richtig: „Ist es Balzac's Schuld, daß das Alter von dreißig Jahren heutzutage das Alter der Liebe ist? Balzac ist genötigt, die Leidenschaft zu malen, wo er sie findet, und heutzutage findet man sie nicht in einem sechzehnjährigen Herzen." —

Das kraftvolle prometheische Geschlecht, dem Goethe angehörte, hatte seinen kräftigen Typus in „Faust" hervorgebracht, dem entwickelten Manne, dem hochbegabten Geiste, der, nachdem er alle Studien erschöpft, alle Wissenschaften durchforscht hat, auf der Höhe des Mannesalters eine Leere in seinem Herzen, einen Durst nach Jugend, Frische und Naivetät empfindet, sich in's Leben hinausstürzt und sich in ein Kind verliebt. Es ist ihre Einfalt und Unschuld, die ihn besiegt und berauscht, und die er an sich reißen will.

Das unglückliche Geschlecht von Verirrten und Verbannten, von Heimatslosen und Emigranten, dem Constant angehört, verkörpert seine ideale Persönlichkeit in einem Typus wie Adolphe, welcher, alt von der Wiege an, kalten und trockenen Herzens, bei all' seinem Mißmute begehrlich und ehrgeizig, aber ein reines Kind an Alter und Erfahrung, in der Liebe starke sinnliche Aufregungen und erschütternde Eindrücke, Kenntnis des Lebens, der Leidenschaften und des weiblichen Herzens, Kämpfe und Gefahren, kurz Ueberlegenheit beim Weibe sucht. Eine solche Ueberlegenheit findet man nicht bei dem ganz jungen Mädchen, das unter den Augen ihrer Mutter in einem bürgerlichen Hause herangewachsen ist. Der Triumph, sie zu besiegen, gewährt keine Befriedigung. Aber mit dieser Ueberlegenheit des Weibes an Alter und Erfahrung ändert sich der Charakter des ganzen Gefühls und des ganzen Verhältnisses; denn die herkömmliche Schilderung setzte ja immer voraus, daß die Frau einige Jahre jünger als der Mann war. Die kindliche und unschuldige Auffassung war die, daß die Liebe zwei Wesen vereinte, welche im Voraus so für einander bestimmt waren, daß er nur Liebe empfand, wenn er sie erblickte, und sie nur, wenn sie ihn erblickte. Erschien dieser Augenblick, dann liebten sie einander glücklich und ungestört für das ganze Leben. Und es verstand sich von selbst, daß die Vorsehung, welche sie für einander ausschließlich geschaffen und dafür gesorgt hatte, daß sie einander zur rechten Stunde begegneten, auch dafür sorgte, daß all' die verschönernden kleinen Nebenumstände ästhetisch in Ordnung waren, wie z. B. daß das Altersverhältnis gut und harmonisch, die Braut ein paar Jahre jünger als der Bräutigam, kurz alles ganz nach der Vorschrift war. Von dem Augenblick an, wo einer der Haupttypen in der Litteratur eine Liebhaberin wird, die um mehrere Jahre älter als ihr Liebhaber ist, tritt in der Auffassung des Gefühls eine Revolution ein. Wir

Wir finden den großen Abstand überall wieder: in Balzac's Romanen, z. B. in „La femme de trente ans", in „La femme abandonnée", in „Le message", bei George Sand in so verschiedenartigen Werken wie „François le Champi" und „Lucretia Floriani", und das Altersverhältnis war von derselben Art bei dem berühmtesten Schriftstellerpaar in der neueren französischen Litteratur, bei George Sand und Alfred de Musset. Der Unterschied des Alters stürzt die Auffassung der Liebe als Gesellschaftsmacht um. Die Leidenschaft scheint, indem sie zwei einander so ungleiche Wesen verknüpft, etwas minder Geordnetes, minder Regelrechtes und minder Glückliches, aber schneller Vorübergehendes zu sein, als es die Liebe sonst als Gesellschaftsmacht zu sein pflegt. Sie läßt sich nicht mehr mit dem Vorspiel zu einer bürgerlichen Hochzeit verwechseln. Sie scheint unter gewissen Bedingungen zu entstehen, wenn die Bahnen zweier Wesen von einer gewissen Beschaffenheit einander kreuzen oder schneiden, und sie scheint kein Bild einer großen Harmonie des Seins zu gewähren.

Da jedoch von jetzt an die Frau im Kampfe mit der bestehenden Gesellschaft geschildert zu werden beginnt, und da sie diesen Kampf nicht in ganz jungen Jahren führen kann, so wird, wie gesagt, das junge Mädchen als Heldin von der entwickelten Frau abgelöst. Mit vollem Ernste bemächtigt sich die Litteratur dieses weiblichen Typus freilich erst bei Balzac. Es mußten drei große Ereignisse vorhergehen: der Saint-Simonismus mit seinen emanzipatorischen und humanistischen Tendenzen, die Julirevolution, welche eine gewisse Etikette in der Lage und Stellung der Frauen nachhaltig erschütterte, und George Sand's Auftreten; denn die geschichtliche Rolle George Sand's besteht darin, daß sie auf eigene Hand denselben Freiheitskampf für die Frau zu führen bestrebt war, zu welchem die Revolution von 1789 für den Mann allein den Anstoß gegeben hatte. Die Revolution führte zu einem Gesetzbuche, dessen erster Paragraph lautet: „Alle Franzosen sind gleich vor dem Gesetze", aber dieser Paragraph vergißt ganz die Französinnen. Die Sache der Frauen kam in der Litteratur zur Sprache. Wenn aber dieser Frauentypus und mit ihm der Kampf der Frau gegen die gesellschaftliche Meinung hier in der Litteratur so lange vor George Sand auftaucht, so liegt dies daran, daß Eleonore nach der bedeutendsten Frauengestalt jener Zeit, ja nach einer Frau geformt ist, die es sogar wagte, einem Napoleon als Gegnerin gegenüberzutreten.

Dieser neue Frauentypus steht in scharfem Gegensatz zu den Frauengestalten, in welchen die deutsche Poesie unter Goethe ihre höchste Vollendung erreicht und in denen sich gleichzeitig das eigentümlich germanische Gemütsleben am reinsten ausgeprägt hat. Denken wir einen Augenblick an Gretchen und Klärchen. Es sind zwei Gegensätze, die eine eine sanftere und frömmere Natur, die andere eine keckere und enthusiastischere. Aber das Grundgepräge ihrer Seele ist dasselbe. Es sind zwei Kinder. Sie gehen beide in einem einzigen Gefühl auf, ihr Wesen ist ohne jede Zusammensetzung, völlig einfach, schlicht, naiv. Sie lieben beide zum erstenmale und nur dies einemal. Sie geben sich beide, und außerhalb der Ehe, mit vollständigem Vertrauen, ohne jede Widerstandskraft, ja ohne den geringsten Willen zum Widerstande dem Geliebten hin, die eine aus tiefer weiblicher Anhänglichkeit, die andere aus hoher weiblicher Begeisterung. Sie fassen nicht, daß sie etwas Unrechtes thun, sie denken nicht. Ihr ganzes Wesen, ihr Wille und ihre Gedanken entströmen ihnen unwillkürlich, sie wissen selber nicht, wie. Ihre Herzen nehmen weich wie Wachs einen Eindruck an, aber, einmal aufgenommen, wird derselbe nicht wieder ausgelöscht und bleibt wie in Gold geprägt stehen. Nichts kommt der Unschuld, Reinheit und Redlichkeit ihrer Seelen gleich. Sie sind treu aus Instinkt, sie begreifen nicht, daß man anders sein könnte. Sie haben keine Moralität, aber sie haben alle Tugenden; denn man ist moralisch mit Bewußtsein, aber gut von Natur. Sie betrachten sich nicht als des Geliebten Gleichen. Sie blicken zu ihm empor; für sie ist es, als sei die alte Sage Wirklichkeit geworden, daß die Söhne der Götter zu den Töchtern der Menschen herabstiegen.

Man denke daran, wie erstaunt und verwirrt Gretchen über all' das tiefe Wissen Faust's ist, man erinnere sich

Klärchens, die wie ein Kind vor Egmont kniet, als er in seiner vollen Pracht erscheint! Sie verlieren sich ganz in dem Geliebten, gehen in ihm auf und verschwinden in ihm. Es sind nicht zwei ebenbürtige Persönlichkeiten, welche einander die Hand geben und sich einander verpflichten, es ist ein verwirrtes und bewunderndes Kind, das sich an einen Mann klammert. Er ist ihr Leben, aber in seinem Leben ist sie nur eine Episode. Sein Blick umspannt und überschaut ihr ganzes Wesen; aber sie vermag ihn in keiner Richtung zu überschauen, also noch minder ihn zu durchschauen und zu beurteilen. Sie vermag weder seine Schranken noch seine Mängel zu erblicken. Wohin sie schaut, sieht sie ihn als etwas Kolossales und Gigantisches, das ihr von allen Seiten entgegen rückt. Daher in dieser Liebe keine Kritik, keine Befreiung für den Geist, kein Gebrauch des Verstandes. Er ist der Große, der Herrliche im allgemeinen, wie Faust, der von allem zu reden weiß und eine Antwort auf alle Fragen hat, wie Egmont, dessen Name als Held und Befreier auf aller Lippen ist, und den die ganze Stadt kennt. Hier ist, sage ich, keine Befreiung für den Geist; denn dies junge Mädchen hat keinen Geist in der Bedeutung von Verstand, sie ist lauter Seele. Wenn sie Handlungen vollbringt, die eine Willenskraft oder eine gewisse männliche Entschlossenheit verlangen, wenn z. B. Klärchen — erstaunt und entrüstet darüber, daß die Brüsseler Bürger so kalt und feig ihren eigenen Helden Egmont ins Gefängnis und vielleicht zum Tode schleppen sehen — wenn sie auf den Marktplatz tritt und diese trägen Seelen vergebens mit Flammenworten aufzureizen sucht, so bildet den Hintergrund dieser Handlung der naive Glaube des jungen Mädchens, das Leben ihres Geliebten müsse für die anderen eben so wichtig wie für sie selber sein: da sie nur ihn in der Welt erblickt, begreift sie kaum, daß die andern an anderes denken können. Diese jungen Mädchen treten als echte Produkte ihrer Race in dieselbe große Familie, zu welcher Ophelia und Desdemona gehören.

In entschiedenem Gegensatz zu ihnen steht nun das neue, französische Frauengeschlecht. Hier war der Kern des Wesens

Innigkeit, Gemüt, Natur. Bei dem anderen Frauentypus ist alles Bewußtsein, Geist, Leidenschaft und Wille, aktiver Charakter. Es war ja auch die geistvollste und bedeutendste Frau der Zeit, welche lieber Verzicht auf Vaterland, Ruhe und Wohlsein geleistet hatte, als sich den Quälereien zu unterwerfen, die Bonapartes brutaler Despotismus gegen die Widerstrebenden anwandte, welche Constant den neuen Frauentypus gab.

Das Auftreten der Frau in der Litteratur als Geist, als Bewußtsein, ist deshalb auch nur der erste Schritt zu ihrem Auftreten als Genie. Schon sieht man den Turban der Frau von Staël am Horizonte schimmern. Dieselbe Frau, welche zuerst der Leidenschaften und Kämpfe des Mannes teilhaftig wird, wird bald seines Genius und seiner Ehre teilhaftig. Eine kurze Weile noch, und dem Kampfe folgt der Triumph, und jenes selbe Weib, das als Eleonore unterliegt, wird als Corinna auf dem Kapitol gekrönt.

Es erübrigt nur noch, Rechenschaft von der Feinheit der psychologischen Analyse in „Adolphe" zu geben und zu zeigen, zu welchem Resultate sie führt. Adolphe beginnt, wie schon angedeutet mit dem Eindrucke von Eleonore: Dies ist eine Eroberung, die meiner würdig ist, und er bildet sich ein, als kalter Beobachter Eleonorens Charakter studieren zu können, um seinen Schlachtplan danach einzurichten; aber bald gerät er, dessen Sensibilität fast eben so groß wie sein Egoismus ist, unter einen Zauber, der ihn ganz gefangen nimmt, und der seine natürliche Schüchternheit in solchem Grade erhöht, daß es ihm unmöglich ist, Mut zur Liebeserklärung zu finden, die seine Eitelkeit so schnell und übereilt hatte machen wollen. Er schreibt an sie, aber Eleonore weist ihn ab und flieht ihn. Dieser Widerstand und diese Kälte von ihrer Seite rufen bei ihm eine Unterwerfung und eine Empfindsamkeit hervor, welche bald in eine Art Kultus übergehen. So war Eleonore niemals geliebt worden, denn so viel wahre Ergebenheit ihr Beschützer ihr auch erwiesen hatte, so war doch eine schwache Nüance von Ueberlegenheit in seinem Wesen ihr gegenüber bemerklich. Er hätte eine ehrenvollere Verbindung, als diese schließen können. Er sagt das zwar nicht, aber was nicht gesagt wird, existiert darum nicht minder. Deshalb ist es die Ehrfurcht Adolphe's, welche von Anfang an Eleonoren bezaubert. Sie ergiebt sich ihm, und er wird wie trunken vor Entzücken und Glück. Die erste Störung des Entzückens wird dadurch verursacht, daß Eleonore, als der Graf die Stadt auf einige Zeit verlassen hat, die Gesellschaft Adolphe's nicht mehr, selbst nicht für einige Stunden, entbehren kann. Will er sie verlassen, so sucht sie ihn zurückzuhalten; geht er, so fragt sie, wann er wieder komme. Zuerst fühlt er sich geschmeichelt und glücklich durch eine so schrankenlose Hingabe, allein bald ist seine Zeit so gänzlich durch sie in Anspruch genommen, daß er über keine Stunde mehr verfügen kann. Er muß jede gesellschaftliche Einladung ausschlagen, die an ihn ergeht, er muß all' seine Bekanntschaften abbrechen. Er empfindet das zwar nicht als einen Verlust, aber er würde es doch vorgezogen haben, sich mit dem Glockenschlage einstellen zu müssen, und nach Zeit und Lust kommen zu können. Sie, welche früher ein Ziel war, ist jetzt eine Fessel geworden.

Wo seid ihr hin, all' ihr schönen Romane, in denen der Liebhaber nie etwas anderes zu thun hatte, als zu lieben, in denen er liebte vom Morgen bis zum Abend, Morgens aufstand um zu lieben, den ganzen Tag über liebte, und eine schlaflose Nacht vor Liebe verbrachte! Es ist ein kräftiger und realistischer Zug in „Adolphe", daß der Liebhaber den Verlust seiner Zeit als Verlust empfindet.

Und es nützt nichts, daß er sich seine Zeit zurück erobert, wenn er doch seine Gemütsruhe durch das Mitgefühl verliert; denn bleibt er einmal aus, so raubt der Gedanke an ihren Schmerz darüber ihm alle Zeit, die er gewonnen, während es ihn zugleich unklar verstimmt, in solchem Grade der Herrschaft eines anderen Menschen unterworfen zu sein. Kommt er dann zu ihr, gequält durch das Bewußtsein, viel schneller zurückgekehrt zu sein, als die Rücksicht auf ihren Ruf und auf seine Beschäftigungen es vernünftig erscheinen ließ, so findet er sie unglücklich darüber, daß er so lange fortgeblieben ist. Er hat zwei Stunden lang unter der Vorstellung von ihrer Ungeduld

gelitten, jetzt muß er zwei fernere Stunden leiden, bevor er
sie zu beruhigen vermag. Gleichwohl fühlt er sich glücklich,
sagt sich selbst, daß es süß sei, so geliebt zu werden, tröstet
sich aber doch im Grunde unbewußt durch das Gefühl, daß
die Ungleichartigkeit in ihrem Wesen früher oder später dem
Verhältnisse ein Ende machen müsse.

Zuerst erleidet er jetzt den Schmerz, nicht ehrlich sein zu
können; denn der Graf kehrt zurück, und er ist genötigt, ihn
zu betrügen. Dann erleidet er den Schmerz, Eleonoren alles
um seinetwillen opfern und gleichzeitig ihre seitherige Heimat
und ihr Vermögen aufgeben zu sehen. Und dieser Schmerz
ist doppelt, teils egoistisch, denn verzweiflungsvoll sieht er
seine Freiheit durch das Opfer gelähmt, das sie ihm mit
tiefster Freude bringt, teils sympathisch, denn er sieht die
Gesellschaft mit hyänenartiger Wut ihren Ruf zerfleischen.
Alles, was sie durch ein jahrelanges untadelhaftes Betragen
gewonnen hat, verliert sie an einem einzigen Tage. Ihr
Stolz windet und quält sich, und seine Hingabe wird zur Pflicht.
Von jetzt an existiert zwischen ihnen ein geheimes Weh, das sie
einander nicht zu verraten wagen. Adolphe's Charakter beginnt verdorben zu werden. Zu gleicher Zeit, wo er sich mit
jemand duelliert, der schlecht von Eleonore gesprochen hat,
schadet er selbst und freiwillig ihrem Rufe; denn er sucht eine
Art Trost für die Abhängigkeit, in welcher er lebt, dadurch,
daß er überall über die Frauen und über diejenigen spottet,
welche sich ihrer Despotie unterwerfen, und diese Aeußerungen
werden übel gedeutet. Er, welcher einer Thräne nicht zu
widerstehen vermag, setzt eine Ehre darin, überall mit Härte
und Verachtung vom Weibe zu reden.

Andere haben das Unglück erlitten, zu lieben, ohne Gegen=
liebe zu finden; er erleidet das entgegengesetzte, geliebt zu
werden, ohne länger zu lieben. Wie sehr er sich auch bemüht,
recht froh zu erscheinen, so oft er Eleonoren erblickt, durch=
schaut sie ihn doch, und es kommt zu einer jener fürchterlichen
Szenen, deren Frau von Staël Constant so viele bereitete,
wo Eleonorens stürmische Seele sich mit einer an Haß
streifenden Bitterkeit Luft macht. Die Außenwelt strebt jedoch,

Eleonoren von ihm zu entfernen. Adolphe's Vater will nicht, daß sein Sohn seine Jugend an dies Verhältnis vergeuden soll, und ein einfaches Ritterlichkeitsgefühl veranlaßt Adolphe daher, mit ihr zu entfliehen. Sie verleben einige Zeit in einem freundlichen Gemütszustande, der fast wie Liebe aussieht. Eleonore bringt neue Opfer, welche anzunehmen für Adolphe eine Pein ist. Bald leidet sie darunter, daß sie nicht geliebt wird, wie Adolphe darunter leidet, daß er nicht liebt, bald berauscht sie sich so in ihrer Liebe, daß sie dieselbe doppelt sieht und ihr eigenes Gefühl für das beider hält. Sie zehren beide gleichsam von der Erinnerung an ihr einstiges Glück, welche stark genug ist, ihnen die Trennung als schmerzlich, ja undenkbar erscheinen zu lassen, aber zu schwach, ihnen das Beisammenleben zu einer Freude zu gestalten. Die zärtlichen, aber doch matten Worte, mit denen Adolphe jetzt Eleonoren seine Liebe bezeugt, gleichen dürren, farblosen Blättern, die noch bis in den Winter hinein an dem einen oder anderen längst entlaubten Zweige hängen geblieben sind.

So macht er nicht einmal diejenige glücklich, welche ihn so unglücklich macht. So oft sie neue Rechte errungen zu haben glaubt, fühlt er sich in neue Fesseln geschmiedet. Ihre Leidenschaftlichkeit macht ihr Zusammenleben zu einem beständigen Gewitter. Ich erinnere mich folgender Worte in einer Biographie Constant's: „In diesem Jahre hatte Constant es gut, Frau von Staël war in Rußland."

Eleonore beerbt ihren Vater und bedarf nicht mehr des Schutzes von Adolphe. Die Welt verdenkt es ihm jetzt sogar, daß er Vorteile aus ihrer Freundschaft zieht, und man haßt ihn, weil er ihren Ruf dadurch ruiniert, daß er beständig in ihrer Nähe ist, während er selbstverständlich nicht erklären kann, daß sie es ist, welche nicht ohne ihn zu leben vermag.

Sein Leben rinnt ihm unter den Fingern hinweg, er erfüllt keine der Verheißungen, welche seine Jugend gegeben hat; denn wie ihm von allen Seiten gesagt wird, zwischen ihm und einer Zukunft in irgend welcher Richtung ist eine unübersteigliche Schranke, und die Schranke ist Eleonore. Er beschließt endlich, mit ihr zu brechen; aber selbst dieser Ent=

schluß schlägt ihm zum Unheile aus; denn von diesem Augenblicke an, da er das Todesurteil über sie gefällt hat, dessen Vollstreckung er in seiner Schwäche doch wieder verzögert, schwindet alle Bitterkeit aus seiner Seele, und er hegt ihr gegenüber so zärtliche Gefühle, daß sie ihn mißversteht und sich gerettet wähnt.

Mit einer letzten Kraftanstrengung sucht sie ihn zu gewinnen, indem sie seine Eifersucht erweckt, aber alles ist jetzt vergebens, von allen Seiten drängen die Umgebungen auf Adolphe ein und stellen ihm den Bruch als die natürlichste Sache von der Welt, als eine Pflicht gegen seinen Vater, gegen seine Zukunft, ja gegen das unglückliche Wesen vor, an das er gekettet ist, und das er aufreibt. Man spielt Eleonoren einen Brief in die Hände, durch welchen sie Adolphe's Absichten erfährt. Sie verfällt in ein hitziges Fieber und stirbt, aber sie bewahrt ihre Liebe zu Adolphe bis zu ihrem letzten Atemzuge.

Von dem Augenblick an, wo er seine Freiheit hat, empfindet er sie als eitel Leere, er weiß nicht mehr, was er mit derselben anfangen soll, er sehnt sich nach all' seinen Fesseln zurück.

Constant hat die Moral des Buches in folgender Weise ausgesprochen: „Das leidenschaftliche Gefühl vermag nicht wider die Ordnung der Dinge zu kämpfen; die Gesellschaft ist allzu stark. Sie macht die Liebe, welche sie nicht gebilligt und geheiligt hat, allzu bitter. Wehe daher dem Weibe, das seine Stütze in einem Gefühle sucht, das zu vergiften alles sich verbündet, und gegen das die Gesellschaft, wenn sie es nicht als legitim zu achten braucht, sich mit allem wappnet, was am schlechtesten im Menschenherzen ist, um alles Gute zu Boden zu schlagen."

9.

Frau von Staël.

Byron schreibt über „Adolphe" in einem seiner Briefe: „Anbei sende ich Ihnen „Adolphe", er enthält finstere Wahrheiten, aber nach meiner Ansicht ist er ein gar zu trübsinniges Werk, als daß er jemals populär werden könnte. Ich las ihn zum erstenmale in der Schweiz auf die Aufforderung der Frau von Staël." Sie selbst bemerkt irgendwo über dies Buch: „Ich glaube nicht daran, daß alle Männer wie Adolphe sind, sondern nur die eitlen Männer." So einfach diese Aeußerung ist, so fühlt man doch in derselben die Notwehr einer Frau; denn „Adolphe" hatte die Tochter Necker's persönlich getroffen, ihre tiefste Herzenswunde entblößt.

Anne Marie Germaine Necker wurde im Jahre 1796 zu Paris geboren. Ihr Vater, der große Genfer Finanzmann, wurde bekanntlich kurz vor Ausbruch der Revolution Frankreichs erster Minister und sein Name war damals das Symbol des freisinnigen Frankreich. Ihre Mutter war eine sehr begabte Frau, ein Muster von Pflichterfüllung, aber steif und gezwungen, für welche die Erziehung alles und die Natur wenig bedeutete; auf Kleinigkeiten legte sie ein pedantisches Gewicht, da es nach ihrer Auffassung in moralischer Hinsicht nichts Unbedeutendes gab. Selbstverständlich war ihr daher Rousseau's Erziehungsmethode in höchstem Grade zuwider, und infolgedessen wurde Rousseau mit seinem Glauben an die Natur und die angeborenen Tugenden das Ideal ihrer jungen Tochter. Sie wuchs als munteres, freimütiges Kind auf, welches sich bald zu einer lebhaften, geistvollen Brünette entwickelte, deren schwarze Augen von Witz und Herzensgüte leuchteten. Während die Mutter die Vernunft und Selbstbetrachtung pries, kam die Tochter, welche unter der beständigen häuslichen Aufsicht und der Eifersucht der Mutter auf ihre reichen Fähigkeiten litt, immer mehr dahin, all' jene Eigenschaften und Tugenden zu lieben, welche ohne künstliche

Pflege von selbst einer gesunden, reichen und schönen Natur entspringen. Schon als Kind war sie im elterlichen Hause von den berühmtesten Männern jener Zeit umringt, welche von ihren schnellen Antworten und überraschenden Einfällen ergötzt und angezogen wurden.

Das seelenvolle und feurige Wunderkind wurde des Vaters Stolz, und sie vergalt seine Zärtlichkeit mit einer Liebe und Bewunderung ohne Grenzen, die sie sich ihr ganzes Leben hindurch erhielt, und die man auch in fast all' ihren Werken spürt.

Mit fünfzehn Jahren begann sie Abhandlungen, Novellen, Tragödien, darunter eine mit dem Titel „Montmorency" zu schreiben, welche durch die Wahl des Stoffes den Zeitpunkt verrät, an dem sie sich zu dem jungen Vicomte Mathieu de Montmorency, der mit Ehren im nordamerikanischen Freiheitskriege gekämpft hatte, hingezogen fühlte, auf dessen Hand sie jedoch Verzicht leisten mußte, da ihre Eltern einer Heirat mit einem Katholiken entgegen waren. Statt dessen vereinte sie eine treue Freundschaft für's Leben. Auf Wunsch der Mutter wurde Germaine Necker im Jahre 1786 mit dem schwedischen Gesandten in Paris, Baron Erik Magnus Staël-Holstein, einem Günstling Gustavs III. vermählt, dem der König, um ihm zu einer so angesehenen und reichen Partie zu verhelfen, den Gesandtschaftsposten in Paris auf eine lange Reihe von Jahren zusicherte, während er selbst seinen Schwiegereltern das Versprechen gab, seine Gattin nie gegen ihren Willen nach Schweden führen zu wollen. Er scheint einer jener damaligen nordischen Durchschnittsmenschen gewesen zu sein, ein Edelmann mit guten Manieren, mit Halbbildung, verschwenderisch und dem Spiele fröhnend; er war noch einmal so alt wie seine Braut.

Unmittelbar vor Ausbruch der Revolution gab Frau von Staël ihr erstes Werk „Briefe über Rousseau's Schriften" heraus, es ist eine Lobrede und eine warmherzige Verteidigung. Am Ende des dritten Briefes sucht sie Rousseau's Ehren mit denen ihres Vaters zu verflechten, der gerade damals an die Spitze Frankreichs berufen worden war, am Ende des vierten Briefes begrüßt sie mit begeisterten Worten die Einberufung der Stände und spricht mit jugendlicher Beredsamkeit die Hoffnung aus, daß es der großen französischen Nation glücken werde, auf dem Wege ruhiger Aufklärung, auf dem Wege der Vernunft und des Friedens jene Güter zu erlangen, welche andere Völker nur durch Ströme von Blut erworben hätten. Sie fleht das Volk an, seine Ehre darein zu setzen, das Ziel nicht zu überschreiten, welches zu erreichen alle einig wären, und sie schließt, unter Hinlenkung auf Rousseau, indem sie beklagt, daß er das bevorstehende, ehrfurchtgebietende Schauspiel nicht mehr erleben könne, daß er nicht lange genug gelebt habe, um Necker, „der es verdiente, einen Beurteiler, einen Bewunderer, einen Mitbürger wie ihn zu haben" mit Rat und That aufzumuntern.

Die Revolution brach aus, sie ließ sich weder auf dem Wege von Frau von Staëls Hoffnungen und Wünschen, einer Constitution nach englischem Muster, halten noch begrenzen. Schnell war Necker verjagt, während seine Tochter, durch ihres Mannes einflußreiche Stellung beschützt, unter der Schreckensherrschaft in Paris verblieb und mehr als ein unschuldiges Opfer errettete. Mit Hülfe des kühnen Deutschen Justus Erich Bollmann rettete sie ihren damaligen Geliebten, der in Lebensgefahr war. Es war Narbonne, der frühere Kriegsminister, den Bollmann im September 1792 unversehrt nach London brachte.*) Sie entwarf sogar einen Plan zur Flucht der königlichen Familie. Nun wandte sich der Haß der Herrschenden gegen sie. Mit Mühe und Not entkam sie im September des Jahres 1792 der rachsüchtigen Menge. Von ihrem Freund Montmorency begleitet, der als Aristokrat verfolgt wurde und sich als ihr Lakai verkleidet hatte, flüchtete sie nach Coppet. Darauf reiste sie nach England, wo sie ihre Verteidigungsschrift für Marie-Antoinette herausgab, die sie zwar nicht persönlich kannte, deren Geschick sie jedoch tief rührte. Kurz darauf erschien ihre durch die Zeitverhältnisse hervorgerufene Schrift „Vom Einfluß der Leidenschaften auf das Glück der Individuen und Völker."

---

*) Friedrich Kapp: Justus Erich Bollmann.

Da Schweden nach Robespierres Sturz die französische Republik anerkannt hatte, kam sie nach Paris zurück und entfaltete unter dem Direktorium eine hervorragende politische Thätigkeit, deren Ziel eine parlamentarische Verfassung und Frieden mit Europa war. Nur durch ihren Einfluß wurde Talleyrand Minister des Aeußeren. Ihr Salon bildete den Mittelpunkt für die „gemäßigte" Partei, war aber außerdem auch ein politischer Sammelpunkt ersten Ranges, und hier war es, wo Benjamin Constant schnell die Hauptperson in den politischen Intriguen, aber auch in der Gunst der Herrin des Hauses wurde.

Im Jahre 1800 gab sie ihre erste größere Arbeit: „Die Litteratur in ihrem Verhältnis zur Gesellschaftsordnung betrachtet", heraus, ein Werk, welches der Hauptmasse seines Inhalts nach zu der großen Gruppe von Schriften gezählt werden muß, welche in allen Hauptländern Europas seit den Zeiten der Renaissance die Frage behandelten, ob die antike oder moderne Litteratur am höchsten stände. Es ist dasselbe Problem, welches sehr kurz darauf in Chateaubriand's Buch „Le génie du Christianisme"*) auftaucht. Frau von Staël erklärt sich, wie später Chateaubriand, für die modernen Litteraturen. Aber der Grund ist verschieden: er leitet deren Vorzüge vor der antiken von dem Umstande ab, daß sie christliche Stoffe behandeln, von denen die Schriftsteller des Altertums nichts wußten; sie stützt die Ueberlegenheit der neueren Litteraturen auf die fortschreitende Zivilisation. Sie glaubt an die Veredelung der Menschheit, auf die langsame Vervollkommnung der gesellschaftlichen Einrichtungen, und sie baut hier auf die Ueberzeugung, daß die Litteraturen einen immer größeren Schatz von Erfahrung und Einsicht enthalten werden. Von einer gründlichen und planmäßigen Litteraturpsychologie ist auf dieser ihrer Entwickelungsstufe noch keine Rede; sie nimmt z. B. ohne weiteres die Einbildungskraft von denjenigen Fähigkeiten aus, welche veredelt werden können, weil sie trotz all' ihrer Schwärmerei für Ossian nicht leugnen will, daß

---

*) Die Reaktion in Frankreich, 5. Aufl. 1897 pag. 88 ff.

Homer eine weit reichere Poesie enthalte als jener. Aber das Verdienst des Buches beruht auch nicht darauf, was es beweist, sondern auf dem, wofür es kämpft und was es prophezeit: die Notwendigkeit einer neuen Poesie, einer neuen Philosophie und einer neuen Religion. Sie lenkt die Aufmerksamkeit auf die nordischen Litteraturen, die englische, die deutsche, die isländischen Sagen und die altskandinavischen Heldengedichte hin. Ossian ist ihr jedoch der Haupttypus für das poetisch Großartige in der nordischen Dichtung. Sie liebt seinen Ernst und Schwermut; denn, sagt sie, „die melancholische Poesie ist diejenige, welche am meisten zur Philosophie paßt."*) Was besonders die Deutschen betrifft, so schreibt sie: „Das bedeutendste Buch, welches die Deutschen besitzen, und das einzige, das sie gegen die Meisterwerke anderer Sprachen aufzustellen haben, ist „Werther". Da man dasselbe einen Roman nennt, so wissen viele Menschen nicht, daß es ein ganzes Werk ist. . . . . Man hat dem Autor des „Werther" den Vorwurf machen wollen, daß er den Helden andere Qualen, als jene, die aus seiner Liebe entspringen, daß er ihn einen so lebhaften Schmerz über eine Demütigung und einen so tiefen Unwillen über die Standesungleichheit, welche diese Demütigung verursacht, empfinden ließ; dies ist jedoch meiner Ansicht nach einer der genialsten Züge dieses Werkes."

„Die Litteratur, in ihrem Verhältnisse zur Gesellschaft betrachtet", hat zum Grundgedanken, daß die soziale Freiheit notwendiger Weise zu einer litterarischen Reform führen müsse, und daß es eine Absurdität sein würde, wenn die Gesellschaft, in welcher die politische Freiheit erobert worden, eine von Regeln gefesselte Litteratur besitzen sollte. „Möchten wir," ruft sie im glühenden Eifer ihrer Jugend aus, „ein philosophisches System, eine Begeisterung für das Gute, eine kräftige und redliche Gesetzgebung finden, die für uns sein könnte, was die christliche Religion für die Vergangenheit war!"

Eifersüchtig auf ihren beginnenden Ruhm, aufmerksam als Ritter des Glaubens, war Chateaubriand sofort auf seinem

---

*) De la littérature. Paris 1820. pag. 257.

Posten, und zeigte ihr Buch an. Die anderen Kritiker hatten ihre Melancholie verspottet und unter anderm sie mit den Griechen zu schlagen versucht, die ja nicht melancholisch gewesen. Chateaubriand benutzte die Gelegenheit, eine Schlacht für die positive Religion zu schlagen. „Frau von Staël," sagt er, „schreibt der Philosophie zu, was ich der Religion zuschreibe." Und sich an sie selbst wendend, fährt er fort: „Ihr Talent ist nur halb entwickelt, die Philosophie erstickt dasselbe. Sie scheinen nicht glücklich zu sein; aber wie sollte die Philosophie die Schwermut ihrer Seele zu heilen im Stande sein? Kann man eine Wüste fruchtbar machen mit einer anderen Wüste?" Und er erschöpft sich in ähnlichen albernen Floskeln, welche früh genug jene Furcht, durch Frau von Staël überstrahlt zu werden, verraten, die ihn mit gutem Grunde niemals verließ.

In diesen Zeitpunkt fällt der Beginn ihrer Opposition gegen Bonaparte, der sie zum zweitenmale aus Frankreich, und zwar für länger als zehn Jahre verbannen sollte. Sie hatte nach dem italienischen Feldzug in ihm einen Beschützer der Freiheit zu sehen vermeint, hatte ihm begeisterte Briefe geschrieben und ihn bewogen, den Namen ihres Vaters von der Emigrantenliste zu streichen. Als er aber erster Konsul wurde, sah sie in ihm nur „einen Robespierre zu Pferde", und mit Recht klagt Bonaparte darüber, daß sie die Geister gegen ihn in Aufregung versetzte. Alle fremden Diplomaten verbrachten nach ihren eigenen Worten „ihr Leben bei ihr", sie sprach täglich mit einer großen Anzahl einflußreicher Personen; denn Gespräche bildeten den größten Genuß, den sie kannte, und Bonaparte soll gesagt haben: Jeder, der mit ihr gesprochen, halte weniger von ihm. Er ließ sie fragen, was sie eigentlich wolle, ob sie zufrieden wäre, wenn er ihr die zwei Millionen auslieferte, welche Necker in der Staatskasse deponiert hatte, die man zu Unrecht zurückhielt. Sie antwortete nur, es käme wenig darauf an, was sie wollte, als was sie dächte. Von dem Augenblick an, da Benjamin Constant zum erstenmal im Tribunat gegen einen Vorschlag Bonaparte's gesprochen hatte, wurde ihr Haus in Paris leer, und alle Einladungen mit Absagen beantwortet. Schließlich wurde sie, nachdem ihr Vater sein Buch „Les dernières vues de politique et de finances" herausgegeben hatte, auf ausdrücklichen Befehl Bonaparte's aus Paris ausgewiesen.

Kein Schlag hätte sie härter treffen können! Sie vergleicht ihn mit einem Todesurteil; sie, die nur in der Hauptstadt gelebt, die so schlecht ihre Freunde, geistvolle und bildende Gespräche, Teilnahme an großen Begebenheiten entbehren konnte, litt ganz besonders unter der unfreiwilligen Trennung vom Vaterlande und der Heimstätte. „Jeder Schritt, den die Postpferde vorwärts machten, schmerzte mich, und wenn mich die Postillone frugen, ob sie nicht schnell gefahren seien, konnte ich nicht umhin, über die traurigen Dienste zu seufzen, die sie mir geleistet hatten." (Dix années d'exil. 1820. pag. 84.)

Benjamin Constant begleitete sie auf dieser Fahrt; als sie aber von der Krankheit ihres Mannes hörte, reiste sie zu ihm und pflegte ihn bis zu seinem Tode.

Ein Jahr darauf, 1803, erschien „Delphine", ein Roman in 5 Teilen und in Briefform nach dem Muster der „neuen Héloise." Es lassen sich ohne Schwierigkeit der Eindruck und die Erinnerungen aus ihrem eigenen Leben nachweisen, welche diesem Roman zu Grunde liegen. Das Buch behandelt das pflichttreue Verzichtleisten einer Frau auf eine glückliche Ehe — die Erinnerung an den Verzicht, den die Autorin in ihrer Jugend auf Montmorencys Hand geleistet, gab hier den realen Hintergrund ab. Aber den eigentlichen Inhalt bildet doch der Kampf des liebenden Weibes um sein Glück gegen die Gesellschaft und die brutale Vernichtung des Friedens des Individuums durch das Urteil der Gesellschaft — und hier lagen die frischen Eindrücke aus der Verfasserin letzten Lebensjahren, ihr Verhältnis zu ihrem Manne und zu Benjamin Constant, augenfällig zu Grunde. Die Scheidung von Baron Staël-Holstein hatte ihrem Ansehen nicht minder als ihr Verhältnis zu Benjamin Constant geschadet, welch' letzterer unzweifelhaft der Vater ihrer 1797 geborenen Tochter Albertine, der späteren Herzogin von Broglie war. Frau von Stael zweifelte, als sie „Delphine" schrieb, sicher keinen Augenblick daran, daß

Constant diese Tochter durch eine baldige Ehe legitimieren würde, aber wie reich und hochgestellt sie auch war, und wie viel Rücksicht die öffentliche Meinung auch auf Reichtum und soziale Unabhängigkeit zu nehmen pflegt, so fühlte sie doch bitter die schleichende Verfolgung der Verleumder und die wohlüberlegten Attentate der Pharisäer auf ihren Ruf.

„Delphine" trägt das mutlose und resignierte Motto, das seine Verfasserin, Frau von Staël's Mutter, verrät: „Ein Mann muß der öffentlichen Meinung zu trotzen verstehen, ein Weib, sich ihr unterzuordnen", — ein Motto, welchem der Inhalt des Buches entspricht, zu welchem aber der Geist und selbst die Veröffentlichung desselben in Widerspruch steht. Denn es ist eine Eingabe für die Berechtigung der Ehescheidung und erschien in demselben Jahre, in welchem Napoleon mit dem Papste das Konkordat abschloß; es greift die Unauflöslichkeit der Ehe und die kirchlichen Gelübde in demselben Augenblicke an, wo die Ehegesetze verschärft wurden und die Kirche ihre alte Macht größtenteils wiedergewann.

Das Buch entspricht seinem Motto, sofern es durch das Schicksal seiner Heldin lehrt, daß die Frau, welche selbst nach einem so edelmütigen und noch so langwierigen Aufopfern ihres eigenen Wohles, und geschähe es auch nur, um den Untergang ihres Geliebten zu verhindern, in Opposition zur Gesellschaft tritt, rettungslos zu Grunde gehen muß. Es widerspricht jenem Motto, sofern die schreiende Ungerechtigkeit dieses Schicksals stärker, als irgend eine Deklamation wider das Bestehende, die Schlechtigkeit der Gesellschaft und die Unvernunft der Macht, zu unterdrücken und unglücklich zu machen, bekundet, welche die Kurzsichtigkeit und Feigheit der Menschen veralteten Institutionen verlieh, unter deren Druck Delphine zermalmt wird. Sie wird gleich von Anfang an als ein höheres Wesen geschildert, rein, voll Herzensgüte und Leben, und durch ihre Reinheit selbst erhaben über die pharisäische Moral der Gesellschaft. Keine Szene malt schöner Delphinens Charakter, als die, wo sie, als die unglückliche, schlecht beleumundete Frau v. R. in den Tuilerien-Saal tritt, und als alle Damen sich augenblicklich von ihren Sesseln erheben und auf die andere

Seite hinüber gehen, so daß ein großer offener Raum sich um die schnöd' Beschimpfte bildet, allein über den Estrich schreitet und neben derjenigen Platz nimmt, auf welche alle anderen Frauen wetteiferten, den ersten Stein zu werfen.

Durch eine Reihe fast teuflischer Erfindungen und Intriguen gelingt es einer der Hauptpersonen des Buches, einem weiblichen Talleyrand, Delphine von ihrem Geliebten zu entfernen und ihn mit einem Delphine antipodischen Wesen, der kalten und frömmelnden Mathilde, zu verbinden, welche von der Verratenen obendrein, ohne daß es jemand ahnt, die enorme Mitgift erhält, mit deren Hülfe die Ehe zu Stande kommt. Als der Betrug entdeckt wird und alle Intriguen klar zu Tage liegen, sind Mathilde und Leonce schon vereinigt, und zu dem unnatürlichsten Paare verbunden, das Wirklichkeit und Roman jemals aufweisen kann. Um dies Paar gruppieren sich einige andere eben so abscheuliche Ehen und eben so unglückliche Liebesgeschichten, um dem Hauptgedanken das rechte Relief zu geben: Henri von Lebensei, dessen Gestalt ein idealisiertes Porträt von Constant ist, kann mit seiner Geliebten nicht vor ihrer Scheidung von einem Manne vereinigt werden, mit dem sie nach ihren eigenen Worten nicht zusammenleben könnte, ohne allem Guten und Edlen in ihrer Seele Valet zu sagen, und Herr von Serbellane steht in einem eben so hoffnungslosen Verhältnisse zu Therese d' Ervins, wie Delphine zum Gemahl Mathilden's

Als ein so reines und aufopferndes Wesen ist Delphine geschildert, daß sie den Gedanken an die Möglichkeit einer Verbindung mit Leonce, welche notwendiger Weise eine Schädigung des Glückes seiner Gattin involvieren würde, mit einer Energie zurückweist, die nicht einmal dulden will, daß er je nur bei diesem Gedanken verweile. Im Gegenteil, sie beschwichtigt ihn, sie verweist ihn an eine tiefere Moral und Religion, als diejenige, in welcher er als ein Kind des kürzlich abgelaufenen achtzehnten Jahrhunderts lebt: „Leonce! ich glaubte nicht, bei Ihnen eine solche Gleichgültigkeit für die religiösen Ideen zu finden; ich wage Ihnen Vorwürfe darüber zu machen. Ihre

Moral ist nur auf der Ehre begründet; Sie würden viel glücklicher gewesen sein, wenn sie die einfachen und wahren Prinzipien angenommen hätten, welche unsere Handlungen unserm Gewissen unterwerfen und uns von jedem anderen Joche befreien. Sie wissen es, die Erziehung welche ich genossen, hat, weit entfernt davon, meinen Geist zu knechten, ihn eher allzu unabhängig gemacht. Es ist möglich, daß sogar abergläubische Vorstellungen besser mit der Bestimmung des Weibes überein stimmen, als Geistesfreiheit; die schwachen und schwankenden Geschöpfe bedürfen nach allen Richtungen der Stützen und die Liebe ist eine Art Leichtgläubigkeit, welche vielleicht geneigt ist, sich mit allen anderen Arten von Leichtgläubigkeit und Aberglauben zu verbinden; aber der edle Beschützer meiner Jugend hatte Achtung genug vor meinem Charakter, um meine Vernunft entwickeln zu wollen, und nie hat er von mir verlangt, daß ich eine Ansicht annehmen solle, ohne von derselben durchdrungen zu sein, oder sie mir mit meiner Vernunft zu eigen gemacht zu haben. Ich kann also über die Religion, welche ich liebe, mit Ihnen wie über jeden anderen Gegenstand reden, den mein Herz und mein Verstand frei geprüft haben, und Sie können das, was ich Ihnen sagen will, nicht aufgedrungenen Gewohnheiten oder den unreflektierten Einflüssen der Kindheit zuschreiben ... Verstocken Sie sich darum nicht, Leonce, dem Troste, welchen die natürliche Religion uns gewährt." Hören wir nicht den Nachklang Rousseau's, die Reaktion gegen Voltaire in diesen Worten, welche die Tochter Necker's ihrem anderen Ich in den Mund legt?

Aber die Handlung entwickelt sich, und bald läßt die naturwidrige Verbindung sich nicht mehr aufrecht erhalten, das naturwidrige Unglück sich nicht mehr ertragen. Henri von Lebensei schreibt jenen, die Scheidung anratenden Brief, welcher dem Romane so unheilvoll ward, und welcher wie eine Brandfackel mitten ins klerikale Lager fiel. Er spricht zu Delphine: „Der, welchen Sie lieben, ist Ihrer immer noch würdig, Madame; allein weder sein noch Ihr Gefühl vermag etwas wider die Lage, in welche ein unseliges Schicksal Sie Beide versetzt hat. Es bleibt nur ein Mittel übrig, um Ihren

Auf wieder herzustellen und das Glück wieder zu gewinnen. Sammeln Sie all' ihre Kräfte, um mich anzuhören. Leonce ist nicht unwiderruflich an Mathilden geknüpft. Leonce kann noch ihr Gatte werden; die Ehescheidung wird innerhalb eines Monats von der konstituirenden Versammlung zum Gesetz erhoben werden." Man erinnere sich, daß der Roman zu einer Zeit erschien, als die katholische Ehe in Frankreich wieder eingeführt wurde. Ich führe noch einige Stellen seines Briefes an: „Die, welche die Scheidung verdammen, behaupten, ihre Anschauungsweise sei am sittlichsten; wäre dem so, dann müßten die wahren Philosophen sie annehmen; denn der erste Zweck des Gedankens ist, uns unsere Pflichten in ihrem ganzen Umfang erkennen zu lehren; aber ich will gemeinschaftlich mit ihnen untersuchen, ob die Grundsätze, welche mich dahin führen, der Scheidung beizupflichten, nicht mehr der Natur des Menschen und mit den menschenfreundlichen Absichten, die wir der Gottheit zuschreiben müssen, übereinstimmen. Die Unauflöslichkeit disharmonischer Ehen macht das Leben zu einer Reihe hoffnungsloser Leiden. Man sagt freilich, es gelte hier nur jugendliche Frische Neigungen nieder zu kämpfen; aber man vergißt, daß die niedergekämpften Neigungen der Jugend der ewige Kummer des Alters werden. Ich leugne nicht all' die Mißhelligkeiten, welche mit einer Scheidung verbunden sind, oder vielmehr all' die Unvollkommenheiten der menschlichen Natur, welche die Scheidung notwendig machen; aber inmitten einer zivilisierten Gesellschaft, welche nichts gegen Konvenienz=Ehen oder gegen Ehen einwendet, die in einem Alter geschlossen werden, wo man unmöglich die Zukunft voraussehen kann, — einer Gesellschaft, deren Gesetze weder die Eltern strafen können, die ihre Autorität mißbrauchen, noch die Gatten, die sich schlecht gegen einander betragen, — in einer solchen Gesellschaft ist das Gesetz, indem es die Scheidung untersagt, nur hart gegen die Opfer, deren Fesseln es fester schnürt, ohne doch auf die Umstände einwirken zu können, welche dieselben leicht oder schwer erträglich machen. Es scheint zu sagen: Ich kann euer Glück nicht sichern, aber ich will wenigstens die Dauer eures Unglücks garantieren."

In so unbeholfenen Sätzen und beredten Ausdrücken formuliert dieser Roman, was man damals und in späterer Zeit Frau von Staël's Angriff auf die Ehe genannt hat. In Wirklichkeit ist er, wie man sehen wird, nur ein Angriff auf die bindende und zermalmende Macht, welche die Gesellschaft, die ja seit Anbeginn von der Geistlichkeit zu einer Zeit zivilisiert wurde, als alle geistige Macht Kirchenmacht war, den ersten Gefühlseindrücken der Jugend in den katholischen Ländern durch die Gesetzgebung, in den protestantischen Ländern durch die öffentliche Meinung gegeben hat, deren strenge Justiz hier dieselbe Rolle spielt, wie dort die Ehegesetze. Der Protest geht davon aus, daß die Ehe nur dann, wofür man sie ausgiebt, ein sittliches Ideal ist, wenn die zwei Menschen, welche in einem bestimmten Augenblicke ihres Lebens einander Treue und ununterbrochenes Zusammenleben für den Rest ihrer Tage geloben, wirklich einander kennen und lieben, und er nimmt Rücksicht auf die ungeheure Schwierigkeit, die es dem Menschen verursacht, sich selbst und einen anderen Menschen von Grund aus kennen zu lernen. Wenn eine Ehe das gegenseitige Verständnis zur Grundlage haben muß, so existiert sie ja in Wirklichkeit nicht, wenn dieses fehlt. Soll nicht jedes Verhältnis ein Sinnbild für ein Lebendiges sein, nicht ein Grabstein über einem Toten? Läßt sich ein ganzes Leben bald auf einem Rausche, bald auf einem durch die Angst erpreßten Ja erbauen? In allen Fällen, wo die Ehe keine bessere Grundlage hat, ist ihre Heiligkeit chimärisch und beruht darauf, daß man ein Ideal für eine Wirklichkeit ausgiebt.

Delphine läßt sich indeß nicht überreden; der Losung des Buches getreu, daß ein Weib sich der öffentlichen Meinung unterwerfen müsse, beschließt sie sogar, ein, abgesehen von Leonce's Ehe, entscheidendes Hindernis zwischen sich und ihn zu legen. Als seine Frau stirbt, hat sie den Schleier genommen. Derselbe Kampf wider ein als heilig betrachtetes Gelübde kehrt also jetzt abermals wieder, nur in einer anderen Gestalt. Wieder ist es diesmal Henri, welcher der Opposition das Wort redet, aber jetzt zu Leonce: „Sind Sie imstande, einen mutigen, heilsamen, energischen Rat zu hören, einen

Frau von Staël's „Delphine".

Rat, welcher Sie aus dem Abgrunde des Elends retten kann? Vermöchten Sie einen Entschluß zu fassen, der zweifelsohne alles verletzt, was Sie bis jetzt in Ihrem Leben geschont haben, die öffentliche Meinung und das Herkommen, der aber mit Sittlichkeit, Vernunft und Menschlichkeit übereinstimmt? Ich bin geborener Protestant, ich bin, — das räume ich ein — nicht in Ehrfurcht vor den wahnwitzigen und barbarischen Institutionen erzogen worden, die von so vielen schuldlosen Geschöpfen die Aufopferung aller natürlichen Neigungen fordern; aber muß man weniger Vertrauen zu meinem Urteile haben, weil keine Voreingenommenheit dasselbe beeinflußt? Der stolze, der edle Mann darf nur der universellen Moral gehorchen. Was bedeuten diese Pflichten, welche ihren Ursprung in zufälligen Umständen haben, welche von den Launen der Gesetze oder von dem Willen der Priester abhängen, und welche das Gewissen eines Menschen dem Urteile anderer Menschen, die schon lange unter dem Joche gemeinsamer Vorurteile und namentlich gemeinsamer Interessen einhergegangen sind? Frankreichs Gesetze lösen Delphine von dem Gelübde, das unselige Umstände ihr abgedrungen haben; kommen Sie und leben Sie mit ihr auf der väterlichen Erde! Was trennt Euch? Ein Gelübde, das sie Gott geleistet? Glauben Sie mir, das höchste Wesen kennt zu gut unsere Natur, um jemals unwiderrufliche Verpflichtungen annehmen zu wollen. Vielleicht ist etwas in Ihrem Herzen, das sich dagegen sträubt, die französischen Gesetze zu benutzen, Gesetze, die aus einer Revolution hervorgegangen sind, welche Sie nicht lieben? Mein Freund, diese Revolution, welche leider manche Gewaltthat befleckte, wird von der Nachwelt wegen der Freiheit geschätzt werden, die sie Frankreich geschenkt hat; wenn auf dieselbe nur verschiedene Formen der Knechtschaft folgen sollten, so würde die Herrschaftszeit dieser Formen die schmachvollste Periode der Weltgeschichte bilden; aber wenn Freiheit aus derselben hervorgeht, dann sind Glück, Ehre, Tugend, alles, was edel ist im Menschengeschlechte, so innig mit der Freiheit verknüpft, daß die künftigen Jahrhunderte die Ereignisse, welche zum neuen Zeitalter der Freiheit hinführten, ohne Strenge beurteilen werden."

So weit kämpft das Buch wider bestimmte Institutionen. Auf jeder Seite kämpft es außerdem wider das ganze weitverzweigte Gewebe herkömmlicher und fester Meinungen, Vorurteile, mit denen die meisten Menschen vom Kopf bis zu den Füßen gepanzert sind, Anschauungen, die nicht angetastet werden dürfen, weil sie innerhalb des Umfanges von so und so vielen Quadratmeilen für heilig gelten. In diesem Punkte ist, wie man offen bekennen muß, dies Buch bedeutend und lebenskräftig wie wenige Produkte der Emigrantenlitteratur. Denn dazu besitzt ein Volk eine Litteratur, daß es seinen Horizont erweitert und seine Lebensanschauung mit dem Leben konfrontiert. In seiner frühesten Jugend findet in der modernen Gesellschaft jeder einzelne gleichsam ein höchst kompliziertes Kostüm von Vorurteilen vor, das er anlegen soll. „Wie?" fragt er, „ist es nötig, daß ich diesen zerlöcherten Mantel umhänge? kann ich mir nicht das alte Lumpengewand ersparen? ist es unvermeidlich, daß ich mir das Gesicht schwärzen oder diese fromme Schafsmaske tragen soll? — Muß ich mich verpflichten, zu glauben, daß Polichinell keinen Buckel hat, muß ich Pierrot für hochehrwürdig und Harlekin für einen ernsten Mann halten? Darf ich absolut keinem von ihnen in's Gesicht blicken und in keine Hand schreiben: „Ich kenne Dich, schöne Maske!"? Giebt es gar keine Gnade? Es giebt keine Gnade, wenn Du nicht von Polichinell geprügelt, von Pierrot mit Fußtritten regaliert werden und Harlekin's Pritsche fühlen willst. Aber die Litteratur ist, oder sollte die Stätte sein, wo all' das offizielle Wesen aufhört, die Konvenienz abgeschafft ist, die Masken abgerissen werden und das Unerhörte — Empörende: die Wahrheit gesagt wird.

Die Opposition, welche „Delphine" erregte, war stark. Der bekannteste Kritiker der Zeit schrieb: „Nichts ist gefährlicher und unmoralischer, als die Grundsätze, welche in diesem Werke entwickelt werden. Die Anschauungen, in welchen sie erzogen ward, und die protestantische Lehre ihrer Familie vergessend, verachtet Necker's Tochter die Offenbarung und hat in diesem sehr schlechten Buche, das mit viel Geist und Talent abgefaßt ist, eine lange Verteidigung der Ehescheidung geschrieben. Delphine spricht von der Liebe wie eine Bacchantin, von Gott wie ein Quäker, von dem Tode wie ein Grenadier, und von der Moral wie ein Sophist." — Groß klingende Worte, aber dieselben groß klingenden Worte, welche die Zukunft beständig von der zahnlosen Vergangenheit hören muß, deren schweres Geschütz stets bis zur Mündung mit dem nassen Pulver der Orthodoxie und den Papierkugeln der Borniertheit geladen ist! Sie töten nicht das Werk, können aber leicht dem Verfasser den Garaus machen.

Während die Zeitgenossen die Form des Buches und die dichterische Begabung der Verfasserin in hohen Tönen priesen, um desto besser die Lebensanschauung und den idealen Zweck der Schrift herabsetzen zu können, hat ein moderner Kritiker nur wenig Gutes über die lose und breite Kunstform zu sagen, welche das Buch mit den meisten in Briefform geschriebenen Romanen gemeinsam hat. Hingegen halten seine Ideen auch heutzutage noch Stich, ja sind sogar noch nicht einmal in allen europäischen Ländern voll durchgedrungen, obschon das Jahrhundert bemüht war, sie in immer größerem Umfange zu verwirklichen.

Der Bruch zwischen dem Individuum und der Gesellschaft, ist, wie er in „Delphine" dargestellt wird, ganz im Geiste der Emigrantenlitteratur. Sowohl der kühne Aufschwung, wie die Entsagung, mit welcher der Kampf des Individuums als fruchtlos geschildert wird, findet sich überall in dieser Gruppe von Schriften. Der Aufschwung ist in diesem Falle ein begeisterter und verzweifelter Versuch, eine der Eroberungen der Revolution in dem Augenblicke festzuhalten, in welchem sie der neuen Zeit von der Reaktion entwunden wird. Die Entsagung folgt, weil alle Seelen mit Wehmut fühlen, daß kein Einspruch etwas nützen kann, und daß die beginnende reaktionäre Bewegung ihr Ziel und Uebermaß erreichen muß, bevor ein besserer Zustand der Dinge erwartet werden kann. Was vermochte der Roman einer Frau gegen den Pakt eines Alleinherrschers mit einem Papste!

Der „Kampf gegen die Gesellschaft", den sie schildert, ist jedoch weit weniger ein Kampf gegen die bestehende Staats-

oder Rechtsordnung als gegen die Vermischung von Gebräuchen und Anschauungen, alten und neuen, veralteten und natürlichen, unsinnigen und vernünftigen, schädlichen und nützlichen durcheinander, welche zu einer zusammenhängenden und scheinbar gleichartigen Masse verschmolzen, den Stoff bilden, aus dem die öffentliche Meinung besteht. Wie der sogenannte „gesunde Menschenverstand", der sich gern gegen jede neue Philosophie erhebt, zu jeder Zeit zum größten Teil nur ein erstarrter Rest der Philosophie früherer Zeiten ist, so ist die Gesellschaftsregel und das ihr entsprechende Urteil der Gesellschaft, denen in jedem Zeitalter neue Anschauungen feindlich begegnen, zum größten Teil auf Ansichten basiert, die in früheren Zeiten mühsam trotz des damals herrschenden Widerstandes der öffentlichen Meinung behauptet wurden. Was zuerst eine selbsterworbene, lebendige Annahme war, erstand allmählich zu einer Gedankenleiche.

Die Gesellschaftsregel ist allgemein, d. h. eine und dieselbe für alle; fordert aber wie alles Allgemeine unzählige Opfer. Die Regel ist ein Prokrustesbett, auf welchem das Individuum so lange gereckt und gestreckt, zugestutzt und beschnitten wird, bis es paßt. So ist z. B. die Sprache etwas Allgemeines. Wir bedienen uns alle einer und derselben. Daraus folgt, daß jeder, welcher sich in der Sprache ausdrücken will und irgendwie Originalität besitzt, zu beständigen Opfern genötigt ist. Da er nicht selbst seinen Ausdruck erschaffen kann, sondern ihn vorfindet, sieht er sich gezwungen, bald abzuschwächen, bald zu übertreiben, bald nebenher zu greifen. Nicht in einem unter tausend Fällen besitzt die Sprache einen Ausdruck für die Nüance des Gefühls, den besonderen Trieb, die ganz eigentümliche Stimmung, welche er aussprechen will. Unsere ganze Rede ist eine Annäherung an das, was wir meinen, ungenau, matt und schal. Daher die Neigung so vieler großen Schriftsteller, durch künstliche Wortbildungen, durch bizarre Wendungen oder Gleichnisse ihrer Sprache einen minder allgemeinen Charakter zu geben.

In der Gesellschaft wird diese Herrschaft des Allgemeinen zur Tyrannei. Wie eigentümlich auch das Individuum be=

schaffen sei, es wird wie alle anderen behandelt. Das geniale Individuum nimmt die Stellung eines Primus in einer schlechten Schulklasse ein. Der Aermste muß immer wieder die alte Lektion anhören, sie immer und immer wiederholen hören; es ist nötig um des Fuchses willen, der sie noch nicht gelernt hat und sie noch weniger entbehren kann.

Das Gesellschaftsurteil ist ferner unverantwortlich: während das Urteil des Einzelnen als solches stets bis zu einem gewissen Grade ein Naturprodukt sein muß, ist das Gesellschaftsurteil in vielen Fällen ein Fabrikat, ein Massenfabrikat, von jenen geliefert, deren Fach es ist, öffentliche Meinung zu machen, und der Einzelne empfindet keine Verantwortung, indem er darin einstimmt.

Während das Natürliche sein würde, daß das Individuum sich selbst seine Anschauungen und seine Grundsätze betreffs der höchsten Dinge bildete, sich selbst Gesetze für sein Betragen gäbe und nach Vermögen die Wahrheit mit seinem eigenen Hirn suchte, findet das Individuum bei seiner Geburt zuerst eine fertige Religion vor, in jedem Land eine verschiedene, die seiner Eltern, welche ihm, lange bevor es selbst religiös fühlt oder denkt, eingepfropft wird: so wird alle religiöse Produktivität im Keime erstickt, oder wenn sie nicht erstickt wird, dann wehe dem Individuum! es hat der Gesellschaft den Fehdehandschuh hingeworfen. Sodann findet das Individuum eine fertige öffentliche Moral vor, und diese Moral wird von einer fertigen öffentlichen Meinung unterstützt. Das Gesellschaftsurteil, welches ein Ergebnis all' dieser unselbständig frommen, sittlichen und gesellschaftlichen Eindrücke ist, wird notwendigerweise höchst unvollkommen, oft höchst beschränkt, häufig grausam.

Frau von Staël mußte mehr als andere Schriftsteller den Vorurteilen auf ihrem Wege begegnen und auf sie aufmerksam werden: sie war Protestantin in einem katholischen Lande; sie hegte Sympathieen für die Katholiken, obschon sie im Schoße einer protestantischen Familie erzogen war; sie war in Frankreich die Tochter eines Schweizer Bürgers und fühlte sich in der Schweiz als Pariserin; sie war als seelenvolle und leidenschaftliche Frau dem Zusammenstoßen mit dem Urteil der Gesellschaft ausgesetzt, als weibliches Genie schon im voraus in Verteidigungs- und Angriffsstellung gegen eine Gesellschaftsordnung, welche das Weib zum Privatleben hinweist. Daß sie aber mehr als irgend ein anderer zeitgenössischer Schriftsteller die Vorurteile durchblicken konnte, von denen sie umgeben war, das beruht vorzugsweise darauf, daß sie als politischer Flüchtling gezwungen war, ein fremdes Land nach dem andern zu durchreisen, eine Notwendigkeit, aus der sie mit ihrem wachsamen und lernbegierigen Geiste Veranlassung nahm, die verschiedenen Volksgeister und ihre verschiedenen Vorbilder mit einander zu vergleichen.

Als der Befehl, durch welchen Napoleon sie zum erstenmale aus Paris auswies, ihr überbracht worden war, ließ sie ihn durch Joseph Bonaparte, der zu ihren Freunden gehörte, fragen, ob sie einen Paß nach Preußen erhalten könnte, oder ob man von dort ihre Auslieferung verlangen würde. Nach langem Warten bewilligte man ihr den Paß, und sie unternahm jetzt zuerst eine Reise nach Weimar. Sie lernte dort die herzogliche Familie kennen, hatte längere Gespräche mit Schiller über das Verhältnis zwischen deutscher und französischer Litteratur, plagte Goethe mit Fragen über das Leben und den Tod, Gott und die Welt — sich lebhaft über unbeantwortbare Fragen zu unterhalten, das war, sagt er, ihre eigentliche Leidenschaft —; am meisten setzte sie jedoch ihn wie die anderen deutschen Größen dadurch in Verwunderung, daß sie von ihnen nicht nur gekannt sein, sondern wirken wollte und stets sprach, als sollte jetzt sofort eingegriffen und augenblicklich gehandelt werden. Sie kam nach Berlin, lernte Prinz Louis Ferdinand kennen, wurde in Fichte's, Jacobi's, Henriette Hertz's Kreisen empfangen und entführte A. W. Schlegel als Erzieher ihrer Kinder.

Im nächsten Jahre reiste sie nach Italien, studierte die Denkmäler des Altertums, die Kunst, die südländischen Sitten des Volkes, sog mit allen Poren die Eindrücke von Italiens Natur ein und entwarf darauf in Coppet „Corinne ou l'Italie."

Aber die Sehnsucht nach Frankreich ließ ihr keine Ruhe. Sie näherte sich Paris bis zu einem Abstande von vierzig Meilen, den sie laut Vorschrift innehalten mußte. Sie wohnte in kleinen Städten, zuerst in Auxerre, dann in Rouen, dessen Präfekt abgesetzt wurde, weil er ihr Wohlwollen gezeigt hatte; dann bekam sie vom Polizeiminister die Erlaubnis, die Herausgabe von „Corinna" in einem zwölf Meilen von Paris gelegenen Landhause zu besorgen. Aber kaum war „Corinna" erschienen, als eine neue Regierungsordre sie aus Frankreich verbannte. „Corinna" hatte einen ganz außerordentlichen Erfolg erzielt, und Napoleon duldete keinen Ruhm, an dem er keinen Anteil hatte. Sie kehrte darauf nach Coppet zurück und erweiterte, wie der Kaiser, unaufhörlich ihr Reich durch eine stets zunehmende Mannigfaltigkeit hoher Ideen, gesunder und tiefer Gefühle und beneidenswerter Freundschaftsverbindungen.

In Coppet hielt sie förmlich Hof. Von allen Ländern her versammelte sich eine Schar auserlesener Geister um sie. Dort konnte man, wenn man Glück hatte, zu gleicher Zeit Constant treffen, den sie in ihrer Verliebtheit „le premier esprit du monde" nennt, A. W. Schlegel, den berühmten Stifter der romantischen Schule in Deutschland, den bekannten Geschichtschreiber Sismondi, dessen schriftstellerische Thätigkeit von denselben Ideen getragen ist, für welche die romantische Schule in Frankreich später kämpfte, den deutschen Dichter Zacharias Werner, den dänischen Dichter Oehlenschläger, preußische Prinzen, polnische Fürsten und Fürstinnen, mit einem Worte, die Elite der europäischen Geburts- und Geistesaristokratie.

Seit ihrem Aufenthalte in Deutschland hatte sie nicht aufgehört, deutsche Sprache und Litteratur zu studieren, aber sie drängte nach einem neuen Aufenthalt in diesem Lande, um ihren Landsleuten ein allseitiges Bild der neuen Welt entrollen zu können, die sich ihr eröffnet hatte. Sie kannte bereits Norddeutschland, jetzt verbrachte sie ein Jahr in Wien und nach ihrer Rückkehr in die Schweiz machte sie sich an die Ausarbeitung ihres großen dreibändigen Werkes über Deutsch-

land. Dies war im Jahre 1810 vollendet. Aber nun hieß
es, dasselbe in Paris gedruckt zu bekommen. Es war in
Frankreich ein Dekret betreffs der Preßfreiheit erschienen, welches
bestimmte, daß kein Werk gedruckt werden dürfte, ohne von der
Zensur geprüft zu sein; aber hierauf folgte mit besonderer Rücksicht auf Frau von Staël ein zweites Dekret, welches verfügte,
daß, wenn die Zensoren die Veröffentlichung eines Werkes gestattet hätten, der Polizeiminister dasselbe ganz und gar unterdrücken könne, falls er solches für gut befinde, ein Gesetz, das ge-
radezu alles Gesetz aufhebt. Als jetzt das Buch „Ueber Deutschland" gedruckt werden sollte, erhielt Frau von Staël wiederum
Erlaubnis, sich Paris in einem Umkreise von vierzig Meilen
zu nähern, um die Herausgabe zu überwachen. Sie reiste
nach Blois, wohnte zuerst im Schlosse Chaumont-sur-Loire,
dann auf dem Gute Fossé, sowie noch auf einigen anderen
Gütern bei Feunden in der Nähe von Blois. Sie flatterte
um ihr geliebtes Paris in der vorgeschriebenen Entfernung
herum, wie eine Motte um das Licht flattert. Einmal wagte
sie sich mit Lebensgefahr sogar hinein. Inzwischen durchlasen
die Zensoren das Werk, korrigierten und strichen, und erteilten
dem verstümmelten Buche ihr Imprimatur. Zehntausend
Exemplare wurden gedruckt. Allein in dem Augenblicke, als
das Werk erscheinen sollte, sandte der Polizeiminister seine
Gendarmen in das Buchhändlermagazin, nachdem er Schild-
wachen an jeden Ausgang postiert hatte, und vollbrachte auf
Napoleon's Befehl die Heldenthat, die zehntausend Exemplare
zerhacken zu lassen, worauf man die Masse zu einem Teig
einstampfte und dem Buchhändler zwanzig Louisd'or als Ent-
schädigung gab. Gleichzeitig erhielt Frau von Staël die
Weisung, ihr Manuskript, d. h. die Studien und Hoffnungen
von sechs vollen Jahren, auszuliefern und Frankreich binnen
vierundzwanzig Stunden zu verlassen. In dem Briefe, welchen
ihr der Polizeiminister bei diesem Anlasse übersandte, heißt es:
„Sie dürfen die Ursache des Befehls, den ich Ihnen mitgeteilt, nicht in dem Schweigen suchen, das Sie hinsichtlich
des Kaisers in Ihrem letzten Werke beobachtet haben, das
würde ein Irrtum sein; er konnte keinen Platz darin finden,

der seiner würdig wäre. Allein Ihre Verbannung ist eine
natürliche Folge der Richtung, welche Sie beständig in den
letzten Jahren eingeschlagen haben. Es hat mich bedünkt, als
gefiele Ihnen nicht die Luft dieses Landes, und wir sind,
gottlob! noch nicht darauf reduziert, unsere Vorbilder bei den
Völkerstämmen suchen zu müssen, welche Sie bewundern. Ihr
letztes Werk ist nicht französisch."

Da haben wir das Wort das ihr zum Verderben wird,
„nicht französisch". Es ist dies Werk, das Buch „Ueber
Deutschland", von welchem die ganze neue Epoche der fran=
zösischen Litteratur datiert werden kann, dies Werk, das zum
erstenmale grundsätzlich und nicht blos gelegentlich mit der
veralteten Tradition in der französischen Litteratur bricht und
an jedem Punkte neue Lebensquellen erschließt, dies Werk ist
es, das der geistige Polizeidiener des Landes „nicht französisch"
zu nennen sich erdreistet. Und nun dieser ironische Versuch
der Grausamkeit, galante Töne anzuschlagen! „Die Luft dieses
Landes scheint Ihnen nicht zu behagen", belieben Sie daher
zu reisen. Es ist, als höre man die berauschte französische
Nationaleitelkeit selbst reden: Weil Du gewagt hast, die Freiheit
zu lieben, selbst wenn wir andern unter der Despotie eines
Weltherrschers glücklich sind; weil Du, während wir uns im
Widerschein von Napoleons Ruhm sonnen, Dich erfrecht hast,
die souveräne Unabhängigkeit des Genies in „Corinna" zu
schildern, und, aus Paris verbannt, Dein Ideal auf dem
Kapitol krönen ließest, weil Du endlich, Du, ein schwaches
Geschöpf, ein Weib, den tollkühnen Mut besessen hast, zu einer
Zeit, wo Frankreichs Name die ganze Welt erfüllt, wo seine
Adler im Glorienschein von tausend Siegen schimmern und
die Nationen gefesselt zu seinen Füßen liegen, uns ins Gesicht
zu erklären, daß unser geistiges Leben verdorrt, daß unsere
Poesie schlecht und unsere Philosophie welk ist, weil Du aus
glühender Liebe zu Deinem Vaterlande, aus brennendem Eifer,
es aus seiner geistigen Erniedrigung zu erheben, ihm das
tief verachtete Deutschland als ein Land zeigst, dessen Poesie
seine eigene weit überstrahlt, das verhaßte England, Napolen's
„treuloses Albion", als ein Land, das eine ganz anders ge=

sunde und echte Liebe zur Freiheit als Frankreich besitzt, und das sterbende Italien, die unterworfene französische Provinz, als ein Land, dessen Natürlichkeit in den Sitten und dessen gewaltige Ueberlegenheit in der Kunst Muster sind, welche der Entwickelung neuere und edlere Ziele stellen, als die, welche eine alberne Selbstvergötterung und geistige Trägheit sich stellt — deshalb sollst Du als unnational gestempelt, die Kokarde Deines Vaterlandes soll Dir von der Stirn gerissen, Deine Bücher sollen vernichtet, Deine Manuskripte sogar verbrannt und Du selbst mit einer Meute von Angebern und Spionen auf Deinen Fersen wie ein wildes Tier über die Grenze gejagt werden und binnen vierundzwanzig Stunden uns aus den Augen sein."

Der Präfekt des Departements kam zu ihr, und forderte die Auslieferung des Manuskriptes. Es gelang, dasselbe zu retten, indem man ihm ein schlechtes Konzept gab. Aber ihre Sorge um das Werk war in diesem Augenblick noch das Geringste. Es war Frau von Staëls Hoffnung gewesen, sich nach England einschiffen zu können; aber in einer Nachschrift im Briefe des Polizeiministers wurden ihr, um gerade dies zu verhindern, alle nordfranzösischen Häfen verboten. Eine Zeit lang beschäftigte sie sich mit dem Gedanken, an Bord eines nach Amerika segelnden französischen Schiffes zu gehen, da dann die Möglichkeit existierte, daß es unterwegs von den Engländern gekapert werden konnte. Aber dieser Plan war doch zu abenteuerlich, und überwältigt und sorgenvoll nahm sie von neuem ihre Zuflucht zu Coppet.

Hier erwarteten sie neue Verfolgungen der verschiedensten Art. Kraft des ersten Befehls, den der Präfekt von Genf empfing, bedeutete er ihren beiden Söhnen, daß es auch ihnen verboten sei, jemals wieder nach Frankreich zurückzukehren, und dies nur aus dem Grunde, weil sie einen fruchtlosen Versuch gemacht hatten, zum Besten der Mutter eine Audienz bei Napoleon zu erlangen. Wenige Tage danach erhielt Frau von Staël einen Brief von dem Präfekten, in welchem ihr dieser im Namen des Polizeiministers die Korrekturbogen des Werkes „Ueber Deutschland" abforderte, da man durch Spione erfahren hatte, daß eine Korrektur in ihrem Besitze geblieben, und man nicht gewillt war, sich mit der halben Maßregel zu begnügen, das schon Gedruckte zu vernichten; man wollte vielmehr die Arbeit spurlos verschwinden lassen, um jeden Neudruck unmöglich zu machen. Die Verfasserin antwortete, daß jene Korrektur bereits ins Ausland geschickt sei, aber daß sie sich gern verpflichten wolle, nichts mehr auf dem europäischen Festlande drucken zu lassen. „Ich hatte", bemerkt sie in ihrem Buche „Dix années d' exile", „kein großes Verdienst bei diesem Versprechen, da selbstverständlich keine festländische Regierung ein Werk in ihrem Lande erscheinen lassen würde, das vom Kaiser verboten war." Kurz danach wurde der Genfer Präfekt, Barante, der Vater des bekannten Litterarhistorikers, abgesetzt, weil man fand, daß er gegen Frau von Staël zu schonend vorgegangen sei. Ihr Sohn wurde krank und sie begleitete ihn auf den Rat des Arztes in das Bad Aix in Savoyen, welches etwa zwanzig Meilen von Coppet entfernt liegt. Kaum dort angekommen, wurde sie von einem Eilboten des Präfekten im Departement Mont-Blanc eingeholt, der ihr nicht nur verbot, unter irgend einem Vorwande die Nachbarländer zu besuchen, sondern sogar selbst in der Schweiz zu reisen und sich überhaupt nie mehr als zwei Meilen von Coppet zu entfernen. Und nicht genug damit, daß man ihren Aufenthalt auf ihrem Schlosse in eine Haft umwandelte, sorgte man auch dafür, daß sie nicht nur unter dem Verlust der Freiheit, sondern auch unter der Qual des Gefängnislebens: der Einsamkeit litt, welche für eine so äußerst gesellige Natur doppelt peinlich war. Schlegel, der acht Jahre in ihrem Hause als Erzieher ihrer Kinder gelebt hatte, erhielt unter dem lächerlichen Vorwande den Befehl, Coppet zu verlassen, daß er sie gegen Frankreich einnähme, und auf die Frage in wie fern? lautete die Antwort, daß er einen Vergleich zwischen der „Phädra" des Euripides und derjenigen Racines verfaßt und die erstere vorgezogen habe. Montmorency wurde verbannt, weil er einige Tage in Coppet verbracht hatte: Frau Récamier, welche Frau von Staël nicht rechtzeitig von der Strafe unterrichten konnte, die selbst auf den kürzesten

Besuch bei der Verfasserin der „Corinna" gesetzt war, ward
es verboten, nach Frankreich zurückzukehren, weil sie bei ihrer
Durchreise durch die Schweiz die Freundin durch ein Gespräch
hatte aufmuntern wollen; ja, selbst ein achtundsiebzigjähriger
Greis, St. Priest, ihres Vaters früherer Ministerkollege, wurde
verbannt, weil er einen einzelnen Höflichkeitsbesuch in Coppet
abgestattet hatte.

Die Verlassenheit, welche sich im Gefolge derer einstellt,
welche Gegner einer übermächtigen Gewalt sind, war ihr nicht
neu. Schon lange hatte es kein Mann von Rang und Ruhm,
keine politische Größe, die mit der Regierung auf gutem Fuße
zu stehen wünschte, gewagt, sie in Coppet zu besuchen. Jeder
war verhindert, bald durch Geschäfte, bald durch Krankheit.
„Ach", sagte sie damals, „wie müde bin ich doch all' dieser
Feigheit, die sich als Brustkrankheit vermummt". Aber jetzt
war zu der Trauer, sich von so vielen ehemaligen Freunden
verraten zu sehen, auch noch die Qual gekommen, jeden ihrer
wirklichen Freunde für die geringste Aeußerung des Wohl=
wollens mit Verbannung bestraft, und so gleich einem Orest
des Exiles, wie sie sich nennt, Unglück wie eine ansteckende
Seuche um sich verbreitet zu sehen.

Es stand in ihrer eigenen Macht, sich selbst jetzt nach so
langen Jahren der Verfolgung, der Gefangenschaft und Ver=
bannung Freiheit und Erlaubnis zu schreiben und zu drucken
zu erwerben; dienstwillige Geister gaben ihr zu verstehen, daß
eine noch so geringe Wandlung ihrer Ansichten oder ihrer
Ueberzeugung ihr die Erlaubnis zur Rückkehr nach Frankreich
erwirken würde; sie wollte sich jedoch ihre Freiheit um solchen
Preis nicht erkaufen, und als man ihr einmal in bestimmterer
Form riet: „Schreiben Sie nur, sprechen Sie nur ein paar
Worte über den König von Rom, und alle Hauptstädte werden
sich Ihnen öffnen," da antwortete sie: „Ich wünsche ihm eine
gute Amme."

Isoliert und eingesperrt, beschloß sie alles daran zu setzen,
um von Coppet zu entfliehen. Sie wollte nach Amerika reisen,
das war aber ohne Paß eine Unmöglichkeit und wie sollte sie
zu einem solchen gelangen? Zudem fürchtete sie, auf dem

Wege zum Hafen unter dem Vorwande, daß sie nach England zu reisen beabsichtige, worauf Gefängnißstrafe stand, verhaftet zu werden. Und sie war sich recht wohl bewußt, daß, wenn der erste Skandal hierüber verflogen wäre, die Regierung sie ruhig im Gefängnis schmachten lassen könnte, sie würde schnell vollständig vergessen worden sein. Sie malte sich die Möglichkeit aus, durch Rußland nach Schweden gehen zu können, da ganz Norddeutschland in der Gewalt der Franzosen war. Sie hoffte durch Tirol flüchten zu können, ohne von Oesterreich ausgeliefert zu werden. Aber ein Paß für Rußland mußte aus St. Petersburg beschafft werden; schrieb sie von Coppet darum, so mußte sie befürchten, dem französischen Gesandten in Rußland denunziert zu werden; sie mußte deshalb vor allem nach Wien zu entkommen suchen und sich von dort aus einen Paß erwirken.

Ein halbes Jahr lang saß sie über die Karte von Europa gebeugt und studierte dieselbe, um einen Fluchtweg zu finden, mit derselben Leidenschaft, mit der auch Napoleon sie betrachtete, um zu untersuchen, auf welchem Wege sich das Weltkaiserreich erobern und errichten ließe. Als ein letztes Ansuchen um einen Paß nach Amerika nach Verlauf eines Monates abschlägig beschieden ward, obschon das Gesuch das Versprechen enthielt, daß Frau von Staël, wenn es bewilligt würde, sich verpflichten wolle, nirgends das Geringste drucken zu lassen, da beschloß das schwache aber mutige Weib einen entscheidenden Fluchtversuch zu wagen. Eines Tages im Jahre 1812 fuhr sie mit ihrer Tochter ohne einen einzigen Koffer oder Gepäck, mit einem Fächer in der Hand auf einem Wagen aus Coppet fort, kam glücklich nach Wien und schrieb nach St. Petersburg um einen russischen Paß. So ängstlich scheute jedoch die österreichische Regierung sich französischen Ungelegenheiten auszusetzen, daß man sie auf der galizischen Grenze anhielt, und sie durch ganz österreichisch Polen von Spionen verfolgen ließ; als sie auf der Reise einen Tag Halt machte, um die fürstlich Lubomirskische Familie zu besuchen, folgte ihr sogar ein österreichischer Polizeiagent in solcher Nähe, daß der Fürst sich gezwungen sah, ihm an seinem Tische einen

Platz einzuräumen, und Frau von Staël's Sohn konnte ihn nur durch Drohungen verhindern, sein Nachtquartier in ihrem Schlafgemach aufzuschlagen. Erst als sie die russische Grenze überschritten hatte, atmete sie freier auf. Doch dies Freiheitsgefühl sollte nur von kurzer Dauer sein. Kaum hatte sie Moskau erreicht, als sie das Gerücht von der Annäherung des französischen Heeres aufs neue zur Flucht zwang und in St. Petersburg erst konnte sie sich als außer Gefahr betrachten.

Ein Jahr vor ihrer Abreise aus Coppet war sie eine heimliche Ehe eingegangen; bereits fünfundvierzig Jahre alt hatte sie einen jungen französischen Offizier, Albert de Rocca, geheiratet, der als schwerverwundeter und durch Blutverlust erschöpfter Invalide nach der Schweiz gekommen war. Frau von Staël's Mitgefühl erweckte im Herzen des jungen Kranken eine heftige Liebe und diese führte zur heimlichen Vereinigung. Mit Rocca war Frau von Staël an der russischen Grenze zusammengetroffen. Sie hegte den Plan, nach Konstantinopel und Griechenland zu gehen, um die rechten Lokalfarben zu einem Gedicht „Richard Löwenherz" zu studieren, das ihr vorschwebte und zu welchem ihr Lord Byron's Auftreten die Idee gegeben zu haben scheint; es sollte, sagte sie, ein „Lara" werden, in welchem derjenige Byron's nicht wiederzuerkennen sein würde.

Aber die Furcht, daß ihre junge Tochter und Rocca die Strapazen der Reise nicht aushalten könnten, bewog sie, ihre Zuflucht nach Stockholm zu nehmen. Sie erneuerte dort ihre Freundschaft mit Bernadotte, traf daselbst Schlegel, den Bernadotte geadelt und zu seinem Privatsekretär gemacht hatte. Durch Schlegel machte Carl Johann auch Constant's Bekanntschaft, suchte — übrigens ohne Glück — ihn für seine ehrgeizigen, auf den französischen Thron gerichteten Pläne zu gewinnen und ernannte ihn vorläufig zum Ritter des Nordsterns. Frau von Staël war Bernadotte's Charakter gegenüber weniger skeptisch als Constant; sie spricht von ihm stets mit Wärme; ihr gemeinsamer Haß gegen Napoleon war hierbei wohl das vereinende Element. Dieser Haß verstummte jedoch bei ihr von dem Augenblick an, als die verbündeten

Heere gegen Frankreich zogen; sie klagt darüber, Napoleon Glück wünschen zu müssen, aber sie kann seine Sache nicht mehr von der Frankreichs trennen. Charakterfester als Constant wies sie die Annäherungsversuche, welche Napoleon in den 100 Tagen ihr gegenüber machte, von sich. Sie erlebte seinen endlichen Sturz und sah mit Trauer die Bourbonen zurückkehren, welche schlimmere Freiheitsfeinde waren als der Despot, auf den sie folgten. Noch einmal trifft sie Constant im Jahre 1816 in Paris und stirbt dann ein Jahr später.

Diese kurze Uebersicht über das Leben und den Lebenskampf dieser bedeutenden Frau in ihrer reiferen Periode bietet eine genügende Uebersicht, um die Vorstellung von ihrem Wesen als Mensch und Schriftstellerin zu vervollständigen. Angeborene Herzlichkeit und Mutterwitz besaß sie als ursprüngliche Gaben: eine Herzlichkeit, die sich in umfassendster Menschenliebe erhob, und ein Witz, der sich zu genialer Empfänglichkeit und Darstellungsfähigkeit entwickelte.

Sie besaß in sehr hohem Grade einige der Eigentümlichkeiten des 18. Jahrhunderts: den ausgeprägten Hang zur Geselligkeit, die überwiegende Neigung und Fähigkeit zur Konversation. Während George Sand, die große Schriftstellerin des 19. Jahrhunderts, in Gesellschaft mit anderen verschlossen und stumm blieb und die Quellen ihrer Persönlichkeit nur öffnete, wenn sie schrieb, war Frau von Stael eine lebhafte Improvisatrice. Ihre Fähigkeit bestand darin, zu elektrisieren; ihre Worte fluteten gleich Lichtströmen über den Gegenstand, von dem sie sprach. Alle diejenigen, welche sie gekannt haben, haben immer erklärt: „Ihre Schriften sind nichts, Sie hätten sie reden hören sollen." Einer ihrer Kritiker endet eine Ankündigung mit den Worten: Wenn man sie hört, ist es unmöglich, ihr nicht beizupflichten: hätte sie dies gesagt und nicht geschrieben, so hätte ich sie nie kritisieren können", und eine große Dame, Frau von Tessé, sagt im Scherz von ihr: „Wenn ich Königin wäre, würde ich Frau von Staël befehlen, immer zu mir zu reden.*)

---

*) Sainte-Beuve, Madame de Staël.

Die zahllosen mündlichen Ueberlieferungen, die von ihr erhalten sind, geben trotz des toten Schwarz auf Weiß eine Vorstellung von dem Naiven und Ueberraschenden in ihrer Art zu sprechen. Eines Tages, als sie sich über das Unnatürliche der von den Eltern gestifteten Ehen im Gegensatz zu dem Rechte, das junge Mädchen frei wählen zu lassen, verbreitete, rief sie lachend aus: „Ich würde meine Tochter zwingen, sich aus Liebe zu verheiraten." — Als ihr ein andermal einer der dienstwilligen Geister Napoleons mitteilte, daß ihr der Kaiser die zwei Millionen auszahlen würde, welche ihr Vater in der französischen Bank deponiert habe, falls er versichert sein könne, daß sie ihm gut sei, antwortete sie: „Ich wußte wohl, daß man ein Lebensattest gebrauche, um sein Geld zu erheben, jedoch nicht, daß hierzu eine Liebeserklärung vonnöten sei."

Aber hinter Geistesgegenwart und dieser Fähigkeit, die Gedanken leicht zu gestalten und zu äußern, die ein geselliges Zeitalter entwickelt, lag viel von jenem Innigen und Seelenvollen, welches das 19. Jahrhundert schätzt. Die bewunderte Burgfrau von Coppet, die gefeierte und gewinnende Weltdame war eine Natur. Das Mißverhältnis zur Mutter hatte, wie schon berührt, frühzeitig den Glauben an die Menschennatur und Liebe zu derselben in ihrem Herzen erzeugt. Eine Pflicht, welche die Natur nicht gebot, vielmehr bekämpfte, war ihr ein Greuel. Schon in ihrer Schrift „Über den Einfluß der Leidenschaften" stellt sie die Leidenschaften nicht zu dem Begriff Pflicht, sondern zu dem Begriff Glück in Beziehung und untersucht den höheren oder geringeren Grad, in welchem sie in unser Glück eingreifen. Sie läßt „Corinna" sagen: „Nichts ist leichter, als eine hohe moralische Miene anzunehmen, während man alles Edle und Große verurteilt. Die Pflichtidee .... kann zu einer Angriffswaffe benutzt werden, welche die in ihrer Mittelmäßigkeit und Beschränktheit selbstzufriedenen kleinen Geister benutzen, um dem Talente Schweigen zu gebieten und sich von der Begeisterung, dem Genie, kurz, allen ihren Feinden zu trennen."

Der Naturgrund in ihr selbst, auf den sie baute, war ein echt weiblicher. Das Ideal, welches dieser bis zu einem gewissen Grade ehrgeizigen Frau vorschwebte, war ein rein persönliches, rein idyllisches: das Glück in der Liebe; um dieses drehen sich ihre beiden großen Dichtungen „Delphine" und „Corinna".

Die Unwahrscheinlichkeit, dasselbe in der Ehe zu finden, wie die moderne Gesellschaft sie geordnet hat, die Unmöglichkeit, es außerhalb der Ehe zu finden, sind die festen Grundgedanken, und der Kampf zwischen dem häuslichen Glücke und dem edlen Ehrgeize oder der freien Leidenschaft, den die Schriftstellerin uns beständig vor Augen führt, ist eigentlich nur der Ausdruck einer langen Klage: weder das Genie noch die Leidenschaft lassen sich mit dem häuslichen Glücke vereinen, welches das ewige Verlangen ihres Herzens ist. Und was das Genie und seinen Begleiter, den Ruhm, betrifft, so ist seine Bahn nur ein Notanker, den das Weib ergreift, wenn sie in all' ihren Hoffnungen und all' ihren Träumen zu Tode verletzt worden ist. Für Frau von Staël ist das Herz alles, sogar der Ruhm ist ihr nur ein Mittel, Herzen zu erobern. Corinna sagt: „Indem ich den Ruhm suchte, habe ich stets gehofft, er würde die Leute veranlassen, mich zu lieben." An einer anderen Stelle sagt sie selbst: „Laßt uns unseren ungerechten Feinden und unseren undankbaren Freunden nicht den Triumph gönnen, unsere geistigen Kräfte gebrochen zu haben. Sie reduzieren den, welcher sich so gern mit den Gefühlen begnügt hätte, darauf, den Ruhm zu suchen."

Es ist dies Herzliche, man könnte sagen Mütterliche, in ihrer Geistesrichtung, welches der allgemeinen Melancholie des Zeitalters, die sich auch bei ihr wiederfindet, ein eigentümliches Gepräge verleiht. Diese Melancholie ist nämlich nicht blos die allgemein menschliche, die, welche darauf beruht, daß zwei Menschen, welche einander lieben, immer mit voller Bestimmtheit zu einander sagen können: „Entweder werde ich den Tag erleben, wo Du als Leiche daliegst oder Du den Tag, wo ich als Leiche daliege." Es ist noch weniger dieselbe egoistische Melancholie, welche wir als Charaktermerkmale der Zeit er kannt haben; es ist eine sympathische, welche ihren Grund in den Gleichheitsideen und Freiheitsvorsätzen der Revolutionszeit hat, es ist die Trauer der reformatorischen Begeisterung.

Sie war von ihrer Jugend an eine so schwärmerische Anhängerin der Gleichheit, daß sie auch hinsichtlich der Begabung die Menschen im Wesentlichen für gleich hielt und nur an einen äußerst geringen Unterschied zwischen dem Genie und dem gewöhnlichen Menschen glaubte. Sie hatte von der Zeit an, da sie auf den Knieen ihres Vaters saß, den festesten Glauben an die Macht der Freiheit, die Menschen zu beglücken und das Beste bei ihnen hervorzurufen, gehegt. Diesen Glauben hielt sie selbst dann fest, als sie während der Septembertage vor der Schreckensherrschaft, zu der sich die Gleichheit verwandelt hatte, fliehen mußte, und als sie unter dem Konsulate von jener Diktatur verbannt wurde, in welche die Freiheit ausgemündet war. Es ist jedoch kein Wunder, daß sich ein aus Wehmut und Melancholie gewebter Schleier frühzeitig über ihren lebhaften Geist verbreitete.

Talleyrand, dessen Name in den Tagen ihrer Macht durch ihre Fürsprache von der Liste der Emigranten getilgt worden war, bewies sich zu undankbar, als daß er einen Finger hätte rühren mögen, um ihr zu einer Zeit, wo sie vor Heimweh ganz in Verzweiflung war, die Erlaubnis zur Rückkehr nach Paris zu erwirken. Sie haßte ihn nicht, sie haßte niemand, sie verzieh allen, aber sie hat ein wahres und treffendes Bild von ihm geliefert, indem sie seinen Charakter als den der Frau von Vernon in „Delphine" schilderte. Ihre tiefe Melancholie macht sich Luft am Schlusse eines ihrer Briefe an ihn: „Leben Sie wohl! Sind Sie glücklich? Dringen Sie mit einem so überlegenen Geiste nicht zuweilen bis zum Grunde von allem, d. h. zum Unglück hinab?"

„Von allen Fähigkeiten, die ich von der Natur empfing", läßt sie Corinna sagen, „ist die Fähigkeit zu leiden, die einzige, von welcher ich vollen Gebrauch gemacht habe."

Sie gelangte jedoch, geistig und gesund wie sie war, im Laufe der Jahre zu einer lichteren Lebensanschauung. Eine ihrer weiblichen Verwandten, die sie genau gekannt hat, schreibt

hierüber: „Vielleicht gab es eine Zeit, wo das Leben, der
Tod, die Melancholie, die leidenschaftliche Selbstaufopferung
eine allzu große Rolle in ihren Gesprächen spielten. Als sich
diese Ausdrücke jedoch wie eine Ansteckung in ihrem ganzen
Kreise verbreiteten, ja sogar nahe daran waren, von den Dienst-
boten angewendet zu werden, wurden sie ihr völlig zum Entsetzen.*) Sie vermochte sich aus jenem geistigen Stadium
herauszuarbeiten, in welchem so viele ihrer französischen Zeitgenossen stehen blieben.

Und dies war überhaupt ein Grundzug bei ihr; sie entwickelte sich kritisch im Geiste und der Richtung des neunzehnten Jahrhunderts. Sie war von Anfang an ein echtes
Pariser Kind ohne irgendwelchen lebendigen Sinn für Natur-
schönheiten. Als man ihr nach ihrer ersten Flucht aus Paris
zuerst den Genfersee zeigte, rief sie in ihrem Heimweh aus:
„O, wie viel schöner war nicht der Rinnstein in der Rue du
Bac! Und nicht viele Jahre darnach schilderte sie in „Corinna"
Italiens Natur mit den glühendsten Farben. Sie war an-
fänglich ganz in Paris verliebt gewesen, welches in ihren
Augen Frankreich bedeutete, und dieses repräsentierte ihr wiederum
die Zivilisation. Und sie ward diejenige, welche vor jedem
anderen den Franzosen die Eigentümlichkeiten und Vorzüge
der anderen europäischen Völker offenbarte. Denn sie besaß
jene eigentliche kritische Begabung, die unausgesetzt ihren Geist
erweitert, ihre Empfänglichkeit vergrößert, ihre Vorurteile im
Keime erstickt und sich dergestalt immer zum Verstehen bereit hält.

Darin lag die Anziehungskraft, die sie ausübte, darauf
beruhte es, daß sie, obschon verfolgt und verbannt, in Coppet
wie eine Königin herrschte und wirkte.

Oehlenschläger beschreibt in seiner Selbstbiographie seinen
Besuch bei Frau von Staël im Jahre 1808. Obschon
Oehlenschläger keine rechte Vorstellung von der eigentlichen
Seelengröße dieser Frau gehabt zu haben scheint, deren Gast

---

*) Mme. Necker de Saussure: Notice sur le caractère et les
écrits de Mme. de Staël. p. 358.

er war, schildert er doch sehr hübsch seinen Aufenthalt und die Person seiner Wirtin. „Wie lebendig, geistreich, witzig und liebenswürdig die Frau von Staël war," schreibt er, „ist der Welt bekannt. Ich wüßte kein Weib, das so viel Genie verraten hätte. Darum hatte sie auch etwas Männliches in ihrem Wesen, war stark untersetzt und hatte ein markiertes Gesicht. Schön war sie nicht, aber ihr brillantes braunes Auge hatte doch so viel Anziehendes, und das weibliche Talent, Männer zu gewinnen und durch Anmut und Feinheit die verschiedenartigsten Charaktere zu beherrschen und gesellig zu vereinen, besaß sie in hohem Grade. Ihr Genie und ihr Gesicht, selbst beinahe ihre Stimme, waren männlich; ihre Seele aber war in hohem Grade weiblich, das hat sie in „Delphine" und „Corinna" bewiesen. Rousseau hat nicht feuriger die Liebe geschildert. Wo sie sich zeigte, zog sie, trotz der Anwesenheit schöner und junger Damen, alle Männer von Kopf und Herz in ihren Kreis. Nimmt man nun hinzu, daß sie sehr reich, sehr gastfrei war und alle Tage prächtige Diners gab, so wundert man sich nicht darüber, daß sie wie eine Königin, wie eine Art von Fee in ihrem Zauberschlosse die Männer an sich zog und beherrschte. Man sollte fast glauben, daß sie, um diese Herrschaft anzudeuten, bei Tische immer den kleinen Blätterzweig in der Hand hielt, mit dem sie während des Gespräches unaufhörlich spielte, und den der Diener täglich neben ihr Kouvert legen mußte, weil er ihr eben so unentbehrlich wie Löffel, Messer und Gabel war."

Jeder wallfahrtete nach Coppet, wie man ein halbes Jahrhundert vorher nach dem benachbarten Ferney gewallfahrtet war. Denn hier hatte ja Voltaire, ebenso wie Frau von Staël verbannt, außerhalb der französischen Grenze, aber so nahe dieser Grenze wie möglich wohnhaft, in seiner letzten Lebensperiode ganz Europa um sich versammelt.

Es hat etwas Verlockendes für die Phantasie, die Wirksamkeit, welche von dem Patriarchen in Ferney ausstrahlte, mit derjenigen zu vergleichen, welche sich von Coppet's junger und geistvoller Herrscherin über Frankreich und die übrige Welt ergoß. Die Zeit in Ferney war in jeder Beziehung die glänzendste Periode in Voltaire's Leben, von Ferney aus verbrachte er als Apostel und Fürsprecher der Freiheit, Gerechtigkeit und Toleranz so große Thaten, wie sie noch nie zuvor ein Privatmann vollbracht hatte, dessen einzige Waffe die Feder war.

Hier verwendete er drei Jahre seines Lebens auf den Prozeß zur Ehrenrettung des Jean Calas eines achtundsechzig Jahre alten Kaufmannes aus Toulouse, dessen jüngster Sohn zum Katholizismus übergetreten und dadurch seiner Familie entfremdet war, während der älteste Sohn, ein leichtsinniger und ausschweifender Mensch, sich das Leben nahm. Augenblicklich verbreitete die katholische Geistlichkeit unter dem Pöbel die Ansicht, daß der Vater aus Haß gegen die katholische Religion, zu welcher der Sohn, wie sie sagte, hatte übertreten wollen, diesen erdrosselt habe. Die ganze Familie wurde in Ketten gelegt, die Leiche des Erhängten ausgestellt, die ein Wunder nach dem andern that. Gleichzeitig beging man die zweihundertjährige Wiederkehr der Bartholomäusnacht in Toulouse. In fanatischer Aufregung verurteilten dreizehn Richter trotz aller Beweise gegen die Wahrheit der Anklage und ohne den Schatten eines Beweises für die Schuld, den alten Mann dazu, bei lebendigem Leibe gerädert zu werden. Dies wurde vollzogen, aber noch auf dem Rade versicherte er seine Unschuld. Die Kinder wurden unter dem Schein der Begnadigung in ein Kloster gesperrt und zur Annahme des katholischen Glaubens gezwungen. Da schrieb Voltaire in Ferney seine berühmte Schrift über die Toleranz und setzte Himmel und Erde in Bewegung, bis er die Revision des Prozesses erzwang. Er wendete sich an die öffentliche Meinung von ganz Europa, er zwang den Staatsrat in Paris, die Aktenstücke vom Parlament in Toulouse einzufordern. Man verweigerte dies, man zog die Sache in die Länge. Endlich, nach dreijährigen unermüdlichen Kämpfen, erzwang es Voltaire. Das Toulonser Urteil wurde für falsch erklärt, die Ehre des Hingerichteten wieder hergestellt und der Familie ein Schadenersatz zugesprochen. Wenn man Voltaire Gerechtigkeit erweisen will, so muß man daran erinnern, daß in dieser Periode die Worte „Écrasez l'infame" die stehende Formel unter all seinen Briefen werden.

In Ferney nahm Voltaire ferner die Familie Sirven auf. Der Vater war Calvinist die Tochter war gewaltsam in ein Kloster geführt worden. Da sie irrsinnig wurde, ließ man sie frei, worauf sie sich in einem Brunnen in der Nähe ihres väterlichen Hauses ertränkte. Dies wird darauf dem Vater, der Mutter und den Töchtern als Mord an der verstorbenen Nonne ausgelegt. Sie werden alle zum Tode verurteilt. Diese ganze unglückliche Familie weiß in Europa keine andere Freistatt als Voltaires Haus. Sie flüchten zu ihm; die Mutter stirbt unterwegs vor Kummer. Auch diesmal zwingt er, obschon verbannt, durch die Macht seiner feurigen Beredsamkeit, die französischen Gerichte, die Sache von neuem aufzunehmen, und die ganze Familie ward freigesprochen.

Drei Jahre später nimmt er in Ferney den jungen Etalonde auf. Zwei junge Menschen, de la Barre und Etalonde, wurden im Jahre 1765 angeklagt, an einer Prozession vorübergegangen zu sein, ohne den Hut abgenommen zu haben, und dieser Teil der Anklage war wahr, sowie ein Kruzifix ins Wasser geworfen zu haben, eine Beschuldigung, die jedoch falsch war. Beide wurden zuerst unter Martern verhört, dann ward de la Barre gerädert. Mutig bestieg er das Schafott und sagte nur: „Ich habe nicht geglaubt, daß man einen jungen Menschen wegen solcher Bagatelle töten würde." Etalonde, den man zum Verluste der rechten Hand und der Zunge verurteilte, flüchtete nach Ferney und bei Voltaire wagte niemand Hand an ihn zu legen.

Noch einmal glückt es Voltaire von Ferney aus, ein Menschenleben zu retten. Infolge falscher Anklage war ein junges Ehepaar, Montbailli, zum Scheiterhaufen verurteilt worden. Der Mann wurde zuerst gerädert, dann verbrannt; die Verbrennung der Frau ward aufgeschoben, da sie schwanger war. In der Zwischenzeit erfährt Voltaire die Angelegenheit, durchschaut mit seinem Feuerblick deren Schändlichkeit, richtet einen Apell an das französische Ministerium, beweist, daß der Mann unschuldig hingerichtet ist und rettet die Frau vom Scheiterhaufen.

Und wie er sich so aufopferungsvoll des Lebens unschuldig Angeklagter annahm, so auch der Ehre der Toten. Eine der letzten Nachrichten, die Voltaire auf seinem Totbette empfing, war, daß der durch seine Veranlassung wieder aufgenommene Prozeß in Sachen des Justizmordes des Generals Lally*) gewonnen und der Gemordete von der Schuld freigesprochen sei. Und in dieser Periode fand Voltaire noch Zeit, von Ferney aus leidenschaftlich für die Aufhebung der Leibeigenschaft in Frankreich zu wirken, fand Zeit, die elternlose Nichte Corneille's, welche er zu sich ins Haus nahm, zu erziehen und ihr ein reiches Heiratsgut zu verschaffen, Zeit, Ferney aus einem elenden Flecken in eine thätige und wohlhabende Stadt zu verwandeln, welcher das Wohlwollen der fremden Monarchen auf seine Empfehlung zu ungeahnter Blüte verhalf, und Zeit, seine Abhandlung über den Geist und die Sitten der Völker, seinen Bibel-Kommentar, seine Geschichte der Einführung des Christentums, sein philosophisches Wörterbuch und all' jene Hauptwerke zu schreiben, in welchen er das eine Ziel verfolgte, die christliche Dogmatik zu untergraben, die ihm als Wurzel alles Aberglaubens, aller Macht der Geistlichkeit und aller Nichtswürdigkeit erschien, welche dieselbe im Gefolge hatte. Dabei vernachlässigte er nicht das Gesellschaftsleben. Er ließ in Ferney ein Haustheater aufführen und ließ die ersten Schauspieler zu sich kommen. Alles, was Europa an Geist und Tüchtigkeit besaß, drängte sich zu ihm nach Ferney.

So ruhmvoll glänzt der Name Ferney in der Geschichte! Der Ruf welcher von Coppet ausgeht, kann sich freilich damit nicht messen, hat aber doch nicht minder seine Größe und seinen Wert. Auch diesmal war es Durst nach Gerechtigkeit, eine Wahrheits- und Freiheitsliebe der edelsten Art, welche vom Exile herkamen. Während dieses ganzen Jahrhunderts hat ja auch jedes der drei großen Hauptländer seinen größten Schriftsteller in die Verbannung geschickt. Schweifte nicht

---

*) Vgl. H. Hettner's Litteraturgeschichte des achtzehnten Jahrhunderts, Bd. II., S. 157 ff.

Byron heimatlos in Europa umher? Starb nicht Heinrich Heine in Paris? Verbrachte Victor Hugo nicht zwanzig Jahre auf Jersey? Denn es wächst die Macht des Genius unter der Verfolgung!

Aber mit dem Beginn dieses Jahrhunderts war die Zeit vorbei, wo die Schriftsteller eine Großmacht bildeten. Selbst ein Genie vom Range Voltaire's würde kaum in diesem Jahrhundert einen äußerlich nachweisbaren Einfluß ausgeübt haben, und Frau von Staël war jedenfalls weit davon entfernt, mit ihm auf gleicher Stufe der Genialität zu stehen. Ihre Aufgabe war zudem von ganz anderer Art. Die äußere Macht der Kirche war vorläufig gebrochen, und ihre Geistesrichtung war allzu religiös, um Voltaire's verlassene Bahnen einzuschlagen. Der politische Absolutismus war so mächtig, daß es als eine Demonstration betrachtet und als solche bestraft ward, den Namen des französischen Kaisers in einem Buche über Deutschland nicht zu nennen. Aber es gab eine Arbeit, welche nicht durch die äußeren Umwälzungen der Revolution gethan und auch nicht durch die Verordnungen des Kaiserreiches verboten werden konnte — die Berge von religiösen, sittlichen, gesellschaftlichen, nationalen, künstlerischen Vorurteilen zu untergraben, welche auf Europa mit noch schwererem Drucke lasteten, als Napoleons Weltmonarchie und nur durch diese überhaupt erstanden waren. In manchen dieser Vorurteile, besonders den künstlerischen und nationalen, war sogar Voltaire befangen gewesen. Gegen all' diese eröffnete Frau von Staël von Coppet aus den Krieg. Im Uebrigen versäumte auch sie, wie Voltaire, deshalb nicht das gesellschaftliche Leben, hatte gleichfalls ihr eigenes Theater, schrieb Stücke für dasselbe und spielte sie selbst. Gewiß darf also die Burgfrau von Coppet eben so edel in ihrer Thätigkeit genannt werden, wie der Philosoph von Ferney; sie war minder glücklich und mächtig in ihren Bestrebungen, aber durch ihr Geschlecht und ihre Leiden fast noch interessanter. Er vermochte mehr für andere auszurichten, sie hatte ihre liebe Not, sich selbst zu wehren.

10.
Die italienische Poesie
und Frau von Staël's Poetik. „Corinna".

Frau von Staël begann wie gesagt, ihre Schriftsteller=
thätigkeit mit einer Reihe enthusiastischer Briefe über Jean
Jacques, die mit demselben Gefühl einer leidenschaftlichen
kindlichen Liebe für Rousseau geschrieben waren, das sie ihr
Leben lang für ihren Vater hegte. Sie selbst führt hier ihre
geistige Abstammung auf denselben großen Mann zurück, dessen
Einfluß auf so viele bedeutende Geister wir nachgespürt haben.
Bald darauf entwickelt sie in ihrem „Essay sur les fictions"
ihre Poetik. Diese Poetik hat folgendes Programm: Keine
Mythologie, keine Allegorie, keine phantastische oder über=
natürliche Feenwelt; was in der Poesie herrschen soll, ist die
reine Natur. Sie scheint hier noch nicht recht im Klaren zu
sein über den großen Gegensatz zwischen der Poesie als
Psychologie und der Poesie als Phantasie, sowie über die ver=
schiedenartige Auffassung der Poesie bei den verschiedenen
Völkerstämmen, — ein Unterschied, welcher ihr später so einleuchtend ward, daß man das Verständnis desselben als einen
der wichtigsten Gedanken ihrer Schriftstellerei bezeichnen kann;
denn er trug ganz besonders dazu bei, die nationale Poetik
der Franzosen für dies Volk relativ zu machen. Die Franzosen sind nämlich gewohnt, das Wesen der Poesie in die auf
Beobachtung gegründete tiefe Kenntnis des Menschenherzens
zu setzen, welche sich in Werken wie Molière's „Misanthrop"
und „Tartüffe" offenbart. Und wie die Franzosen die Poesie
auf die Beobachtung basieren, so basieren die Deutschen sie
auf die Innigkeit des Gefühls, und die Engländer auf eine
unregelmäßige, sprunghafte, zwischen Schrecken und sittlichen
Idealen umherschweifende Phantasie, welche nicht mehr Vor=
liebe für die Natur, als für das Uebernatürliche hat, aber
welche letzteres stets nur als tiefsinniges Symbol gebraucht.

Eine Poesie, wie die, welche von der Natur und dem Volke Italiens ausstrahlt, fällt ganz außerhalb dieser Auffassungen. In Corinna, der Improvisatrice, will Frau von Staël die eigentlich poetische Poesie im Gegensatze zur psychologischen inkarnieren, d. h. die Poesie, wie Ariost sie versteht, im Gegensatze zu der Shakespeare's, Molière's und Goethe's. Unfreiwillig gelangt sie mittlerweile dazu, Corinna trotzdem halb nordisch zu machen. Wer nicht den mühevollen Kampf gekämpft hat, sich die Anschauungsweise einer durchaus fremden Rasse zum Verständnisse zu bringen, der weiß nicht, wie schwer es ist, sich in diesem Punkte von den angeborenen Stammesvorurteilen loszureißen. Es ist dazu nötig, dieselbe Luft einzuatmen, eine zeitlang in denselben Naturumgebungen wie die fremde Rasse zu leben. Ohne die Reisen, zu welchen Frau von Staël durch ihre Verbannung gezwungen ward, würde es ihr unmöglich geworden sein, ihre Intelligenz zu erweitern.

Ich glaube in aller Bescheidenheit, aus Erfahrung darüber mitsprechen zu können. Ich darf sagen, daß es mir erst auf einsamen Spaziergängen in der Umgegend von Sorrent gelang, Shakespeare soweit von mir zu entfernen, daß ich ihn überschauen und ihn, und dadurch auch seinen Gegensatz, verstehen konnte. Ich erinnere mich eines bestimmten, in dieser Hinsicht für mich bedeutungsvollen Tages. Ich hatte drei Tage in Pompeji verbracht. Von den Tempeln daselbst interessierte mich der Isistempel am meisten. Hier, dachte ich, stand das Götterhaupt, das jetzt nach dem Museo nationale geschafft worden ist, dessen Lippen geöffnet sind, und in dessen Nacken sich ein Loch befindet. Ich ging in den unterirdischen Gang hinter dem Altar hinab, von wo die Priester durch ein nach dem Haupte führendes Rohr die Göttin Orakelsprüche erteilen ließen. Es drängte sich mir die Bemerkung auf, daß es trotz all' ihrer List und trotz des Aberglaubens der Menge sehr schwierig gewesen sein müsse, dem Tempel in diesem Klima einen mystischen Charakter zu verleihen. Denn der Tempel ist ein kleiner hübscher Bau, der in hellem Sonnenlichte glänzt; nirgends Abgründe, Finsternis, Grauen. Selbst zur

Nachtzeit stand der Tempel hell im Monden- oder Sternenschein. Die Landschaft im Verein mit dem nüchternen Verstande der Römer hat das Aufkommen jeder Mystik und Romantik verhindert. Ich kam nach Sorrent; der Weg führt, in die Bergwand gehauen, am Meere hin; bald schlängelt er sich bis in's Meer hinaus, bald wieder zurück, und dann bildet die Bucht drunten eine mächtige Schlucht, mit Oelbäumen bewachsen. Die Gegend ist zugleich groß und lächelnd, wild und friedlich. Die kahlen Felswände verlieren ihre Strenge in der Beleuchtung eines so grellen Sonnenlichtes, und in allen Schluchten schimmert bald das glänzendgrüne Laub der Orangenbäume, bald das feine, sammtgrüne Laub der Oliven um weiße Häuser, Villen und Städtchen.

Auf der anderen Seite liegen dann die weißen Städte wie mit einem Zuckerlöffel über die waldbewachsenen Bergabhänge bis zum obersten Rande hinauf verstreut. Das Meer war indigoblau, an einigen Stellen stahlblau, und kein Wölkchen am Himmel. Und gegenüber im Meere lag die entzückend schöne Felseninsel Capri. Nirgends erblickt man ein solches Zusammenspiel von Linien und Farben. Anderswo kann man selbst am Schönsten etwas auszusetzen haben; die Linien des Vesuvs z. B. steigen ein wenig zu weich, ein wenig zu eingesunken empor. Aber Capri! Welche rhythmische Musik liegt nicht in den Kontouren des zackigen Felsens! Welches Gleichmaß in all' diesen Linien! Wie ist alles zugleich stolz und zart, kühn und anmutig! Das ist die griechische Schönheit. Nichts Gigantisches, nichts dem großen Haufen Imponierendes, aber die vollendete Harmonie in dem scharf Begrenzten. Von Capri aus erblickt man die Inseln der Sirenen, an welchen Odysseus vorüberfuhr. So sah Homer's Ithaka aus, nur war es vielleicht minder schön; denn das von Griechen bevölkerte Neapel ist das einzige lebende Zeugnis vom Klima des alten Griechenlands. Griechenlands eigene Natur ist jetzt nur die Leiche dessen, was es einstmals war.

Es begann zu dunkeln, Venus leuchtete hell, und die steilen Bergwände und Schluchten nahmen allmählich den phantastischen Charakter an, welchen das Dunkel zu verleihen pflegt. Aber der Charakter wurde nicht, was wir Nordländer romantisch nennen. Durch das feine Olivenlaub blinkte noch das Meer, von Blättern und Aesten durchteilt, mit seiner kräftigen blauen Farbe. Da fühlte ich, daß hier eine Welt sei, die, welche der Golf Neapel's repräsentiert, welche Shakespeare nicht kennt, weil sie groß ohne Schrecken und schön ohne romantische Nebel und ohne Elfenspuk ist. Ich verstand jetzt erst recht Maler wie Claude Lorrain und Poussin, verstand, daß ihre klassische Kunst einer klassischen Natur entspricht, und verstand, durch den Gegensatz noch tiefer ein Werk wie Rembrandt's Radierung „Die drei Bäume", welche wie beseelte Wesen, wie nordische Persönlichkeiten im niederklatschenden Regen auf dem sumpfigen Felde stehen. Ich verstand, wie natürlich es ist, daß ein Land wie dies nicht einen Shakespeare erzeugt noch eines Shakespeare bedurft hat, weil die Natur selber hier die Aufgabe übernommen hat, welche die Dichter im Norden erfüllen mußten. Poesie von der tiefen, psychologischen Art, ist, wie künstliche Wärme, ein Lebensbedürfnis, wo die Natur unfreundlich und rauh ist. Hier im Süden hat die Poesie von Homer bis Ariost sich damit begnügen können, ein klarer, nichts verdoppelnder Spiegel der klaren Natur zu sein. Sie hat sich nicht bemüht, in die Abgründe des Menschenherzens hinab zu dringen. Sie war nicht bestrebt, in Tiefen und Höhlen die Edelsteine zu finden, welche Aladdin suchte, welche Shakespeare zu Tage förderte, aber welche der Sonnengott hier mit vollen Händen über die Oberfläche der Erde ausstreut. —

„Corinna, oder Italien" ist Frau von Staël's vorzüglichstes poetisches Werk. In dieser paradiesischen Natur wurde ihr Auge für die Natur erschlossen. Sie zog ihren Rinnstein in Paris nicht mehr dem Nemisee vor. Und hier in diesem Lande, wo an so mancher Stelle, z. B. auf dem Forum, eine Quadratelle eine größere Geschichte hat als das ganze russische Reich, hier ward ihr moderner, revolutionärer und melancholischer Sinn für die Geschichte, für die Antike mit ihrer einfachen und strengen Ruhe erschlossen. Hier endlich in Rom, das gleichsam Europas Karavanserei ist, gingen ihr die Eigen=

tümlichkeiten und Einseitigkeiten der verschiedenen Nationen vollständig auf. Durch sie wurde ihre Nation sich zum ersten Male ihrer Besonderheit und ihrer Begrenzung bewußt. Denn in ihrem Buche begegnen sich England, Frankreich und Italien und verstehen einander — nicht wechselseitig, aber in der Verfasserin und in ihrer Heldin Corinna, welche halb Engländerin und halb Italienerin ist. Corinna erscheint in der Welt der Dichtkunst gleichsam wie ein Vorbild dessen, was Elisabeth Browning in der wirklichen Welt geworden ist. Als ich eines Tages in Florenz vor einem Hause stehen blieb, das in italienischer Sprache die Inschrift trägt: „Hier wohnte Elisabeth Barrett=Browning, die mit ihren Gedichten ein goldenes Band zwischen England und Italien knüpfte", da rief die Verfasserin von „Aurora Leigh" den Gedanken an Corinna in mir wach.

Die Handlung des Buches ist folgende: Ein junger Engländer, Oswald Lord Nelvil, der eben seinen Vater verloren hat, den er über alles auf der Welt geliebt und dessen Tod ihn um so tiefer trifft, als er sich vorwirft, dem Vater in den letzten Jahren Sorge bereitet zu haben, reist nach Italien, um sich zu zerstreuen. Er kommt in Rom an, als eben die Dichterin Corinna im Triumph zum Kapitol geleitet wird, und obschon öffentliches Auftreten und öffentliche Triumphe seinem Ideal von Weiblichkeit nicht entsprechen, wird er schnell von der ebenso ungezwungen natürlichen, wie geistvollen Corinna gefesselt und allmählich leidenschaftlich in sie verliebt. Aber während das Zusammenleben mit ihr seine Augen für all' ihre schönen und seltenen Eigenschaften öffnet, erhält sich dennoch seine Furcht, daß sie sich nicht zur Gattin eines vornehmen Engländers eigne. Er findet in Corinna nicht das schwache, furchtsame Weib, das, ausgenommen seine Pflichten und Gefühle, keine Meinung vor irgend etwas hat, wie er es in England, wo die häuslichen Tugenden der Frauen Ruhm und Glück bilden, von seiner Braut gewünscht hatte. Er macht sich besonders hinsichtlich der Frage krankhafte Skrupel, ob seinem verstorbenen Vater eine Schwiegertochter wie Corinna erwünscht gewesen wäre, eine Frage, die er, je länger er sie behandelt, immer entschiedener mit Nein beantworten muß.

Corinna, dessen Liebe weit tiefer und reicher als die seine ist, die durch sein Schwanken geängstigt wird und fürchtet, daß er einmal plötzlich Italien verlassen könnte, ist bestrebt, ihn dadurch zurückzuhalten, daß sie sein Interesse für die Denkmäler des Landes, dessen Kunst, Poesie und Musik erweckt. Oswald ist besonders über das Rätselhafte in Corinnas Leben beunruhigt; niemand kennt ihren eigentlichen Namen oder ihre Herkunft; sie spricht alle Sprachen; sie hat keine Verwandten; er befürchtet, daß irgendwelche Schuld sie allein ins Leben hinausgestoßen habe. Corinna ist in Wirklichkeit die Tochter eines Engländers und einer Römerin, und da sich ihr Vater in England in zweiter Ehe vermählte, hat sie ihre Jugend unter den Augen ihrer Stiefmutter in einer kleinen spießbürgerlichen englischen Provinzstadt verbracht. Von all' dieser Kleinlichkeit und dem Zwange gemartert, die ihren Geist vollständig unterdrückten, hat sie nach dem Tode ihres Vaters England verlassen und in Italien als Dichterin ein unabhängiges, doch vollkommen tadelloses Leben geführt. Sie weiß, daß sich ihre und Oswald's Familien gekannt haben, daß Oswald's Vater sie als Schwiegertochter verschmäht und eine Verbindung Oswald's mit ihrer eigenen Schwester Lucile gewünscht hat. So oft Oswald daher in sie bringt, ihm ihre Lebensgeschichte zu erzählen, sucht sie die Erklärung hinauszuschieben, und hierzu findet sie kein besseres Mittel, als Oswald's Gedanken dadurch auf andere Gegenstände zu lenken, daß sie seine Führerin durch Ruinen, Galerien und Kirchen wird und ihm Italiens herrlichste Gegenden zeigt. Wie eine andere Scheheresade strebt sie danach, ihr Leben zu verlängern und die drohende Gefahr abzuwenden, indem sie ihm täglich neue Herrlichkeiten zeigt, vor denen diejenigen aus Tausend und eine Nacht verblassen, und sie mit feinen und tiefsinnigen Erklärungen begleitet.

So bietet sich die Beschreibung Roms, die Schilderung von Neapels Natur, das Bild von Venedigs tragischer Schönheit wie von selbst dar. In Rom entstand Corinna's große Leidenschaft, und Rom ward auch der erste Rahmen für diese Liebesgeschichte; Roms großer Ernst und weiter

Gesichtskreis entsprechen diesen tiefen Gefühlen und großen Gedanken. In Neapel erreicht Corinna's Liebe ihren höchsten lyrischen Ausbruch. Der Vulkan und des Golfes berückende Pracht bilden hier den Hintergrund zu ihrer Gestalt, und der Gesang auf dem Meere begleitet ihre wehmütig leidenschaftliche Improvisation über Frauenliebe und Frauenschicksal. In Venedig endlich, wo der Eindruck von dem Verfalle und der Vernichtung des Schönen einem von allen Seiten entgegentritt, verläßt Oswald Corinna für immer.

Die Nachricht, daß sein Regiment nach Indien kommandiert sei, ruft ihn plötzlich nach England zurück. Er betrachtet sich als verlobt mit Corinna und eilt zu deren Stiefmutter, um die Wiedereinsetzung der Geflohenen in ihre Familienrechte zu erreichen. Aber bei Lady Edgermond trifft er Corinna's Halbschwester Lucile und allmählich verdrängt deren einfach weibliche Schönheit die Erinnerung an die ältere Schwester, deren glänzende Begabung ihm in der Ferne gesehen nicht so verlockend erscheint und deren selbständiges, kühnes Auftreten im vollen Sonnenlichte des Lebens ihm kein eheliches Glück in einem Lande verspricht, wo das Halblicht der Heimat, mit dem Lucile's gedämpftes Wesen harmoniert, das einzige ist, in welchem sich das Weib vorteilhaft zeigen kann. Die Ehe mit Corinna würde die ganze Gesellschaft wider ihn hetzen; sie erscheint ihm gewissermaßen als Trotz gegen den Schatten seines Vaters. Die Ehe mit Lucile dagegen würde den einstimmigen Beifall der Gesellschaft haben. In Corinna würde er das Fremde, Ferne heiraten, das sich auf die Dauer nicht mit der Heimat vereinigen ließe; in Lucile hingegen heiratet er gewissermaßen England selbst. Corinna, die ihm in tötlicher Angst heimlich nach England gefolgt ist, erfährt seinen veränderten Gemütszustand und schickt ihm seinen Ring zurück. Oswald betrachtet sich von ihr verlassen, verheiratet sich mit Lucile, erfährt das Unrecht, das er begangen, und der Roman endet tragisch mit Oswalds Reue und Corinna's Tod.

Ganz zwanglos lassen sich die den Hauptzügen der Dichtung zu Grunde liegenden erlebten Begebenheiten und

Verhältnisse nachweisen. Die frische Trauer über Necker's Tod scheint in dem schwermütigen Brüten Oswalds über das Andenken seines Vaters durch, insofern ist in Oswalds Charakter ein Teil vom eigenen Wesen der Verfasserin niedergelegt. Es erklärt sich dadurch auch seine rein weibliche Furcht davor, eine Handlung auszuführen, gegen welche sein Gewissen nur das eine einzuwenden hat, daß sie seines verstorbenen Vaters Beifall nicht gehabt haben würde. Selbst sein Kummer darüber, daß er dem Vater in den letzten Jahren Sorge bereitet habe, hat vielleicht in der eigenen Seelengeschichte der Verfasserin seinen Anknüpfungspunkt. Im übrigen ist Oswalds Wesen augenscheinlich eine freie Umdichtung von Benjamin Constants Persönlichkeit. Einzelne kleine Züge verraten schon, wie bestimmt sie an ihn gedacht hat: Oswald stammt aus Edinburgh, wo Constant seine Jugend verlebt hatte, und er ist ausdrücklich achtzehn Monate jünger als Corinna (Frau von Staël ward am 22. April 1766 geboren, Constant am 25. Oktober 1767); weit gewichtigere Zeugnisse liegen jedoch in dem ganzen Gusse der Person vor, in jenem Gemisch von ritterlichem Mut der Außenwelt gegenüber und jener unritterlichen Schwäche gegen das liebende und lange bewunderte Weib, das er, um sich ihrer Ueberlegenheit zu entziehen, verläßt. Nur daß Frau von Staël einen typischen Engländer aus diesen und anderen hinzugedichteten Elementen gestaltet hat.

In Corinna selbst hat die Verfasserin ihr eigenes Ideal gezeichnet, von ihrer wirklichen Persönlichkeit hat sie die Grundeigenschaften der Heldin entnommen: Corinna ist nicht wie Delphine das im Privatleben stehende Weib, sondern die aus ihrem angewiesenen Kreise herausgetretene Frau, die Dichterin, deren Name auf Aller Lippen ist. Sie hat ihr das eigene Aeußere verliehen, sie verschönt, ja sogar ihr eigenes Kostüm, die malerische Tracht und den als Turban um das Haupt geschlungenen indischen Shawl gegeben. Sie hat ihr den eigenen, klaren und thatkräftigen Geist eingehaucht, und es geht Corinna wie ihr selbst, indem ihr von dem Augenblicke an, wo die Leidenschaft sie mit ihrer Geierkralle erfaßt, ihre Talente nichts mehr nützen, und sie die wehrlose Beute dieser Leidenschaft

wird. Sie hat ferner Corinna die eigenen Verbannungs=
gedanken und =Sorgen mitgeteilt. In Italien ist Corinna
ja von ihrer Geburtsstätte losgerissen, in England von dem
Vaterlande ihres Herzens und seiner Sonne verbannt. Des=
halb besingt Corinna Dante, verweilt mit Feuer bei seiner
Verbannung und spricht den Gedanken aus, daß die eigent=
liche Hölle für ihn die Verbannung gewesen sei. Deshalb
sagt Corinna in ihren Lebensaufzeichnungen, die sie Oswald
giebt, daß das Exil für geist= und gefühlvolle Menschen eine
schlimmere Strafe als der Tod sei, da der Aufenthalt im
Vaterlande tausend Freuden schenke, die man erst würdige,
wenn man ihrer verlustig gegangen sei. Sie hebt die viel=
fachen Interessen hervor, die man mit seinen Landsleuten ge=
meinsam habe, die aber von keinem Fremden verstanden würden,
und betont, wie diesen gegenüber die Notwendigkeit, erst alles
erklären zu müssen, an Stelle der leichten und schnellen Mit=
teilung trete, die mit einem halben Worte eine lange Ent=
wickelung verständlich mache. Ja, Corinna hofft sogar, wie
ihre Dichterin, infolge ihres mit der Zeit durch ihre Poesieen
errungenen Ruhmes in die Heimat zurückgerufen und in ihre
Rechte wieder eingesetzt zu werden. Frau von Staël hat
Corinna endlich die eigene Bildung verliehen. Es wird aus=
drücklich gesagt, daß es das Studium der fremden Litteraturen,
das Eindringen in das Wesen des fremden Volksgeistes sei,
welches Corinna einen so hohen Rang in der Litteratur ihres
Landes ermöglicht habe. Das Anziehende ihrer Dichtung be=
stehe in der Vereinigung der Farben des Südens mit der
Beobachtungsgabe des Nordens. Aus all' diesen und manchen
frei erfundenen Zügen hat die Verfasserin einen Frauentypus
des italienischen Geistes geformt.

Die schriftstellerische Thätigkeit Frau von Staël's läßt sich
beständig von zwei Seiten betrachten. Sie zerfällt gleichsam
in zwei Teile, eine männliche und eine weibliche Thätigkeit,
die philosophische und die dichterische, die Ideen und die Ge=
fühle. Auch in „Corinna" verspürt man diese Doppelheit.
Das Buch hat sicher größeren Wert als Geisteswerk im All=
gemeinen, wie als ein Werk der dichterischen Phantasie. Eine

eigentümliche Innigkeit in der Behandlung des Gefühls verrät überall, daß der Verfasser eine Frau ist. Wenn einmal der Augenblick kommt, wo man die Psychologie des Weibes zu schreiben unternimmt, und wenn man versuchen wird, die Eigentümlichkeit der weiblichen Phantasie und des weiblichen Geistes im Unterschied von dem männlichen zu bestimmen — denn soweit ist die Psychologie zurück, daß man hiezu noch kaum einen Versuch gemacht hat —, dann werden die Schriften der Frau von Staël eine der wertvollsten Quellen abgeben. Das Weibliche verrät sich vielleicht zuerst durch die Weise, auf welche die männliche Hauptfigur gezeichnet ist. Bei jeder von Oswald's hervortretenden Eigenschaften führt die Verfasserin deren Ursache an; sein edler Charakter wird durch seine Erziehung, durch seine aristokratische Herkunft und seinen Stolz erklärt, seine Schwermut durch den „Spleen" der Engländer und durch sein unglückliches Verhältnis zu einem Vater, den er anbetet, wie Frau von Staël den ihrigen anbetete, und zu dessen Schatten er in demselben Abhängigkeitsverhältnisse steht, in welchem Sören Kierkegaard zu dem Schatten seines verstorbenen Vaters stand: nur eins läßt die Verfasserin bei einer Person, deren moralischer Mut so äußerst gering ist, ganz unerklärt, und das ist sein physischer Mut. Sein Leben aufs Spiel zu setzen, ist ihm so leicht und elementar, wie uns anderen, orthographisch zu schreiben. Es ist ein kurioser und durchgehender Zug, daß weibliche Romanschriftsteller fast unabänderlich ihre Helden mit dem verwegensten Mute ausrüsten, einem Mute, der niemals erkämpft ist, sondern gleichsam abstrakt außerhalb der Persönlichkeit steht, zu gleicher Zeit, wo es eine von zahlreichen großen Schriftstellern bemerkte Thatsache ist, daß es in der modernen Gesellschaft vor allem die Frauen sind, welche die Männer an kühnen Wagnissen verhindern, und wo die Frauen eben so durchgehends den feigsten öffentlichen Persönlichkeiten (den Priestern, die ihr Leben bei Epidemien salvieren, den Kriegshelden, welche den Feind auf dem Papiere angreifen) die größte, oftmals hysterischeste Bewunderung und Huldigung erweisen. Die Erklärung scheint die zu sein, daß der Mannesmut die Eigenschaft ist, welche als die höchste Potenz des Männlichen eine Art Ideal für das Weib wird, aber ein Ideal, das sie nicht versteht, das sie in der Wirklichkeit nicht wieder erkennt, und das sie deshalb am liebsten und schlechtesten schildert.

Was ich hier gesagt habe, gilt von Oswald's heldenmütigem Benehmen bei dem Brande von Ancona, wo er unter den schreckvollsten Umständen zum Retter der ganzen Stadt wird. Er allein versucht mit seinen Engländern kaltblütig denselben zu löschen, und es gelingt ihm. Er befreit die im Ghetto eingesperrten Juden, welche die Bevölkerung in ihrem Fanatismus als Sühnopfer verbrennen lassen will. Er wagt sich in das brennende Irrenhaus, in das Zimmer, wo die tobsüchtigsten Gefangenen sich befinden, er beherrscht und befreit die von Flammen umloderten Wahnsinnigen, löst ihre Bande und läßt keinen einzigen der Widerstrebenden zurück. Die ganze Szene wird mit einer wahrhaft grandiosen Phantasie erzählt. Aber, wie gesagt, in dem Psychologischen verspürt man einige Schwäche. Als es jedoch gilt, den Eindruck dieser Handlung auf Corinna's weibliches Gemüt zu schildern, hält Frau von Staël uns vollständig schadlos. Oswald hat sich durch eine Abreise über Hals und Kopf jeder Danksagung entzogen, aber als er auf dem Rückwege mit Corinna wieder nach Ancona kommt, wird er wiedererkannt, und Corinna wird Morgens durch die Rufe: „Es lebe Lord Nelvil, es lebe unser Wohlthäter!" geweckt. Sie tritt auf den Platz hinaus, und sie, die Dichterin, deren Name in ganz Italien berühmt ist, wird schnell erkannt und von der versammelten Menge mit Entzücken begrüßt. Die Menge bittet sie stürmisch, ihr Wortführer zu sein und Oswald ihr Dankgefühl zu verdolmetschen. Wie erstaunt ist er, als er auf den Platz hinaus tritt und Corinna an der Spitze des Volkshaufens erblickt! „Sie dankte Lord Nelvil im Namen des Volkes und entzückte alle Einwohner Ancona's durch die edle Anmut, mit der sie es that." „Und, fügte die Verfasserin mit weiblicher Feinheit hinzu, „sich mit den Bürgern identifizierend, sagte sie „Wir". „Sie haben uns gerettet, wir schulden ihnen das Leben." Dies „wir" ist um so treffender, als die Verfasserin früher bei dem Augenblick verweilte, da Corinna und Oswald dies Wort zum ersten Mal gebrauchen und sich durch die darin enthaltene schüchterne Liebeserklärung beglückt fühlen, nämlich als sie zum ersten Mal in Rom einen Spaziergang verabredeten. Jetzt löst Corinna dies „wir" auf, um sich auf die Seite derer zu stellen, die Oswald alles verdanken. „Und," heißt es weiter, „als sie vortrat, um Lord Nelvil einen für ihn geflochtenen Kranz aus Lorbeer und Eichenlaub zu überreichen, wurde sie von unbeschreiblicher Bewegung ergriffen; in diesem Augenblick empfand sie tiefe Scheu vor Oswald, und als das in Italien so leicht bewegliche und enthusiastische Volk sich jetzt vor ihm nieder warf, da beugte auch sie unwillkürlich das Knie und reichte ihm in dieser Stellung den Kranz." In der Schilderung der weiblichen Gefühle hat Frau von Staël ihre Stärke, der Gefühle eines weiblichen Genies, welches das ganze Märtyrertum des Genies erleidet.

Von allem rührt das häusliche Glück und die weibliche Reinheit ihr am tiefsten das Herz. Wie sehr fühlt sie, die Sibylle, sich ergriffen, als sie auf dem Sarkophage einer römischen Gattin die Inschrift liest: „Kein Makel hat mein Leben von der Hochzeit bis zum Scheiterhaufen befleckt, ich lebte rein zwischen der Hochzeitsfackel und der Fackel des Scheiterhaufens." Aber dies Glück Hymen's war ihr nicht vergönnt, Corinnen so wenig wie Mignon, diesen zwei Kindern der Sehnsucht, welche, jede für sich, in der französischen und deutschen Litteratur Italien personifizieren. Corinna ist der letzte Abkömmling jener edlen und einsamen Sibyllen Italiens, von welchen die Tradition so viel erzählt. Sie ward geschaffen, um zu leiden, sie, welche selbst sagt, daß unsere arme menschliche Natur das Unendliche nur mittels des Leidens kennt. Allein ehe sie als das letzte Opfer auf der antiken Arena untergeht, wird sie als Opfer geschmückt und im Triumph einhergeführt.

Als wir ihre Bekanntschaft machen, treffen wir sie auf dem Festzuge zum Kapitol, einfach aber malerisch gekleidet, mit

antiken Kameen im Haare, den feinen roten Shawl turban=
ähnlich ums Haupt gewunden, wie auf Gérard's bekanntem,
schönen Porträt der Frau von Staël. Dies ist das Kostüm,
welches für Corinna paßt; sie, das Kind der farbenreichen
Gegenden, hat noch nicht den Farbensinn verloren, hat selbst
in dem steifen, regelrechten England frische Sinne und die
Liebe zu jener Dreieinigkeit schöner Dinge: Gold, Purpur und
Marmor, bewahrt.

Und wie alle andern großen Typen des Zeitalters wollen
wir sie in die Umgebungen versetzen, welche ihr entsprechen
und in welchen sie zu Hause ist, wie René in den Urwäldern,
Obermann in den Hochalpen und Saint=Preux am Genfersee.
Corinna's Gestalt ist der Nachwelt in dem bekannten Bilde
aufbewahrt, von welchem man Kupferstiche in allen Kunstläden
sieht: Corinna als Improvisatrice auf dem Kap Misene.

Ihre vulkanische und strahlende Natur ist in dieser
strahlenden und vulkanischen Gegend zu Hause. Der Golf
von Neapel scheint ein großer, versunkener Krater zu sein, von
lachenden Städten und waldbekleideten Bergen umringt. Sein
Meer umschließend, das noch viel blauer als der Himmel
ist, gleicht er einem smaragdgrünen Becher, mit schäumendem
Wein gefüllt, und am Rande und auf den Seiten mit Wein=
laub und Ranken geschmückt. Zunächst dem Lande blinkt das
Meer in tiefstem Azurblau, weiter hinaus ist es weinfarben,
wie schon Homer es genannt hat, und darüber leuchtet ein
Himmel, der nicht, wie man zu glauben pflegt, blauer, sondern
eher blässer als der unsrige ist, nur daß sein Blau gleichsam
auf einem Grunde von hellem Feuer ruht, das in weißlicher
und bläulicher Glut schimmert. In diese Gegend versetzten
die Alten ihre Hölle. In der Grotte des Avernussees war
der Hinabgang zu derselben. Das nannten sie Hölle, dies
Paradies! Sie meinten, der vulkanische Ursprung und die
Umgebung zeigten an, daß der Tartaros nahe sei. Ueberall
die vulkanischen Formen. Ein großer Berg sieht aus, als
wäre die eine Seite mit einem Messer abgeschnitten. Der
halbe Berg ist bei einem Erdbeben herabgestürzt. Kap Misene,
die äußerste Landspitze, welche auf der einen Seite den Golf

abschließt, während vor ihr die kleine Halbinsel Nisida, hinter ihr Procida und Ischia liegen, bestand vormals nicht, wie jetzt, aus zwei getrennten Anhöhen, sondern war ein Ganzes. Die beiden Krater des Vesuv entstanden bei dem Ausbruche, welcher Pompeji verschlang. Ueberall Fruchtbarkeit und Feuer. Wenige Schritte von Solfatara's Schwefeldämpfen, die zwischen dem Lavageröll aufsteigen, liegen Felder, welche ganz aus leuchtenden roten Mohnblüten bestehen, andere mit großen blauen Blumen, stark duftenden, rauhhaarigen Minzen und Kräutern, die einem bis an den Leib heraufgehen, ein Reichtum, eine Fruchtbarkeit und Ueppigkeit, als könnte die strotzende Fülle in einer einzigen Nacht wieder emporschießen, wenn man das Ganze abmähte. Und dazu kommt der betäubende Wohlgeruch: ein würziger Hauch, den man im Norden niemals kennt, eine ungeheure Symphonie von den Düften Millionen verschiedener Pflanzen.

Gegen Abend zieht Corinna's Gesellschaft nach dem Kap Misene hinaus. Man schaut von dort nach der großen Stadt hinüber, man hört gleichsam in dem dumpfen Lärm ihr Herzklopfen. Ueberall funkeln einem nach Sonnenuntergang Lichter vor Augen, auf den Spuren aller Wege liegen sie; quer über den Weg die Berghänge hinan hüpfen und fliegen die hellen Flammen in der Luft, manche größer als ein Thaler= oder Zweithalerstück; die, welche höher oben umher fliegen, sehen ganz wie losgerissene und bewegliche Sterne aus. All' diese Flammen, welche in langen Sprüngen hin und her schießen und eine Sekunde nach jedem Sprunge erlöschen, sind die leuchtenden Insekten des Südens. In der Dunkelheit versetzen diese tausende von Flammen einen in die Märchen= welt von „Tausend und eine Nacht". Jenseits leuchtet, vom Kap Misene aus erblickt, der hochrote Lavastrom an der dunklen Wand des Vesuvs hinab.

Hier bringt man Corinna ihre Leier, und sie besingt zuerst die Pracht dieser Natur, die Größe der Erinnerungen, welche sich an dieselbe knüpfen, an Cumä, wo die Sibylle wohnte, an Gaeta, das dahinter liegt, wo Cicero unter dem Dolche des Tyrannen seine Seele aushauchte, an Capri und

Bajä, welche das Andenken von Nero's Schreckensthaten bewahren, an Nisida, wo Brutus und Portia einander das letzte Lebewohl sagten, an Sorrent, wo Tasso, dem Irrenhause entschlüpft, elend, verfolgt, mit wüstem Bart und zerrissenen Kleidern an die Thür seiner Schwester klopfte, die ihn nicht sogleich wiedererkannte, und dann vor Thränen nicht reden konnte. Hier endet sie mit einer elegischen Klage über alles Leid und alles Glück des Erdenlebens.

Und wollen wir hören, wie Corinna, wenn sie inspiriert ist, inmitten dieser Natur redet, wo die Schönheit auf dem Verderben gebaut ist, wo das Glück sich als eine fliegende, schnell erloschene Flamme offenbart, und wo der Vulkan beständig die Fruchtbarkeit bedroht?

Sie sagt: „Christus erlaubte einem schwachen und vielleicht reuevollen Weibe, seine Füße mit den kostbarsten Wohlgerüchen zu salben; und denen, die für dieselben eine bessere Verwendung anrieten, verwies er das: „Laßt sie gewähren", sagte er, „denn ihr habt mich nicht allezeit bei euch". Ach, alles was gut und erhaben ist auf dieser Erde, bleibt uns nur kurze Zeit. Alter, Gebrechlichkeit und der Tod werden bald den Thautropfen verzehren, der vom Himmel fällt und nur auf Blumen haftet. Teurer Oswald, lassen wir alles in einander strömen: Liebe, Religion und Geist, Sonne und Blütenduft, Musik und Poesie! Es giebt keinen anderen Atheismus, als die Kälte des Gefühls, als Selbstsucht und Niedrigkeit. Christus sagt: „Wo Zwei oder Drei in meinem Namen versammelt sind, da bin ich mitten unter ihnen." Und was, o mein Gott, heißt in Deinem Namen versammelt sein denn anders, als die erhabene Güte Deiner schönen Natur genießen, Dich dafür preisen, Dir für das Leben danken und vor allem danken, wenn ein von Dir erschaffenes Herz ganz und voll dem unsern entgegenschlägt!"

So spricht sie unter ihrer doppelten Inspiration auf der Höhe ihres Lebens, indem sie das Glück des Genies und der Liebe in eins zu verweben sucht, wie die Myrte und der Lorbeerzweig in dem Kranze verpflochten waren, der ihr auf dem Kapitol gereicht ward. Aber nur einen Augenblick gelingt es ihr, beide mit einander zu verflechten, sie schnellen zurück, reißen sich von einander los und Corinna wird aus der begeisterten Sibylle in noch eines mehr der vielen verzweifelnden und gebrochenen Herzen verwandelt, durch welche der Genius des Jahrhunderts wider eine Gesellschaft protestiert, die, wie jene anscheinend so sicheren Städte von vulkanischen Flammen unterhöhlt ist, Flammen, die niemals beschwichtigt werden, sondern sich unser ganzes unruhiges und unglückliches Jahrhundert hindurch in einer Revolution oder Eruption nach der anderen Luft machen.

11.
Kampf gegen nationale und protestantische Vorurteile.

Man könnte „Corinna" ein Gedicht über Nationalvorurteile nennen. Oswald repräsentiert alle diejenigen Englands, der Graf d'Erfeuil alle diejenigen Frankreichs, und gegen die Vorurteile dieser beiden, zu jener Zeit stärksten und selbstbewußtesten Nationen Europas kämpft Corinna mit ihrer ganzen Seele und mit aller Begeisterung ihres poetischen Gemütes. Dieser Kampf ist ein kaltblütiger, denn Corinnas ganzes Glück hängt davon ab, inwiefern es ihr gelingen wird, Oswald zum Aufgeben seiner angeborenen Vorurteile so weit zu veranlassen, daß er mit einem Weibe gleich ihr glücklich werden kann, deren Leben nach jeder Richtung mit dem in Fehde steht, was man in England als das einzig Schickliche für eine Frau betrachtet. Aber indem Corinna solchermaßen den Blick Oswald's zu erweitern und seinen starren, beständig in die gewohnten Fugen zurückspringenden Geist geschmeidig zu machen sucht, bewerkstelligt sie zugleich die Erziehung des Lesers. Auf dem Gebiet der Gefühle setzt sie dieselbe Arbeit fort, welche wir sie auf dem Gebiet der Ideen vollbringen sahen. Sie skizziert den ersten Grundriß zu einer Rassenpsychologie, sogar in Betreff der intimsten Gefühle. Ihre Landsleute versuchten damals, in der eitlen Ueberzeugung, daß sie allein die Zivilisation repräsentierten, die Nationalfarbe aller anderen Länder zu verwischen. Es ist ihr daher tiefst innerlich daran gelegen, ihnen zu zeigen, daß ihre Art und Weise der Gefühlsauffassung nur eine unter vielen gleichberechtigten und zuweilen mehrberechtigten sei.

Wenn man sich erinnert, wie mächtig das Vorurteil ist, welches in allen Ländern ohne Ausnahme es dem Individuum zum Verbrechen macht, seiner Nation den Inbegriff von Tugenden abzusprechen, den sie, wie so und so viele kanonisierte Polichinelle ihr tagtäglich zu eigenem Nutzen vorschwatzen, besitzen soll, so wird man begreifen, welche Kühnheit Frau von

Staël an den Tag legte, indem sie zu solchem Zeitpunkte den Kampf gegen die französische Nationaleitelkeit aufnahm.

Es giebt eine einzige große Idee, die am gefährlichsten von allen für die despotische Macht ist, welche die festgewurzelten Anschauungen und Gebräuche jeder einzelnen Gesellschaft ausüben. Es ist nicht die Idee des Logischen. Denn obschon man glauben sollte, daß die Logik, wenn man sie in das ganze Magazin von Vorurteilen herein ließe, die zu einer bestimmten Zeit ein bestimmtes Land regieren, unter ihnen eine eben so große Verwüstung anrichten müßte, wie ein Stier in einem Glaswarenladen, so wirkt die absolute Logik doch ganz und gar nicht auf die Mehrzahl der Menschen. Nein, mehr als alles andere weckt und verblüfft es die Menge, wenn man im Stande ist, dasjenige, was ihr absolut schien, relativ für sie zu machen, d. h. ihr nachzuweisen, daß das Ideal, welches sie von allen anerkannt wähnt, nur von so und so vielen gleichgestimmten Gemütern als Ideal betrachtet wird, während andere Völker oder Volksstämme einen ganz verschiedenen Begriff von dem Schicklichen und Schönen haben. So erfährt die Menge zum ersten Mal, daß die Kunst und Poesie, welche ihr mißfällt, bei ganzen Rassen für die vorzüglichste gilt, während ihre eigene, welche sie für die erste der Welt hält, von allen anderen Volksstämmen sehr niedrig gestellt wird, und daß es endlich nichts frommt, zu wähnen, daß alle anderen Völker in ihrem Urteil irrten, da eben alle anderen Völker, jedes für sich, wähnen, daß alle übrigen in ihrem Urteil irren. Sollte ich daher das Verdienst der Frau von Staël um die französische Gesellschaft, um ihre und damit zugleich um Europas Kultur und Litteratur, mit einem einzigen Worte bezeichnen, so würde ich mich so ausdrücken: sie machte, zumal in ihren beiden Hauptwerken „Corinna" und „Ueber Deutschland", Frankreichs, Englands, Deutschlands und Italiens humane und litterarische Anschauungen und Auffassungsweisen relativ für die Bewohner der verschiedenen Länder.

Graf d'Erfenil ist ein meisterlich ausgeführter Typus aller französischen Tugenden im Verein mit der ganzen natio=

nalen Leichtfertigkeit und Hohlheit. Man versteht eine solche
Gestalt nicht früher zu würdigen, bis man wiederholt bedacht
hat, welcher Mut erforderlich war, in einen Kreis von Aus=
länder als einzigen und entschiedenen Repräsentanten des
französischen Volkes einen Charakter zu stellen, dessen Be=
schränktheit so groß wie diejenige d'Erfeuil's ist. Erfenil ist
ein junger französischer Emigrant, der im Kriege mit glänzender
Tapferkeit gekämpft, der die Einziehung seines Vermögens
durch den Staat nicht nur mit Gemütsruhe, sondern mit
leichtem und heiterem Sinne ertragen und mit seltener Auf=
opferung seinen Erzieher, einen alten Onkel gepflegt und er=
nährt hat, der wie er emigriert und ohne ihn hilflos sein
würde — der, mit einem Worte, einen Fond von Ritterlichkeit
und die Fähigkeit zur Selbstaufopferung besitzt. Wenn man
ihn sieht, will man jedoch kaum glauben, daß er soviel erlebt
und ausgestanden hat, denn er scheint förmlich alles frühere
Ungemach vergessen zu haben, wie er auch mit bewunderungs=
würdigem Leichtsinn von dem widerfahrenen Mißgeschick spricht,
mit ebenso großen, jedoch weniger bewunderungswürdigem
Leichtsinn auch über alle anderen Gegenstände.

Oswald trifft ihn in Deutschland, wo er sich bald zu Tode
langweilt; er hat dort mehrere Jahre gelebt, doch ist es ihm
nie eingefallen, ein Wort Deutsch zu lernen. Er beabsichtigt
nach Italien zu reisen, macht sich jedoch gar keine Erwartungen
von dem Vergnügen, das ihm dieses Land bieten könne; er
weiß, daß jede französische Provinzialstadt ein angenehmeres
Gesellschaftsleben und ein besseres Theater als Rom hat.
„Ist es nicht ihre Absicht, Italienisch zu lernen? fragt ihn
Oswald. „Nein," antwortet er, „das liegt nicht in meinem
Studienplan, und seine Miene ist dabei so ernst, als sei dieser
Beschluß ein Ergebnis der allergewichtigsten Beweggründe.
Er würdigt dann auch später die italienische Natur keines
Blickes. Weder um Gegenstände noch um Gefühle dreht sich
sein Gespräch. Es schwebt zwischen Grübelei und Anschauung
wie zwischen zwei Polen, die es nicht berührt, und nur die
gesellschaftlichen Verhältnisse, der Stadtklatsch, liefern dessen
Stoffe. Erfeuil's sonderbares Gemisch von Oberflächlichkeit

und Mut setzt Oswald in Verwunderung. Dessen Geringschätzung des Unglücks und der Gefahren, würde ihm groß erschienen sein, wenn sie jenem mehr Anstrengung gekostet hätte, und heldenmütig, wenn sie nicht denselben Eigenschaften entsprungen wäre, die jenen außer Stande setzen, irgend ein tiefes Gefühl zu hegen. Jetzt ermüdet sie ihn nur.

Als Erfeuil zum ersten Mal die Peterskirche in der Ferne erblickt, vergleicht er sie mit dem Invaliden=Dom in Paris — ein unstreitig mehr patriotischer als treffender Vergleich; als er Corinna auf dem Kapitol erblickt, fühlt er Lust, sie kennen zu lernen, doch keine Ehrerbietung. Er wundert sich nicht über die Jungfräulichkeit ihres Herzens in einem Lande, wo er die Männer ohne sittlichen Wert findet, er kann aber nicht unterlassen, sich mit der Hoffnung zu schmeicheln, daß sie der Galanterie eines jungen feinen Franzosen nicht würde widerstehen können. Als sie in seiner Gegenwart mit anderen Italienisch und Englisch spricht, so daß er von dem Gespräch kein Wort versteht, nähert er sich ihr mit den Worten: „Sprechen Sie doch Französisch, Sie können es ja und Sie sind würdig, diese Sprache zu sprechen."

Er merkt, daß Corinna Oswald liebt und nimmt ihr dies nicht übel, obschon seine Eitelkeit etwas verletzt ist und er ihre Leidenschaft thöricht findet, da sie ihr kaum Glück bringen wird. Aber zugleich ratet er Oswald auf das Bestimmteste davon ab, eine Verbindung fürs Leben mit einer unrepräsentabelen Frau wie Corinna zu schließen. Trotz all' seiner Kühnheit kennt er keinen höheren Richter als die Konvenienz. „Wenn Sie," sagt er zu Oswald, Thorheiten begehen wollen, so begehen Sie wenigstens keine unwiderruflichen, und zu diesen rechnet er eine Ehe mit Corinna. Dieser sozialen Anschauungsweise entspricht seine litterarische. In Corinnas Haus fällt das Gespräch oft auf italienische und englische Poesie. Da er der Meinung ist, daß die französischen Schriftsteller aus der Zeit Ludwigs XV. unbedingte Muster sind, so ist er naturgemäß äußerst streng gegen alle ausländischen Erzeugnisse. Für ihn sind die Deutschen Barbaren, die Italiener Stilverderber und nur „der Geschmack und die Eleganz des fran=

zösischen Stils" sind in der Litteratur maßgebend. "Unser Theater", sagt er, "ist entschieden das erste in Europa, und ich bin überzeugt, selbst die Engländer denken nicht daran, Shakespeare gegen uns aufzustellen". In einem Kreise von Italienern beschränkt er die italienischen Schauspiele, zwar nicht ohne Witz, doch ohne Feingefühl, auf Ballette, tragische Geschmacklosigkeiten und wenig komische Harlekinaden; das griechische Theater findet er unfein, Shakespeare ungeheuerlich. "Unser Theater", sagt er, "ist ein Vorbild des Geschmackes und der Formschönheit; ausländische Anschauungen bei uns einführen zu wollen, heißt soviel, als uns in Barbarei stürzen".

Erfeuil findet dann auch, daß von Roms Ruinen ein ganz übertriebener Ruhm ausgegangen sei. Er will sich dem Frohndienste nicht unterziehen, all' diese alten Trümmer zu besichtigen. Er reist nordwärts, langweilt sich in der Alpennatur, wie er sich in Rom gelangweilt hat und kommt schließlich nach England, wo er Corinna's Beistand im Unglück wird; es war ja stets mehr Ernst in seinen Handlungen als in seinen Worten. Und doch vermag er, als er sieht wie elend ihre Liebe zu Oswald sie gemacht hat, seiner Eitelkeit die Befriedigung nicht versagen, sein "Was sagte ich!" beständig zu variieren, da er es gewissermaßen als eine Pflicht gegen sich selbst betrachtet, die Gelegenheit, sich als Oswald's Nachfolger anzubieten, nicht vorbeigehen zu lassen. Und dennoch erweist er Corinna eine wahre und aufopfernde Hingabe, und sie quält sich selbst damit, ihm dafür keine rechte Dankbarkeit zeigen zu können; aber es liegt in seinem Blick solche Zerstreutheit, daß Corinna unaufhörlich zum Vergessen seiner edlen Handlungen verführt wird, wie auch er sie vergißt. "Es ist," sagt die Verfasserin bei dieser Veranlassung, "ohne Zweifel recht schön, nur geringen Wert auf seine eigenen guten Handlungen zu legen; aber es kann doch geschehen, daß die Gleichgültigkeit, welche gewisse Menschen gegen das Gute, das sie gethan haben, empfinden, nichtsdestoweniger von ihrer Oberflächlichkeit herrührt." Mit solch' rücksichtsloser Energie leitet sie einige der glänzendsten Eigenschaften ihrer Landsleute aus Schwächen in ihrer Natur ab.

Durch den typischen Charakter d'Erfeuil's weist sie nach, wie alle guten Gefühle in Frankreich von einer krankhaften Schwäche infiziert werden, von der aus Eitelkeit entsprungenen Furcht vor dem Urteile der Gesellschaft. Alle Gefühle und das ganze Leben werden vom Witze, von der Lust, sich auszuzeichnen, und von der Furcht regiert, welche sich durch die Frage kennzeichnen läßt: „Was wird man dazu sagen?" In diesem Punkte stimmt Frau von Staël vollständig mit einem ihr bald nachfolgenden Schriftsteller, dem scharfsinnigen und originellen Henri Beyle, überein, welcher die Franzosen als die Lebhaft-Eitlen (les vainvifs) zu bezeichnen pflegt, und welcher behauptet, all' ihre Handlungen würden durch die Erwägung des „Qu'en dira-t-on?", d. h. durch die Furcht vor der Lächerlichkeit, bestimmt.

Das französische Volk war nämlich damals, wie das dänische noch jetzt, gewohnt, sehr stolz auf seinen ausgebildeten Sinn für das Komische zu sein, so stolz, daß namentlich kraft dessen die Franzosen sich bescheidentlich selbst als das geistreichste Volk der Welt bezeichnen. Corinna behauptet, es sei dieser Sinn, und die entsprechende Furcht vor der Lächerlichkeit, was in Frankreich alle Originalität in Sitten, Trachten und Sprache ertöte, was die Phantasie jeder Freiheit und das Gefühl jeder natürlichen Kundgebung beraube. Alles angeborene Gefühl, aller angeborene Geist verwandle sich in Epigramme, statt in Poesie, in den Ländern, wo die Furcht, ein Gegenstand des Witzes oder Spottes zu werden, jeden veranlasse, selbst zuerst nach dieser Waffe zu greifen. „Soll man," wendet sie d'Erfeuil gegenüber ein, „denn beständig für das Leben, was die Gesellschaft über einen sagt? Soll das, was man denkt, und das, was man fühlt, einem denn nie der Leitstern sein? Wäre es so, sollten wir immer und ewig einander gegenseitig nachahmen, weshalb ist denn jedem eine Seele und ein Geist zu Teil geworden? Die Vorsehung hätte sich dann diesen Luxus ersparen können."

Und wie nun Erfeuil als ein Inbegriff der nationalen Vorurteile Frankreichs da steht, so Oswald als ein Typus all' jener Vorurteile, welche Jahrhunderte hindurch Englands

Stärke und Schwäche ausgemacht haben. Starke Nationen sind immer ungerecht, und diese Ungerechtigkeit ist zugleich ein Element der Stärke und deren Begrenzung; aber Frau von Staël faßte es als ihre Aufgabe auf, diese Ungerechtigkeit in das hellste Licht zu stellen.

Da das Grundthema des Buches der Versuch einer Frau ist, sich durch die Liebe eines Mannes einen gesicherten Platz in der englischen Gesellschaft zu erkämpfen, nachdem sie durch selbständiges, öffentliches Auftreten diesen Platz verscherzt hat, muß der Schwerpunkt in der Schilderung des englischen Geistes nach Auffassung der Verfasserin in dem beschränkten englischen Frauenideal beruhen. Mit diesem Ideal ist Oswald jedoch aufgewachsen, und, um sich davon zu befreien, macht er aufrichtige, aber fruchtlose Anstrengungen.

Nichts gleicht seiner ersten Verdutztheit, als er Corinna, ohne die geringste Rücksicht auf ihr Geschlecht oder ihre rätselhafte Vergangenheit, in Italien als Genie geliebt und bewundert werden sieht. Diese Art öffentlicher Existenz erscheint ihm für eine Frau im höchsten Grade anstößig (shocking). Er ist gewohnt, das Weib wie eine Art höheres Haustier zu betrachten, und vermag sich anfangs gar nicht mit dem Gedanken zu versöhnen, daß man einer Frau das Verbrechen, Genie zu besitzen, verzeihen könnte. Er fühlt sich dadurch gleichsam gedemütigt und verletzt, sein Hochmut begreift, daß man die eigentliche absolute Anbetung des Mannes, welche für einen rechten Engländer als höchste Tugend der Gattin gilt, und welche die eheliche Sorglosigkeit sichert, von einem so freien Geiste schwerlich erwarten kann. Und als sie ihn dennoch liebt und mit einer Leidenschaft liebt, im Vergleich zu welcher alles erblaßt, was er jemals gesehen und gehört hat, und welche so uneigennützig ist, daß dieselbe sie alles um seinetwillen aufs Spiel setzen läßt, ohne das Mindeste zu fordern, da vergißt er sie. ihr Genie, ihren Seelenadel und ihre geistige Größe, so bald er wieder auf englischem Boden steht, von Neuem englische Nebel und Vorurteile einatmet und ein junges unschuldiges Kind von sechzehn Jahren trifft, das wie zu einer Gattin nach englischem Rezepte geschaffen ist, zugeknöpft, unwissend, unschuldig, schweigsam, die inkarnierte Familienpflicht mit blauen Augen und blondem Haar.

Die Verfasserin studiert das Vorurteil, welches Oswald's Handlungsweise zu Grunde liegt, bis zu dessen Quelle und führt sie auf die englische Auffassung des Hauses zurück. Oswald's hauptsächlichstes Bedenken Corinna gegenüber ist in dem, im Romane angeführten englischen Satze ausgedrückt: Was sollte man mit solch einer in einem Hause beginnen! „Das Haus ist bei uns alles — wenigstens für die Frauen," sagt ein Engländer zu Oswald. Und an einer anderen Stelle sagt die Verfasserin: „Es ist vergebens, daß sich ein Engländer einen Augenblick bemüht, Gefallen an fremden Sitten zu finden; sein Herz kehrt stets zu seinen Kindheitseindrücken zurück. Wenn man Engländer, die man auf einem Schiffe in irgend einem fernen Meere trifft, fragt, wo sie hinreisen, so antworten sie, wenn sie überhaupt auf dem Rückwege sind: nach Hause (home)*). Und sie leitet nun den Aberglauben, daß die häuslichen Tugenden durch die selbständige geistige Entwickelung der Frau unmöglich gemacht würden, sowie die ganze Abgötterei mit diesen Tugenden von jener englischen Liebe zum Heim ab. Sie hat sicherlich hierin recht.

Das Ideal von Wohlbefinden, das an den Begriff „Heimstätte" gebunden ist, ist ein echt nordisch-germanischer Begriff, und ursprünglich den romanischen Völkern so fremd, daß die englische Benennung „home" als Bezeichnungswort in die romanischen Sprachen übergegangen ist, welche selbst kein entsprechendes Wort dafür besitzen. Der Heimstätte entspricht der Begriff „Behaglichkeit", ein in den romanischen Sprachen unübersetzbares Wort, das seinen Ursprung in der Freude darüber hat, geschützt und traulich innerhalb seiner vier Wände sitzen zu können. Der Entstehungsgrund dieses Ideals ist leicht genug zu entdecken: der Nordeuropäer, welcher unter rauhen klimatischen Verhältnissen in einer kalten und stürmischen Natur lebt, findet dieselbe Freude daran, warm am Herde zu sitzen, während Regen und Schnee an die wohlgeschlossenen

---

*) „Corinna". 1807. - I. pag. 291. II. pag. 21.

Fensterscheiben schlagen, welche ein Neapolitaner an dem Gedanken findet, unter offenem Himmel, d. h. unter dem hehren und prächtigen Sternenhimmel zu schlafen und die kühle Nacht unter Tanz, Spiel und Gesang im Freien zu verbringen.

Aber jetzt tritt die interessante Erscheinung hervor, daß eine Nation sich nicht damit begnügt, solchergestalt ihr Ideal von menschlichem Dasein, Wohlbefinden und Glück als ein rein lokales zu bilden, sondern hieraus einen ganzen großen Inbegriff von Pflichten und Tugenden ableitet, welche sie als allgemeingültig betrachtet, sie hält sich selbst für die erste Nation, weil sie diese Pflichten erfüllt und diese Tugenden besitzt — was natürlich genug ist, da sie von ihren besonderen Eigentümlichkeiten abgeleitet sind, — und sie tadelt außerdem alle Nationen, bei welchen sie fehlen. „Wie", fragt Oswald Corinna, als er von England spricht, „wie haben Sie jenes Heiligtum der Keuschheit und Sittlichkeit verlassen und dies gesunkene Land zu Ihrem Adoptivvaterlande machen können?" Corinna antwortet: „In diesem Lande sind wir bescheiden, weder stolz auf uns selbst wie die Engländer, noch selbstvergnügt wie die Franzosen". Sie freut sich also, den nordischen Puritanerhochmut sowohl, wie die französische Eitelkeit und Lächerlichkeitsfurcht durch die ungeschminkte Natürlichkeit zu beschämen, welche das italienische Volk selbst in seiner Erniedrigung bewahrt hat. Sie zeichnet mit feinen und wahren Zügen die rührende Naivetät, mit welcher das Gefühl sich in Italien kund giebt: keine steife Zurückhaltung wie in England, keine Koketterie wie in Frankreich. Das Weib will hier nur dem, welchen sie liebt, gefallen und macht sich nichts daraus, ob die ganze Welt es erfährt. Einer der Freunde Corinnas kehrt nach längerer Abwesenheit nach Rom zurück und läßt sich bei einer vornehmen Dame melden. Der Diener kommt heraus mit der Erwiderung: „Die Fürstin kann Sie jetzt nicht empfangen, sie ist bei schlechter Laune, sie ist inamorata", zu Deutsch: „sie ist verliebt." Corinna zeigt, wie schonend, wie edel das Weib in Italien beurteilt wird, und wie es selbst in der Galanterie eine gewisse Unschuld bewahrt. Ein armes Mädchen diktiert auf öffentlicher Straße einen Brief an ihren Geliebten, und der Schreiber schreibt ihn mit dem größten Ernste, jedoch nie ohne aus eigenem Antrieb all' jene offiziellen Floskeln hinzuzufügen, deren Kenntnis sein Beruf mit sich bringt. Der arme Soldat oder Arbeiter empfängt solchermaßen einen Brief, in welchem viele zärtliche Liebesbeteuerungen von Ausdrücken wie „Hochgeehrter Zeitgenosse! und Achtungsvoll Ihre ehrerbietige" 2c. umrahmt sind. Corinna's Schilderung ist hier vollkommen wahr. Ich habe zufällig selbst derartige Briefe gesehen. Und auf der anderen Seite ist Gelehrsamkeit bei den italienischen Frauen nichts Ungewöhnliches. Ein Franzose, der eine kenntnisreiche Frau eine Pedantin nennt, erhält in dem Buche die Antwort: „Was ist Böses dabei, daß eine Frau Griechisch versteht?"

Es fehlt denn auch Corinna nicht der Blick dafür, daß das offizielle Hervorheben von Pflicht und Moral im Norden hinsichtlich aller Fälle, wo das Gesellschaftsgesetz einmal durchbrochen ist, auf der größten Rohheit basiert. Sie weist nach, wie der Mann in England kein Versprechen und kein Verhältnis achtet, das nicht als staatsrechtlich zu Protokoll genommen ist, und wie in dem sittenstrengen England mit der Heiligkeit der Ehe, mit dem untadelhaften Leben in der Häuslichkeit die schamloseste und viehischste Prostitution Hand in Hand geht, gleichwie der persönliche Teufel dem persönlichen Gott entspricht. Im Gegensatze hiezu bemerkt sie mit weiblicher Behutsamkeit und Schamhaftigkeit: „Die häuslichen Tugenden machen in England den Ruhm und das Glück der Frauen aus; aber wenn es Länder giebt, in welchen man Liebe außerhalb der heiligen Bande der Ehe antrifft, so gehört zu diesen Ländern das, wo man am meisten Rücksicht auf das Glück des Weibes nimmt: Italien. Die Männer haben sich dort eine Art Moral für die Verhältnisse gebildet, welche eigentlich außerhalb der Moral fallen, ein Tribunal des Herzens." Es ist jenes Tribunal, welches durch die Liebeshöfe des Mittelalters Rechtskraft erhielt, es ist dasselbe, welches Byron so sehr frappiert, als er in Italien ein dem englischen durchaus entgegengesetztes, im übrigen aber vollständig ausgebildetes Moralsystem findet. Und, wie immer sucht sie auch hier diese milderen Sitten auf die milden klimatischen Verhältnisse des Landes zurück zu führen. Sie wagt zu sagen: „Die Verirrungen des Herzens flößen hier mehr, als anderswo, ein nachsichtiges Mitgefühl ein. Sprach Jesus nicht zu Magdalena: „Ihr wird viel vergeben werden, denn sie hat viel geliebt"? Diese Worte wurden einst unter einem ebenso schönen Himmel wie dem unsern gesprochen, demselben Himmel, der uns, wie damals, das göttliche Erbarmen verheißt!"

Selbst Protestantin, lehrt Frau von Staël also ihre Glaubensgenossen den italienischen Katholizismus verstehen: „Da der Katholizismus hier keine andere Religion zu bekämpfen hatte, hat er einen Charakter der Sanftmut und Nachsicht wie nirgendwo anders erhalten, während dagegen der Protestantismus in England, um den Katholizismus dort zu vernichten, sich mit der größten Strenge in Grundsätzen und Moral hat wappnen müssen. Unsere Religion vermag, gleich der antiken, die Künstler zu beseelen, die Dichter zu inspirieren, und bildet, so zu sagen einen Teil all' unsrer Lebensgenüsse, während die eurige, indem sie sich einem Lande einordnete, wo der Verstand eine viel größere Rolle als die Einbildungskraft spielt, einen Charakter moralischer Strenge angenommen hat, den sie stets behalten wird. Die unsre spricht im Namen der Liebe, die eure im Namen der Pflicht. Obschon unsere Dogmen absolut sind, sind unsere Grundsätze liberal, und unsere absoluten Dogmen passen sich den Umständen des Lebens an, während eure religiöse Freiheit ohne irgend eine Ausnahme ihren Gesetzen Achtung erzwingt." Sie zeigt, wie man daher in den protestantischen Ländern eine beständige Furcht vor dem Genie, vor der Ueberlegenheit des Geistes hegt. „Man thut das mit Unrecht", bemerkt sie, „denn diese Ueberlegenheit ist ihrem Wesen nach äußerst sittlich. Alles zu verstehen, macht sehr nachsichtsvoll, und aus tiefer Empfindungskraft geht große Güte hervor."

„Weshalb ist das Genie ein Unglück? Weshalb hat es mich verhindert, geliebt zu werden? Wird Oswald bei einer anderen mehr Geist, mehr Verständnis, mehr Zärtlichkeit finden, als bei wir? Nein, er wird weniger finden und zufrieden sein, denn er wird sich in Uebereinstimmung mit der Gesellschaft wissen. Welche lügnerische Freuden, welche eingebildete Leiden sie uns giebt! Im Angesichte der Sonne und des Sternenhimmels empfindet man nur den Drang, zu lieben und sich einander wert zu fühlen. Aber die Gesellschaft, die Gesellschaft! Wie sie das Herz verhärtet und den Geist leichtfertig macht! Wie sie nur auf das hinleben läßt, was man uns nachreden könnte! Wie rein und leicht könnten wir atmen, wenn die Menschen sich eines Tages begegneten, jeder von dem Drucke befreit, den alle auf den einzelnen üben! Wie viel' wahre Gefühle würden ihnen dann erfrischend zuströmen! — „Empfange denn meinen letzten Gruß, o mein Vaterland!" ruft Corinna in ihrem Schwanengesange zu Rom's Ehren aus, und man fühlt die Bitterkeit und das Selbstgefühl der Verbannten Napoleon gegenüber in folgenden Worten: „Du freigebiges Volk, das mir den Ruhm vergönnte, aus dessen Tempeln Du die Frauen nicht verbannst, das die unsterbliche Begabung nicht einer vorübergehenden Eifersucht opfert, das dem Aufschwunge des Genius stets seinen Beifall schenkt, des Genius, der ein Sieger ist ohne Ueberwundene, ein Eroberer ohne Beute, der aus der Ewigkeit schöpft, um das Zeitliche zu bereichern!"

Auf der Basis dieses Grundrisses von Gegensätzen zwischen dem katholischen und dem protestantischen Gefühlsleben erhebt sich der Gegensatz zwischen einer zwiefachen Kunstanschauung. Und auf diesem Punkte ist die Bedeutung des Buches die, einen energischen Streich wider den ganzen protestantischen Hochmut und den künstlerischen Unverstand zu führen, welche Oswald repräsentiert, bei dem jeder Blutstropfen von englischer Nationalbornirtheit durchdrungen ist.

Inmitten dieses plastischen und musikalischen Volkes, das so gutmütig, so kindlich unbekümmert um seine Würde und so unmoralisch im englischen Sinne des Wortes ist, fühlt er, der so gewohnt ist, die Bedeutung des Lebens in die Erfüllung eines gewissen Inselbegriffs von Pflichten und Schicklichkeitsregeln zu setzen, sich völlig deplaziert. Ihm fehlt jeder artistische Sinn; er legt bald einen litterarischen, bald einen sittlichen, bald einen religiösen Maßstab an die Kunst, fühlt sich überall abgestoßen, und kann nichts verstehen. Er bemerkt einige Basreliefs an den Thüren der Peterskirche. Was gleicht seiner Verwunderung, als er sieht, daß sie Szenen aus Ovid's Metamorphosen darstellen! Das ist ja das reine Heidentum! Corinna führt ihn in das Kolosseum, und sein einziger Eindruck ist, wie der Oehlenschläger's, das Gefühl, auf einer ungeheuren Richtstätte zu stehen, und die sittliche Entrüstung über die Unthaten, welche hier gegen die ersten Christen verübt wurden. Er tritt in die sixtinische Kapelle, und, durchaus unerfahren in der Geschichte der Kunst, ist er im höchsten Grade empört, zu sehen, daß Michel Angelo sich erdreistet hat, Gott Vater in eigner Person mit einem bestimmt begrenzten menschlichen Körper zu malen, als wäre es ein Jupiter oder ein Zeus. Er nimmt gleichfalls Aergernis daran, daß er in Michel Angelo's Propheten und Sibyllen nichts von dem demütigen christlichen Geiste findet, den er in einer christlichen Kapelle zu finden erwartet.

Jeder dieser verschiedenen Züge ist dem Leben abgelauscht. Italien ist, wie die südlichen Länder Europas überhaupt, eine Stätte, welche eine artistische oder, wie man in Dänemark zu sagen pflegt, eine ästhetische Disposition bei dem Besucher voraussetzt. Man pflegt das menschliche Leben in drei verschiedene Sphären einzuteilen, in die praktische, die theoretische und die ästhetische. Die praktische Betrachtung des Waldes ist die, ob die Gegend gesund sei, oder die forstmäßige, welche den Wert an Brennholz taxiert; die theoretische ist die des Botanikers, welche den Charakter der Vegetation wissenschaftlich studiert; die ästhetische oder artistische endlich ist die, welche nur ein Auge dafür hat, wie der Wald sich ausnimmt. Dieser letzte Sinn geht Oswald gänzlich ab. Er hat keine Augen, sein Verstand und seine Moral haben seine Sinne aller Frische beraubt. Deshalb vermag er nicht den Inhalt über der Form zu vergessen, deshalb erweckt die Arena des Kolosseums ihm keinen anderen Gedanken, als die praktisch=moralische Erinnerung an all das Blut, das hier unrechtmäßig vergossen ward. In Corinna's Hervorheben der entgegengesetzten Betrachtungsart spüren wir den Einfluß Deutschlands, besonders die Einwirkung A. W. Schlegel's, den ersten Hauch des erwachenden romantischen Geistes in Deutschland. Denn was die Romantik, wie verschiedenartig sie auch in den verschiedenen Ländern aufgefaßt wurde, vollständig betont, ist der Satz, daß das Schöne nur sich selbst zum Ziele habe oder, wie man in Deutschland sagte, „Selbstzweck" sei, ein Gedanke, den man aus Kant's „Kritik der Urteilskraft entnimmt, eine Bestimmung der Schönheit welche jetzt als Aufgabe der Kunst erfaßt wird. Im Französischen wird dies durch die Formel „l'art pour l'art" ausgedrückt, und im Dänischen sehen wir diese Anschauung zum ersten Mal in Oehlenschläger's Gedichten hervortreten, z. B. in „Die Poesie verteidigt sich" oder in dem Gedichte „Morgenwanderung" in der Reise auf Langeland."

Aber nicht die Kunst allein, sondern auch die Bevölkerung und das Leben in Italien muß man, um sie zu verstehen, und nach ihrem richtigen Werte zu schätzen, mit artistischem Auge betrachten. Nichts ist gewöhnlicher, als im Süden Engländer, Deutsche oder Franzosen zu treffen, welche von ihrem nationalen Gesichtspunkte aus alles tadeln. Die Deutschen finden, daß den Frauen die schamhafte Schüchternheit, das Jungfräuliche fehle, das sie gewohnt sind, als Schönheitsideal zu betrachten. Die Engländer fühlen sich durch den Mangel an Reinlichkeit und Ordnung zurückgestoßen, die Franzosen durch die Dürftigkeit der Konversation und durch die schlechte Prosa.

Corinna weist darauf hin, daß die weibliche Schönheit, welche in Italien nicht von einer moralischen, sondern von einer plastischen und malerischen Art ist, ein Auge erfordere, das für Farbe und Form empfänglich und nicht durch Bücherlektüre geschwächt sei. Sie stellt die italienische Improvisation in Gegensatz zu der französischen Konversation und findet in derselben ein Aequivalent.

Ein verständiges Volk, wie die Engländer, kultiviert das Geschäftsleben und das praktische Leben, eine gefühlvolle

Artistische Betrachtung der Kunst.

Nation, wie die deutsche, pflegt die Musik, ein geistvoller Volksstamm, wie der französische, konversiert, d. h. bekommt seine Einfälle durch Unterhaltung und geselliges Leben mit andern, ein phantasievolles Volk, wie die Italiener endlich, improvisiert, d. h. steigert naturgemäß die gewöhnlichen Gefühle zur Poesie. Corinna sagt: „Ich fühle mich als Dichterin, so bald mein Geist sich erhebt, so bald er in noch höherem Grade, als sonst, Eigenliebe und Niedrigkeit verachtet, kurz, so bald ich empfinde, daß eine schöne Handlung mir jetzt leicht sein würde; dann geraten meine Verse am besten. Ich bin Dichterin, wenn ich bewundere, wenn ich verachte, wenn ich hasse, nicht aus persönlichen Ursachen, sondern um der ganzen Menschheit willen." Und sie begnügt sich nicht damit, den leichten Nachtigallengesang in Schutz zu nehmen, welcher das ausmacht, was die Italiener unter lyrischer Dichtung verstehen. Sie erklärt das übertriebene Gewicht, welches die italienische Prosa auf die Form und auf den ganzen rhetorischen Prunk legt. Einmal liebe man überhaupt die Form im Süden, sodann sei es natürlich, da man unter einem geistlichen Regiment schreibe, welches jede ernste Behandlung irgend eines Stoffes verbiete, da man also gewiß sei, durch seine Schriften keinen Einfluß auf den Gang der Dinge üben zu können, daß man schreibe, um seine Gewohnheit als Schriftsteller an den Tag zu legen, um mit seinen schönen Perioden zu glänzen, und daß der Weg schon das Ziel werde.

Der zweite Umstand, durch welchen sich Oswald verletzt fühlte, war Michel Angelo's Darstellung der Gottheit und der Propheten in der sixtinischen Kapelle.

Er findet nicht in Jehovah's kraftvoller Männergestalt die unsichtbare, rein geistige Macht, zu welcher der nordische Protestantismus den leidenschaftlichen Nationalgott der alten Asiaten umgewandelt hat; und wo findet man wohl in all' diesen stolzen Männer- und Frauengestalten, mit denen Michel Angelo in seiner prometheischen Lust, „Menschen zu formen", die Decke bevölkert hat, wo findet man in diesen trotzigen, begeisterten, verzweifelten und kämpfenden Gestalten die Demut, die Sanftmut, welche er anzutreffen erwartete! Corinna erteilt hier ihren Landsleuten eine Lektion, die nach so vielen Jahren auch außerhalb Frankreichs, ganz besonders außerhalb Frankreichs, not thun kann, zumal in Ländern wie den nordischen, wo so viel kindisches Geschwätz über christliche Kunst und christliche Aesthetik zu Markte gebracht worden ist.

Der leidenschaftliche und gewaltsame Angriff, den Sören Kierkegaard in seiner letzten Periode wider die sogenannte christliche Kunst richtete, war für einen Mann, dem, wie Kierkegaard, jede künstlerische Bildung abging, natürlich; er schiebt beständig den Malern der Renaissancezeit seine protestantische, ja seine individuelle Religionsauffassung unter, und nimmt dann Anstoß daran, daß sie, mit dieser Auffassung im Hintergrunde ihres Bewußtseins, so malen können, wie sie es thun. Er weiß, wie Oswald, nicht, daß die Maler der Renaissancezeit in einem andern Verhältnis zu ihren Stoffen stehen, als die heutigen, daß, während der Maler unserer Zeit in seinen Gegenstand einzudringen und ihn als Archäolog, als Psycholog oder als Ethnograph zu studieren sucht, der Maler der Renaissancezeit seinen Stoff hinnahm, wie er ihm vorlag, und daraus machte, was er Lust hatte, daraus zu machen, d. h. was mit seiner selbständigen und originellen Individualität übereinstimmte. Hierin liegt die Erklärung dessen, was bei den alten Meistern den nordischen Beschauer so stark verwundert und verletzt. Denn gerade wie eine geringe Zahl von Stoffen, die aus der Ilias und der Odyssee entnommen waren, die ganze griechische Bildhauerkunst, Malerei und dramatische Kunst mit Vorwürfen versah (es ist immer dieselbe Geschichte von Helena und Paris, von Atreus und Thyestes oder von Iphigenia und Orest), so setzte auch ein Dutzend von Sujets aus dem alten und dem neuen Testamente (der Sündenfall, Loth und seine Töchter, Christi Geburt, die Flucht nach Aegypten, die Passionsgeschichte) dreihundert Jahre hindurch alle Meißel und Pinsel Italiens in Bewegung. Nur diese Gegenstände werden bestellt, nur in ihnen ist in der eigentlich strengen Zeit das Studium des Nackten gestattet.

Und während nun die Entwickelung fortschreitet, bleiben die Stoffe dieselben. Der fromme und naive Glaube der alten Zeit wird von dem begeisterten Humanismus und dem freudig aufblühenden Heidentume der Renaissancezeit abgelöst; aber noch immer malt man Madonnen und Magdalenen, nur mit dem Unterschiede, daß die steife Himmelskönigin des byzantinischen Zeitalters in ein idealisiertes Bauernkind von Albano, oder daß Andrea del Verrocchio's schreckhaft abgezehrte, lumpenbehangene, schluchzende und spindeldürre Magdalena in Correggio's üppiges und gesundes, lächelndes und verführerisches Mädchen verwandelt wird, dessen vorgebliche Reue noch als Koketterie erscheint, oder endlich, daß all' jene gekreuzigten und gesteinigten Märtyrer und Apostel, die aussehen, als seien sie lebendig begraben gewesen oder in Oel gekocht worden, sich in Figuren wie San Sebastian bei Tizian oder Guido Reni verwandeln, in den schönen, von Gesundheit und Schönheit strahlenden Pagen oder Cicisbeo, dessen blendende Hautfarbe noch mehr durch ein Paar Blutstropfen hervorgehoben wird, die von einer zierlich zwischen den Rippen angebrachten Pfeilspitze herabtriefen.

Oswald muß also von Corinna lernen, daß jener ganze Chor junger Heroen, die Michel Angelo's große Deckengemälde umgeben — (einer, welcher dem griechischen Achilles mit über die Knie gefalteten Händen gleicht, einer der sich bückt, wie um einem Schlag zu entgehen, einer, der seinen Arm wie zur Abwehr eines Streiches erhebt, einer, der mit Macht an der durch den Bronzeschild geführten Schärpe zerrt, mehrere, die mit Anstrengung all' ihrer Kräfte Hände und Füße wider ihren Rahmen stemmen, sich winden und gegen die Architektur der Decke strampeln), — er muß lernen, daß all' diese Figuren, welche, schön wie die homerischen Helden, mit der Schönheit eine wildere Energie und einen noch mannhafteren Willen vereinen, gleichsam Michel Angelo's menschgewordene Gedanken sind. Denn Michel Angelo dekoriert nicht mit Ornamenten oder mit Blumen, sondern mit Menschenleibern, und jeder seiner Gedanken nimmt die Gestalt eines leidenden Heros an, wie die Gedanken der antiken Künstler die Gestalt eines glücklichen Gottes. Ein leidender Heros gilt wohl eben so viel wie ein seliger Gott. Oswald muß jene Liberalität des italienischen Katholizismus bewundern lernen, welche unter der Renaissance jedem Künstlergeiste gestattete, sich mit vollster Freiheit, mit ungehemmtester Originalität zu entfalten, selbst wenn der Künstler in seinen Werken ein ganz individuelles Menschenideal darstellte oder die christlichen und jüdischen Sujets als Formen, als Vorwände gebrauchte, um seine eigene, seine rein persönliche Religion darzustellen. Für die Künstler jener Zeit war die Kunst Religion, und Linien und Farben waren die Formen, unter denen sie anbeteten.

Und so gelangen wir denn zu dem dritten Umstande, welcher Oswald ein Aergerniß gab, als er Ovid's Metamorphosen, die Basreliefs Antonio Filarete's, an den Thüren der Peterskirche abgebildet sah, das Aergernis der Vermischung von Christlichem und Heidnischem in der katholischen Kirche. Dieser Zug findet sich überall wieder; überall wurde das heidnische Material benutzt und beibehalten. All' die alten Basiliken und Kirchen sind aus lauter antiken Tempelsäulen erbaut, ein einfaches Kreuz wandelt oberflächlich die Obelisken, das Kolosseum und das Pantheon zu christlichen Bauwerken um. Einer alten, schlechten Statue des Jupiter Stator giebt man ein paar Schlüssel in die Hand, tauft sie zu Sankt Peter um und küßt ihr die Zehen ab; die aufgefundenen Statuen des Menander und Posidippos werden das ganze Mittelalter hindurch als Heilige angebetet. Corinna zeigt Oswald, daß diesem bisweilen naiven, aber stets liberalen Verhalten zum Heidnischen und zum Humanen der Katholizismus den künstlerischen Glanz verdankt, mit welchem er ewig in der Weltgeschichte strahlen wird, ein Glanz, den die künstlerischen Leistungen des Protestantismus nicht verdunkeln werden. Der Protestantismus fegt all' die schönen Albanerinnen welche ein lächelndes Kind an die Brust drückten, von seinen Altären herab unter dem Vorwande, daß es Madonnen seien, überkalkt all' die bunten Bilder, und feiert den Triumph der kalkbestrichenen Wände. Das Italien der Renaissancezeit entkleidet das Christentum seiner Askese, seiner Schrecken, seines ganzen jüdisch-asiatischen Wesens, und schafft es um zu einer blumengeschmückten, murrhenduftenden Mythologie. Der italienische Katholizismus alliierte sich mit dem Bürgerstande in den Städten und, als die Kunst wiedergeboren wurde, mit allen schönen Künsten. Seine Interessen werden deshalb ebenso häufig aus patriotischem wie religiösem Beweggrunde gefordert: Toskana ist der Ausgangspunkt der Renaissance.

In Toskana wurde der Mensch nach seinem Sündenfalle, der Naturverleugnung, wiedergeboren. Hier bildeten sich die ersten italienischen Republiken. Hier erstarkte der Mensch aufs neue zur Willenskraft, und die Häuser schoben sich zusammen und bildeten einen kleinen, stolzen, unbezwinglich freisinnigen Staat, eine Stadt und deren Umgegend. Dann stiegen die Türme und Turmspitzen empor, schlank wie die Haltung eines freien Mannes, die Paläste wurden begonnen und befestigt, die Kirchen wurden vollendet, und die Kirche war ein Nationalschatz, ein Zeuge von Reichtum, Ausdauer und Kunstsinn, eine enorme Wertsache in dem Wettkampfe um den Vorzug zwischen Staat und Staat, zwischen der Stadt Siena und der Stadt Florenz, weit mehr noch als eine Wohnstätte für „unsere allerheiligste Frau". Man that unendlich viel mehr zur Ehre Siena's als zur Ehre des lieben Gottes.

Eine Kirche in Toskana ist mit ihren Mosaiken auf Goldgrund, wie die zu Orvieto, oder mit ihrer Fassade von weißem, durchbrochenem Marmor, welche dem Spitzengewande einer jungen Schönheit gleicht, wie die Kirche zu Siena, mit ihrer attischen und eleganten, zierlichen und zarten Form und ihrem Reichtum von Kunstschätzen im Inneren, noch weit mehr ein Juwelenschrein, als eine Kirche.

Oder man denke an die Markuskirche in Venedig. Wenn man sie zum ersten Male erblickt, so stutzt man draußen einen Augenblick über ihre orientalische Fassade, ihre blinkenden Kuppeln, ihre wunderlichen Bogen, die auf kurzen, übereinander aufgetürmten Säulenbündeln von rotem und grünem Marmor ruhen. Man wirft von der Piazza aus einen Blick auf die Außenwände und die buntfarbigen Mosaiken auf Goldgrund und tritt dann ein. Der erste Eindruck ist: „Was in aller Welt ist doch das? Das ist ja lauter Gold, Goldkuppeln und goldene Wände!" Die feinsten Goldmosaikstifte, aus welchen der Hintergrund aller Bilder besteht, bilden eine einzige Goldfläche. Fällt ein Sonnenstrahl herab, so erzeugt er helle, schimmernde Goldflecke auf dem dunkleren Goldgrunde, und die ganze Kirche funkelt und flammt. Der vom Alter wellenförmig gewordene Estrich ist aus Mosaik von rotem, grünem, weißem und schwarzem Marmor zusammengefügt. Die rötlichen Marmorsäulen haben Kapitäler von vergoldeter Bronze. Die kleinen Bogenfenster haben weißes, nicht buntfarbiges Glas; denn buntes Glas würde zu dieser Pracht nicht stimmen; es ist gut für ärmliche Kirchen. Die Säulen werden durch ungeheure, viereckige, wohl sechs Ellen dicke Pfeiler von grünlichem Marmor unterbrochen, welche vergoldete Halbbogen tragen, und jede Kuppel ruht auf vier solcher goldenen Halbbogen. Die kleineren Säulen, welche die Altäre, Chöre u. s. w. tragen, sind von grünem und rotgeflecktem Marmor, zuweilen von Alabaster, und dann durchsichtig. Aller niedrig liegende Marmor ist größtenteils hochrot, z. B. alle Sitze oder Bänke, die rund um die Pfeiler und an den Seiten entlang gehen. Die ganze Kirche hat, was natürlich in dieser Stadt ist, deren Malerschule die Form so ganz der Farbe unterwirft, einen rein malerischen, keinen architektonischen Charakter. Wie sie dasteht mit ihren vergoldeten Ornamenten, ihren zierlich eingelegten Stühlen, ihren vollendet schönen Bronzen, ihren goldenen Statuetten, Kandelabern und Kapitälern, gleicht San Marco einer anmutigen, auf ihr Lager hingestreckten Haremsschönheit, schwer beladen mit Gold, Perlen und blitzenden Diamanten und mit dem reichsten Brokat, der ihr maurisches Ruhebett überdeckt.

Ursprünglich war eine solche Kirche sicherlich ein Ausdruck für religiöse Schwärmerei. Aber unter der Hochrenaissance wich dies religiöse Gefühl im Verhältnis, wie die Kirche immer reicher ausgeschmückt ward, ganz der Kunstfreude. Sehr bezeichnend ist in dieser Hinsicht eine Inschrift, die einzige der Kirche, die sich gerade über dem Haupteingang befindet; sie ist in lateinischer Sprache, und lautet, wie folgt: "Ubi diligenter inspexeris artemque ac laborem Francisci et

Valerii Zucati Venetorum fratrum agnoveris, tum tandem judicato." Zu Deutsch: „Wenn Du all' die Kunst und Arbeit, die wir zwei venetianischen Brüder, Franciskus und Valerius Zucatus, hier ausgeführt, aufmerksam betrachtet und geprüft hast, dann erst beurteile uns."

Was besagt das? Es ist eine Warnung der Mosaik= arbeiter vor übereilter Kritik.

Die Brüder Zucatus waren Meister in der Mosaikkunst und führten im sechzehnten Jahrhundert einen großen Teil der Mosaiken dieser Kirche zumeist nach Zeichnungen Tizians aus. Man denke sich einen Augenblick solche Inschrift an einer protestantischen Kirche und ziehe dann den Vergleich. So ganz, so vollständig ist eine Kirche hier als Kunstwerk aufgefaßt, daß die Inschrift über ihrem Hauptportale, statt eine Aufforderung an den Betenden, ein Gruß an den Gläubigen, ein Segensspruch oder eine Bibelstelle zu sein, eine Bitte an den Beschauer ist, mit würdigen, mit geweihten Blicken die heilige, von der Religion geheiligte Kunst zu betrachten.

Wenn daher, wie es heutzutage in Italien geschieht, der katholische Glaube aus der katholischen Kirche entschwindet, wenn Inquisition und Fanatismus zur Sage werden, wenn das häßliche Tier im Schneckenhause stirbt, so bleibt noch die Schale, schön gewunden, zurück. Es bleiben doch prachtvolle Kirchen, Statuen, Gemälde zu Hunderttausenden übrig; es bleiben doch immer Michel Angelo's Kapelle und Rafael's sixtinische Madonna und Kirchen wie die Peterskirche oder wie die Dome in Mailand und Pisa. Aber wenn wir — bei aller Achtung vor dem, was der Protestantismus als Ueber= gangsglied in der Geschichte des Menschengeistes für das ganze innere und sittliche Leben geleistet hat, und mit Ehrfurcht vor vielen seiner Monumente, die nicht für das äußere Auge sind — wenn wir, sei es auch nur per impossibile, die Möglich= keit setzen, daß dem Protestantismus einst dasselbe Schicksal widerführe, das jetzt dem Katholizismus in Italien zu Teil wird, welche dekorative oder architektonische Sehenswürdigkeiten bleiben dann übrig? Die merkwürdigste wird ein Tintenfleck auf der Wartburg sein, die abschreckendste Sehenswürdigkeit

Kirchen, so häßlich wie die Johanniskirche an der Norderbrücke in Kopenhagen, welche dann vielleicht durch das ehrwürdige Moos des Alters verschönert sein wird.

Der Protestantismus hat sich als machtlos erwiesen, eine religiöse Architektur zu erzeugen und hat, selbst nachdem die Zeit der Bilderstürmerei vergessen ist, einzig und allein in Rembrandt's Genie die Fähigkeit an den Tag gelegt, seinem religiösen Bewußtsein malerische Form zu geben. Daher kommt es, daß Corinna, die kunstliebende Dichterin, dem Protestanten Oswald gegenüber stets die Partei des Katholizismus nimmt, und es war notwendig, bei diesem Thema etwas zu verweilen, weil wir hier bei dem **zweiten Hauptpunkte** stehen, in welchem die Einwirkung ihres deutschen Umgangskreises auf Frau von Staël sich geltend macht, und wo wir abermals, aber diesmal stärker, das Wehen des **herannahenden romantischen Geistes**, mit seinem Widerwillen gegen den Protestantismus als phantasielos und kunstlos, als kalt und nüchtern, und mit seiner stets zunehmenden Vorliebe für den Katholizismus verspüren, dessen Schönheitsidee und dessen vertrauliches Verhältnis zum Phantasieleben und zur Kunst zu Beginn dieses Jahrhunderts nach der Verstandesprosa der Aufklärungszeit ihm einen nicht erwarteten Aufschwung gab. Man wendet hier in augenfälligster Weise den Stachel gegen das Frankreich des achtzehnten Jahrhunderts, das mit Voltaire an der Spitze den Katholizismus verfolgt und verhöhnt hatte, und das ohne irgendwelche Liebe zum protestantischen Kirchenglauben doch stets eine deutliche Vorliebe für den Protestantismus mit seiner Unabhängigkeit von der Papstmacht, seinen verheirateten Priestern und seiner Abneigung gegen die wirkliche oder vorgebliche Enthaltsamkeit des Mönchslebens geäußert hatte.

12.
Neue Betrachtung der Antike.

Es giebt noch einen Punkt, in welchem dies Buch über Italien eine tief germanische Einwirkung verrät und wo man den Uebergang jener fruchtbaren Stimmung, aus welcher „Corinna" entstand, bis zu jener, welche das Buch „Ueber Deutschland" schuf, verspürt: nämlich die künstlerische Auffassung der Antike und des Verhältnisses der modernen Kunst zu ihr. Die Betrachtungen über diesen Gegenstand boten sich von selbst, da Corinna als Oswald's Führer durch Rom auftrat.

Rom ist der einzige Ort auf dem Erdballe, wo die Weltgeschichte gleichsam sichtbar hervor tritt, indem die auf einander folgenden Epochen ihre Denkmale schichtweise über einander abgesetzt haben. Man sieht zuweilen ein einzelnes Gebäude, zum Beispiel eins der Häuser in der Nähe des Vestatempels, wo das Fundament und die verschiedenen Stockwerke vier verschiedenen Zeitaltern angehören, der altrömischen Urzeit, der römischen Kaiserzeit, der Renaissance und unserer eigenen Zeit. Das eigentliche antike Zeitalter ist dasjenige, in welches Corinna ihren Freund zuerst einführt; nur wolle man bemerken, daß sie auf die Ruinen, er aber auf sie blickt. Auf diesem Punkte jedoch hat das Buch die Bedeutung, eine neue Betrachtung der Antike in die französische Litteratur einzuführen.

Von den zwei klassischen Hauptvölkern waren eigentlich nur die Römer in Frankreich verstanden worden. Es fließt römisches Blut in den Adern der Franzosen. Es geht ein wahrhaft römischer Hauch durch Corneille's Tragödien. Es war also kein Wunder, daß die große Revolution römische Gewohnheiten, Benennungen und Kostüme annahm. Madame Roland bildete ihren Geist an der Lektüre des Tacitus. Worte, welche Corneille einem seiner Helden in den Mund gelegt hat, waren die letzten, welche Charlotte Corday schrieb. Die

Schlußzeilen ihres letzten Briefes an ihren Vater, der im
Archive zu Paris ausliegt, lauten, wie folgt: „Vergieb mir,
lieber Vater, daß ich ohne Deine Erlaubnis über mein Schick=
sal verfügt habe. Ich habe manches unschuldige Opfer ge=
rächt. Denke an den Vers von Corneille:
  Le crime fait la honte, et non pas l'échafaud.
Morgen um acht Uhr wird der Urteilsspruch an mir vollstreckt."
Und was die Kunst betrifft, so rief der große Maler der Re=
volutionszeit, David, in seinen Bildern das alte Rom wieder
hervor: Brutus, Manlius sind seine Helden.

Aber am rechten Verständnisse der Griechen hatte es stets
gefehlt; die Franzosen selbst schwebten zwar noch in dem
Wahne, daß ihre klassische Litteratur die griechische fortsetze
und überträfe; seit jedoch Lessing seine „Hamburgische Drama=
turgie" schrieb, war es für das übrige Europa kein Geheim=
nis mehr, daß Racine's Griechen mit nichts Aehnlichkeit hatten
als mit Franzosen, daß Racine's galanter und ritterlicher
Achill, welcher Iphigenien Madame tituliert und sich über die
Wunden beklagt, die ihre schönen Augen geschlagen, weit näher
mit dem jungen Prinzen von Condé als mit seinem hellenischen
Namensvetter verwandt war: man hatte schließlich in der
ewigen Familie jenes Agamemnon eine Menge verkleideter
Marquis und Marquisen entdeckt, und es half nichts, daß
man im Théâtre français das Kostüm wechselte und seit
Talma's Zeit die Griechen in antiken Trachten, statt mit
Perücke, Puder und Galanteriedegen auftreten ließ; von dem
Augenblicke an, wo die Kritik in Deutschland erwachte, ward
die französische Auffassung der Antike ein Gegenstand des
Spottes für Europa.

Frau von Staël hat die Ehre, in ihrem Buche „Ueber
Deutschland" Frankreich von dem kühnen Spötter Lessing er=
zählt zu haben, welcher gewagt hatte, selbst an dem großen
Spottvogel Voltaire, seinem eigenen Lehrer und Meister, seinen
Witz zu versuchen, einen Witz, dessen Stachel eine persönliche
Kränkung, wie man aus der Schrift von Strauß über Voltaire
ersehen kann, noch schärfer als gewöhnlich machte. In
„Corinna" bahnt sie den Weg dazu, indem sie, noch ohne

alle Polemik, den Franzosen die Resultate mitteilt, welche das neue Studium der Antike und die Theorieen des „Laokoon" über das Verhältnis zwischen Poesie und bildender Kunst in Deutschland herbeigeführt hatte.

Auch in diesem Lande hatte eine rein französische Auffassung sich geltend gemacht, die Anschauung des Hellenismus, welche in Wieland's feinen und leichtfertigen Romanen „Agathon" und „Aristipp", sowie in den von Frau von Staël in ihrem Buche „Ueber Deutschland" getadelten Gedichten „Endymion", „Musarion" usw. zu Tage tritt. Aber die neue Zeit erschien. Es war ein armer deutscher Schullehrer, Winckelmann, der, ausschließlich von der reinsten und originalsten Begeisterung gelenkt, nach zahllosen Mühen und Widerwärtigkeiten sich bis nach Rom hinarbeitete, um die Antike studieren zu können, der sodann gegen seine Ueberzeugung und trotz des Unwillens seiner Freunde die katholische Religion annahm, um dort bleiben zu können, und der endlich seiner Kunstliebe zum Opfer fiel, indem er auf scheußliche Art von einem Schurken ermordet ward, welcher sich seiner Sammlung kostbarer Medaillen und edler Steine bemächtigen wollte, — er war es, der in einer langen Reihe von Schriften, von seinem Sendschreiben an den deutschen Adel bis zu seiner großen Kunstgeschichte, seinen Landsleuten die Augen für die griechische Harmonie öffnete. Seine ganze Schriftstellerthätigkeit ist ein großer Hymnus auf die wiedergefundene, wiederentdeckte Antike. Bei seinen mannigfachen Irrtümern will ich nicht verweilen, wer seine Schriften kennt, der weiß, daß der Apoll von Belvedere und die mediceische Venus im Verein mit der Laokoonsgruppe ihm notwendiger Weise als der Kulminationspunkt der griechischen Kunst erscheinen mußten, da zu jener Zeit noch kein Kunstwerk des großen Stiles entdeckt war. Die ganze germanische antikisierende Kunst fällt ja nämlich in die Zeit vor der Entdeckung der Venus von Milo. Selbst Thorwaldsen sah dieselbe erst, als er schon alt war. Allein trotz dieses Mangels und zahlreicher historischer Ungenauigkeiten steht Winckelmann als derjenige da, von welchem der große Hauch ausging, der Lessing, Goethe und Schiller beseelte. Lessing folgt ihm mit seiner Kritik. Ausgerüstet mit einem kritischen Sinne, der seines Gleichen sucht, entwirft dieser bewundernswerte Mann die ersten Grundzüge einer Wissenschaft der Kunst und Poesie auf der Basis der Winckelmann'schen Kunstanschauung.

Jeder, der mit Goethe's Leben vertraut ist, weiß, welchen gewaltigen Einfluß diese beiden Zwillingsgeister, Winckelmann und Lessing, auf seine künstlerische Erziehung übten. Man erinnere sich der unbeschreiblichen Begeisterung, welche sein Herz und die Herzen seiner Altersgenossen durchstürmte, als Lessing's „Laokoon" erschien. Man gedenke des Ausrufs: „Wir hielten uns aller Uebel erlöst", und zum ersten Male bricht die neue Auffassung der Antike mit großartiger Genialität in Goethe's kleinem, von Geist sprudelndem Meisterwerke „Götter, Helden und Wieland" hervor. Ich zitiere beispielsweise einige Repliken; Wieland's Schatten steht in der Nachtmütze da und ist eben im Gespräch mit Admet und Alceste windelweich geschlagen worden, als Herkules auftritt.

Herkules. Wo ist Wieland?

Admet. Da steht er.

Herkules. Der? Nun der ist klein genug. Hab' ich mir ihn doch so vorgestellt. Seid ihr der Mann, der den Herkules immer im Munde führt?

Wieland (zurückweichend). Ich habe nichts mit Euch zu schaffen, Koloß.

Herkules. Nun, wie dann? Bleibt nur!

Wieland. Ich vermutete einen stattlichen Mann mittlerer Größe.

Herkules. Mittlerer Größe? Ich?

Wieland. Wenn Ihr Herkules seid, so seid ihr's nicht gemeint.

Herkules. Es ist mein Name, und auf den bin ich stolz. Ich weiß wohl, wenn eine Fratze keinen Schildhalter unter den Bären, Greifen und Schweinen finden kann, so nimmt er einen Herkules dazu. Denn meine Gottheit ist Dir niemals im Traum erschienen.

Wieland. Ich gestehe, das ist der erste Traum, den ich so habe.

Neue Betrachtung der Antike.

Herkules. So geh' in Dich, und bitte den Göttern ab Deine Noten übern Homer, wo wir Dir zu groß sind. Das glaub' ich, zu groß.

Wieland. Wahrhaftig, Ihr seid ungeheuer. Ich hab' Euch mir niemals so imaginiert.

Herkules. Was kann ich dafür, daß Er eine so engbrüstige Imagination hat? Wer ist denn Sein Herkules, auf den Er sich so viel zu Gute thut? Und was will Er? Für die Tugend? Was heißt die Devise? Hast Du die Tugend gesehen, Wieland? Ich bin doch auch in der Welt herumgekommen, und ist mir nichts so begegnet.

Wieland. Die Tugend, für die mein Herkules alles thut, alles wagt, Ihr kennt sie nicht?

Herkules. Tugend? Ich hab' das Wort erst hier unten von ein paar albernen Kerls gehört, die keine Rechenschaft davon zu geben wußten.

Wieland. Ich bins ebenso wenig imstande. Doch laßt uns darüber keine Worte verderben. Ich wollte, Ihr hättet meine Gedichte gelesen, und Ihr würdet finden, daß ich selbst die Tugend wenig achte. Sie ist ein zweideutiges Ding.

Herkules. Ein Unding ist sie, wie alle Phantasie, die mit dem Gang der Welt nicht bestehen kann. Eure Tugend kommt mir vor wie ein Centaur; so lange der vor Eurer Imagination herumtrabt, wie herrlich, wie kräftig! Und wenn der Bildhauer ihn Euch hinstellt, welch' übermenschliche Form! — Anatomiert ihn und findet vier Lungen, zwei Herzen, zwei Mägen. Er stirbt in dem Augenblicke der Geburt, wie ein anderes Mißgeschöpf, oder ist nie außer Eurem Kopf gezeugt worden.

Wieland. Tugend muß doch was sein, sie muß wo sein.

Herkules. Bei meines Vaters ewigem Bart! Wer hat daran gezweifelt? Und mich dünkt, bei uns wohnte sie in Halbgöttern und Helden. Meinst Du, wir lebten wie das Vieh, weil Eure Bürger sich vor den Faustrechtszeiten kreuzigen? Wir hatten die bravsten Kerls unter uns.

Wieland. Was nennt Ihr brave Kerls?

Herkules. Einen, der mitteilt, was er hat. Und der Reichste ist der Bravste. Hatte einer Ueberfluß an Kräften, so prügelt er den andern aus. Und versteht sich, ein echter Mann giebt sich nie mit geringern ab, nur mit seines gleichen, auch größern wohl. Hatte einer Ueberfluß an Säften, machte er den Weibern so viel' Kinder, als sie begehrten, wie ich denn selbst in einer Nacht funfzig Buben ausgearbeitet habe. Fehlt' es einem denn an beiden und der Himmel hatte ihm, oder auch wohl dazu, Erb' und Hab' vor Tausenden gegeben, eröffnete er seine Thüren und hieß Tausend willkommen, mit ihm zu genießen. Und da steht Admet, der wohl der Bravste in diesem Stück genannt werden kann.

Wieland. Das Meiste davon wird zu unsern Zeiten für Laster gerechnet.

Herkules. Laster? Das ist wieder ein schönes Wort. Dadurch wird eben alles so halb bei Euch, daß Ihr Euch Tugend und Laster als zwei Extreme vorstellt, zwischen denen Ihr schwankt, anstatt Euren Mittelstand als den positiven anzusehen und den besten, wie's Eure Bauern und Knechte und Mägde noch thun.

Wieland. Wenn Ihr diese Gesinnungen in meinem Jahrhunderte merken ließet, man würde Euch steinigen. Haben sie mich wegen meiner kleinen Angriffe an Tugend und Religion so entsetzlich verketzert.

Herkules. Was ist da viel anzugreifen? Die Pferde, Menschenfresser und Drachen, mit denen hab' ich's aufgenommen, mit Wolken niemals, sie wollten eine Gestalt haben, wie sie mochten Die überläßt ein gescheiter Mann dem Winde, der sie zusammen geführt hat, wieder zu verwehen.

Wieland. Ihr seid ein Unmensch, ein Gotteslästerer.

Herkules. Will Dir das nicht in den Kopf? Aber des Prodikus=Herkules, das ist Dein Mann, Euer Herkules Grandison eines Schulmeisters Herkules. Ein unbärtiger Sylvio am Scheidewege. Wären mir die Weiber begegnet,

siehst Du, eine unter den Arm, eine unter den, und alle beide
hätten mit fortgemußt.*)

Da haben wir aus Goethe's erster Kraftperiode die neue
Auffassung der Antike, als Gegensatz zu der französierten
Wieland's hingestellt, und wir haben gleichzeitig das poetische
Glaubensbekenntnis dessen, der von seinen Zeitgenossen der
große Heide genannt wurde. Es ist die Philosophie Spinoza's
als kühner Scherz vorgetragen. Man kann jedoch keineswegs
sagen, daß Goethe bei dieser derb naturalistischen Auffassung
der Antike stehen blieb. Nachdem er erst seine jugendliche
Leidenschaft in „Werther", in „Götz" und in seiner begeisterten
Abhandlung über die gothische Baukunst hatte austoben lassen,
wandte er sogar mit einer heftigen Reaktion der Gotik und
der Leidenschaftlichkeit den Rücken, und indem er jetzt zu den
Griechen zurückkehrt, sind es ihre Ruhe und ihre Klarheit,
die schlichte und gesunde Vernunft Griechenlands, welche ihn
begeistern. Was bei den Griechen selbst leidenschaftlich, farben=
reich oder realistisch war, wurde von ihm bei Seite geschoben
und nicht mitgenommen. Was bei ihnen volkstümlich, burlesk,
effektvoll war, wurde gleichfalls entfernt. Was bei den
Griechen endlich wild bacchantisch oder nächtlich mystisch war,
dafür hatte er kein Auge.

Mit einem steigenden Unmute wider das Christentum,
der sich besonders in den venetianischen Epigrammen Luft
macht, verbindet sich ein so ins Extrem gehender Unmut wider
die Gotik und die ganze christliche Kunst, daß Goethe z. B.
an einem Orte wie Assisi, der so reich an den schönsten
und christlichen Denkmälern ist, nicht zum Besuch einer
einzigen Kirche oder eines einzigen Klosters zu bewegen war,
sondern ausschließlich sich in das Anschauen der wenigen und

---

*) Man vergleiche hiemit Schiller's Epigramm:
Meine Antipathie.
Herzlich ist mir das Laster zuwider, und doppelt zuwider
  Ist mir's, weil es so viel schwatzen von Tugend gemacht
„Wie, Du hassest die Tugend?" — Ich wollte, wir übten sie alle:
  Und so spräche, will's Gott, ferner kein Mensch mehr davon.

unbedeutenden antiken Ueberreste vertiefte. In diesem Gemütszustande schrieb er seine „Iphigenie", das Werk, welches man als den Typus der ganzen Reproduktion der Antike bei dem germanisch=gotischen Stamme betrachten kann. In diesem Werke, das eine so gewaltige Rolle in der Kunstanschauung unseres Jahrhunderts spielt, daß es sowohl der deutschen Aesthetik unter Hegel, wie der französischen Aesthetik unter Taine als eine Art Musterwerk gilt, welchem Hegel nur die „Antigone" des Sophokles gleichstellt, in diesem Werke begegnet uns derselbe Geist, wie in allen hellenisierenden Gedichten Schiller's: „Die Götter Griechenlands", „Die Künstler", „Die Ideale", „Das Ideal und das Leben". Denken wir nur an die Zeile:

  „Auch ich war in Arkadien geboren",

und an folgender Schilderung des Lebens der Götter:

  „Ewig klar und spiegelrein und eben
  Fließt das zephyrleichte Leben
  Im Olymp den Seligen dahin."

Es ist diese ganz einseitige Auffassung der Antike, welche sich aus der in „Götter, Helden und Wieland" angedeuteten entwickelt und Goethe zu homerischen Poesien wie „Achilleïs" führte. Es ist endlich dieser Geist, den wir bei Thorwaldsen wiederfinden. Denn dieser Gruppe von Geistern und Ideen ist Thorwaldsen anzureihen. In einigen seiner ältesten Basreliefs, in „Achilles und Briseïs" z. B., herrscht ein ähnliches derberes Verhältnis zur Antike, wie das, mit welchem Goethe begann. Aber in all' seinen späteren Darstellungen griechischer Stoffe findet man auch jenes selbe Ideal friedlicher und gedämpfter Harmonie, welches die kräftige Tendenz ablöste.

Ich möchte mich indes erkühnen, hier zum ersten Male die Ansicht auszusprechen, daß Winckelmann's, Goethe's und Thorwaldsen's Griechenland fast eben so ungriechisch ist wie das Griechenland, welches Racine und Barthélemy in seinem „Jungen Anacharsis" uns schildern. Denn während der Stil Racine's zu fein, zu salonmäßig und höfisch ist, um griechisch zu sein, ist der Stil Goethe's und Thorwaldsen's, welcher mit

Neue Betrachtung der Antike.

der Kunstanschauung Winckelmann's zusammenfällt, trotz der ihr ganzes Zeitalter überstrahlenden Genialität dieser beiden großen Männer, zu geläutert, zu wasserhell und zu kalt, um griechisch zu sein. Ich glaube, die Zeit wird kommen, wo man Goethe's Iphigenie nicht sehr viel griechischer als Racine's Iphigenie finden, wo man entdecken wird, daß die sittliche Würde der deutschen Iphigenie eben so deutsch wie die anmutige Feinheit der französischen Iphigenie französisch ist. Und dann bleibt nur noch die Frage zurück, ob man griechischer ist, wenn man deutsch oder wenn man französisch ist. Ich weiß wohl, daß ich mit der Stirn gegen eine Wand von germanischen und gotischen Vorurteilen renne, ich kenne die feststehende Ueberzeugung, daß von den zwei europäischen Kulturströmungen die eine lateinisch, französisch, spanisch, die andere griechisch, deutsch, nordisch ist, und ich weiß, wie man sich durch die Ansicht bestechen läßt, daß die deutsche Poesie, mit Goethe an der Spitze, antikisierend und zum Teil griechisch sei, daß die Deutschen Winckelmann gehabt, der die Antike entdeckt habe, und daß die deutschen Philologen uns Griechenland erklärt hätten, während Frankreich dagegen Racine gehabt, der die griechischen Helden zu Hofmännern machte, und Voltaire, der Aristophanes für nicht viel Besseres als einen Possenreißer ansah.

Aber dennoch habe ich, wenn ich mir in Betreff der beiden Iphigenien die Frage stellte: Wer ist den Griechen ähnlicher, Franzosen oder Deutsche? — dennoch habe ich mir geantwortet: die Franzosen.

Man ähnelt einem Volke, nicht wenn man dasselbe nachahmt, sondern wenn man sich wie dasselbe gebahrt. Ich räume die Schwierigkeit ein, Analogien zwischen modernen und antiken Völkerstämmen aufzustellen. Aber doch scheint mir das Verhältnis zwischen den modernen Engländern und Franzosen in Etwas an das Verhältnis zwischen den alten Egyptern und Griechen zu erinnern. England und Egypten haben dieselbe Art starren und ruhigen Fortschritts, denn es ist durchaus thöricht zu glauben, wie so oft behauptet wird, Egypten habe still gestanden; die leichte Beweglichkeit der Franzosen dagegen, ja sogar ihre inneren haßentbrannten und aufreibenden Kämpfe erinnern an die Griechen, welche stets in wechselseitiger Fehde mit einander lagen. Und vergleichen wir die Franzosen mit den Deutschen, so finden wir, daß Frankreich einen Volksgeist hat, welcher wie der der Griechen niemals schwerfällig (lourd) ist, wir finden eine ausgeprägte Vorliebe für Form und Farbe, und auf der einen Seite für Leichtigkeit und Eleganz, auf der anderen für Passion und Leidenschaft. Ich bin weit davon entfernt, die Franzosen den Griechen an Rang gleichstellen zu wollen. Der Abstand ist so groß, daß ich für mein Teil fast geneigt bin, ihn als unermeßlich zu bezeichnen. Ich erkenne nur den Franzosen einen Ehrenplatz in der Nähe der Griechen zu, wenn man behaupten will, daß die Deutschen ihnen näher stünden.

Der Kreis von Persönlichkeiten, unter dessen Einfluß Frau von Staël stand, die Häupter der romantischen Schule, nährten eine lebhafte Ueberzeugung von der Unfruchtbarkeit litterarischer und künstlerischer Versuche, die Antike wieder herzustellen. A. W. Schlegel hatte Lessings Kampf gegen die sogenannte klassische Dichtkunst Frankreichs fortgesetzt und auf deren Kosten die Troubadourpoesie hervorgezogen, die keine Stütze in griechischer oder lateinischer Litteratur bedurfte. Er stellte sich auch zu Goethe's hellenisierenden Dichtungen kühler, als zu jener, welche mehr heimatliche und bunte Sujets behandelte. Deshalb heißt es in „Corinna" (I. pag. 321), daß, da die religiösen Gefühle der Griechen und Römer wie auch ihre geistigen Anlagen in jeder Beziehung nicht dieselben, wie die unsrigen sein könnten, so sei es auch uns unmöglich, etwas in ihrem Geist hervorzubringen oder gewissermaßen etwas neues auf ihrem Boden zu erfinden. Man hätte nicht der Hinweisung auf eine Abhandlung Fr. Schlegels in der „Europa" bedurft, die in einer Anmerkung gegeben ist, um zu merken, welcher Eingebung die Verfasserin hier gefolgt ist. Und man glaubt fast, einen romantischen Kritiker zu lesen, wenn man in ihrem Werke „Ueber Deutschland" auf folgende Entwickelung desselben Themas stößt: „Wenn in unserer Zeit die schönen Künste zur Einfachheit der Alten beschränkt würden, so würden wir

Neue Betrachtung der Antike.

doch nicht die ursprüngliche Kraft erreichen, welche jene auszeichnet, und wir würden des innerlichen und zusammengesetzten Gefühlslebens verlustig gehen, welches nur bei uns angetroffen wird. Die Einfachheit in der Kunst würde bei den Modernen leicht zur Kälte und Verallgemeinerung werden, während sie bei den Alten voller Leben war.

Ich glaube, daß diese Aeußerung das Rechte trifft. Wie die deutsche Reproduktion der Antike deutsch ist, so ist die dänische Wiedergeburt der Antike dänisch und nicht griechisch, — zu dänisch, um wahrhaft griechisch zu sein, und zu griechisch, um echt dänisch und wirklich modern zu sein. Man fühlt das niemals stärker, als wenn man eine Arbeit Thorwaldsen's neben einen antiken Basrelief hängen sieht, wenn man z. B. im Figurensaale auf Charlottenborg die Medaillons vom Christiansborger Schlosse mit den Parthenons-Metopen vergleicht oder wenn man im Museum von Neapel ein Basrelief aus der frühesten griechischen Zeit neben dem schönsten Basrelief Thorwaldsen's, seiner „Nacht"' angebracht sieht.

Stellt man sich dann vor diese „Nacht" und bemüht sich einen Augenblick, wie ich es gethan habe, die fünfzehn Jahre lang gehegte begeisterte, aber auch fast blinde Schwärmerei für Thorwaldsen zu vergessen, so wird es vielleicht dem einen und anderen wie mir ergehen, er wird sich selbst bekennen müssen, daß diese weibliche Figur, deren sanfter Liebreiz so ansprechend ist, keineswegs ganz ihrem Namen entspricht. Der Stil, in welchem sie gehalten ist, ist das Produkt einer Abneigung des Künstlers, er selbst, d. h. modern zu sein, und seines Bestrebens, etwas unmögliches, nämlich antik zu sein, und das Resultat ist eine Art verfeinerten und schmächtigeren Atticismus geworden, durch welchen der Nationalcharakter des Künstlers schwach und unbewußt hindurch leuchtet. Thorwaldsen's „Nacht" ist nur die Nacht, in welcher man schläft; sie müßte der Schlaf, nicht die Nacht, die nächtliche Stille, nicht die Nacht heißen. Denn die Nacht, wie ein Grieche sie sich denken würde, die Nacht, in welcher man liebt, und die Nacht, in welcher man mordet, die Nacht, welche alle Wonnen und alle Verbrechen unter ihrem Mantel birgt, diese Nacht ist es nicht.

Es ist die Nacht, die milde Sommernacht, auf dem Lande. Und dieser idyllische Hauch, die sanfte und friedliche Stimmung ist es, welche in diesem Produkte der gemeinsam-germanischen Renaissance der Antike zumeist das eigentümlich Dänische ausmacht. Die eigenartige ländliche Schönheit, welche über dieser Figur liegt, ist eben so dänisch, wie die strenge Würde und Sittlichkeit bei Goethe's Iphigenie deutsch ist.

Thorwaldsen's Reproduktion der Antike ist überhaupt wie diejenige Goethe's der Ausdruck einer Reaktion gegen den französisch-italienischen Barockstil, aber einer trotz all' ihrer Berechtigung einseitigen und nicht fruchtbaren Reaktion. Denn selbst wo der Rokoko-Stil am abgeschmacktesten ist, hat er doch den Vorzug, daß er vor allem nicht das Alte, das Antike wiederholen, nicht das einmal Geschaffene wieder umschaffen, sondern daß er, oft häßlich und verzerrt, aber stets heftig, persönlich, voll Feuer, etwas neues ersinnen, selbst etwas ersinnen, etwas Originales hervorbringen will. Deshalb ist Bernini trotz all' seiner Sünden gegen Wahrheit und Schönheit, doch in seinen besten Werken, wie „die heilige Therese" in Santa Maria della Vittoria in Rom und wie „San Benedetto" in Subiaco, so groß, daß man die Begeisterung begreift, welche er erweckte, und daß er manchen modernen antikisierenden Bildhauer weit überstrahlt, der nie etwas Verzerrtes, aber auch nie etwas Originales erschaffen hat.

Thorwaldsen schnitt durch die gewaltsame Rückkehr zur Antike die ganze Entwickelung der Kunst seit der Griechenzeit ab. Es ist unmöglich, aus seiner Kunst zu ersehen, daß es je einen Bildhauer Namens Michel Angelo gab. Das aber, welchem Thorwaldsen sich in der Antike verwandt fühlte, war dasselbe, was den älteren Goethe in der griechischen Kunstform anzog: ihre sanfte Ruhe und stille Hoheit.

Man kann daher Frau von Staël's und der Romantiker Ansicht teilen, daß der antikisierende Stil in moderner Kunst (dies Erzeugnis einer Abgeneigtheit, er selbst, d. h. modern zu sein, und eines Bestrebens, das Unmögliche, d. h. antik zu sein) an und für sich eine Mißgeburt ist – ganz wie es der den Romantikern eigene mittelalterlich-hieratische Stil war —

Neue Betrachtung der Antike.

ohne daß man sich deshalb in irgend einen Widerspruch zu verwickeln nötig hat, wenn man sich, wie die deutschen Romantiker und nach deren Beispiel sie, den Theorieen zum Trotz, mit Wärme über Goethe's Jphigenie und Thorwaldsen's vorzüglichste Werke ausspricht. Frau von Staël übersieht, daß überall, wo das den klassischen Studien entsprungene Werk einen bleibenden Wert erlangt hat, dies darauf beruht, daß der Nationalcharakter und die persönliche Eigenart des Künstlers oder Dichters sich eine Bahn durch den verfeinerten schmächtigeren Atticismus gebrochen hat, der ein Ergebnis der stilistischen Bestrebung ist.

Was in „Corinna" und in „Ueber Deutschland" gegen die unechte Klassizität gesagt wird, ist zwar zunächst aus der Reaktion gegen den Geist des achtzehnten Jahrhunderts hervorgegangen; griff aber, soweit Frankreich in Betracht kommt, weiter zurück und traf zugleich die berühmten Namen des siebzehnten Jahrhunderts, des klassischen Zeitalters Ludwigs XIV., welches A. W. Schlegel nach Lessing's Beispiel sich zur Zielscheibe seiner Kritik gemacht hatte. In diesem Punkte stand Frau von Staël in Gefahr, den Nationalstolz der Franzosen zu verletzen, deshalb drückt sie sich hier nur Bericht erstattend aus, braucht alle mögliche Vorsicht und Vorbehalte. Sie macht mit Recht geltend, daß der Geist dieser Kritik kein unfranzösischer genannt werden könne; denn es sei derselbe, der in Rousseau's Briefen gegen die französische Musik herrsche: dieselbe Beschuldigung, den natürlichen Ausdruck des Gefühls durch eine gewisse prunkende Affektation zu ersetzen.

Wenn aber die Deutschen zu jener Zeit die französische Auffassung der Antike versinnbildlichen wollten, so wiesen sie auf jene Gemälde hin, auf denen Ludwig XIV. bald als Jupiter, bald als Herkules, nackt oder mit einem Löwenfell über den Schultern, jedoch mit seiner großen Allongeperücke auf dem Kopfe abgebildet war. Wenn aber Frau von Staël wie jene den antiken Stil der Deutschen auf Kosten des französischen hervorhebt, so thut sie ihren Landsleuten doch etwas Unrecht. Denn schon die Kunst David's hatte bewiesen, daß die Franzosen imstande waren, ohne fremde Aufforderung jene

Perücke abzuwerfen; sie überschätzte die germanische Reproduktion der Antike. Es unterliegt sicherlich keinem Zweifel, daß die Deutschen, deren Litteratur so kritisch ist, ja, deren neuere Litteratur aus Kritik und Aesthetik entsprungen ist, die Griechen weit besser verstanden haben, als die Franzosen, und sie Kraft dieses Verständnisses nachgebildet haben. Aber man gleicht nie weniger einer originalen Litteratur, als wenn man dieselbe nachahmt. Die Deutschen lieben Maß und Begrenzung in allen praktischen Dingen, dagegen lieben sie es weder, den Gedanken, noch die Phantasie zu begrenzen. Deshalb triumphieren sie, wo die plastische Form verschwindet, in der Metaphysik, in der lyrischen Poesie und in der Musik, aber deshalb haben sie auch Hypothesen in der Wissenschaft, Formlosigkeit in der Kunst, deshalb ist das Kolorit die schwache Seite ihrer Malerei und das Drama die schwache Seite ihrer Dichtkunst. Es fehlen ihnen mit anderen Worten gerade die plastischen Eigenschaften, welche die Griechen im höchsten Grade besaßen. Ist daher Frankreich weit davon entfernt, ein Hellas der Kunst zu sein, so ist Deutschland noch weiter davon entfernt; von allen griechischen Gottheiten hat es sich nur eine anzueignen vermocht, Pallas Athene, und dieser hat es Brillen auf die Nase gesetzt. Frau von Stael hätte A. W. Schlegel gegenüber bemerken können, daß sich eine Athene mit Brillen just nicht sonderlich schöner ausnähme, als ein Jupiter mit Perücke.

13.

Frau von Staël's „Ueber Deutschland".

Das so lange unterdrückte und gewaltsam verfolgte Buch „Ueber Deutschland" ist als das gereifteste Werk von Frau von Staël's Bildung und Intelligenz anzusehen. Es ist die erste ihrer größeren Schriften, in welcher sie sich so vollständig in den Gegenstand vertieft, daß sie ihre eigene Persönlichkeit vergessen zu haben scheint. Sie schildert in diesem Werke nicht mehr sich selbst, sie tritt nur insofern hervor, als sie von ihren Reisen in Deutschland spricht und ihre Gespräche mit den bedeutendsten Menschen dieses Landes wiedergiebt — statt einer Selbstverteidigung oder einer Apotheose ihres persönlichen Ideals gab sie hier ihren Landsleuten einen Ueberblick über eine diesen ganz neue Welt. Das Letzte, was die Franzosen von Deutschlands Geistesleben erfahren hatten, war, daß in Berlin ein König lebe, der täglich mit französischen Philosophen und Dichtern zu Tische saß, daß er seine mittelmäßigen französischen Verse an Voltaire sandte, der sie ihm verbessert zurückschickte und welcher das Vorhandensein irgendwelcher deutschen Litteratur nicht anerkannte. Nicht viele Jahre darauf erfuhren sie nun, daß in diesem Lande, welches sich ihre siegreichen Heere gerade unterwarfen, seit jener Zeit wie durch ein Zauberwort im Laufe nur einer einzigen Generation eine ungeheuer große und äußerst lehrreiche Litteratur aufgeschossen sei, welche man sogar ihrer eigenen an die Seite, wenn nicht über dieselbe, zu stellen wagte. Und das Buch gab ein vollständiges, allseitiges Bild dieses fremden Geisteslebens und dieser fremden Litteratur. Es begann mit einer Schilderung der äußeren Physiognomie des Landes und der Städte, es skizzierte den Gegensatz zwischen dem Charakter Nord- und Süddeutschlands, zwischen dem Ton und den Sitten in Wien und Berlin; es ließ sich sogar auf eine Darstellung der deutschen Universitätsbildung wie des neuen Lebens ein, welches das Auftreten Pestalozzis der Erziehung mitgeteilt hatte.

Ferner brachte es eine Uebersicht über die damalige deutsche Dichtung, welche für die Franzosen um so anschaulicher wurde, als sie viele Gedichte und dramatische Bruchstücke übersetzt hatte. Um ihr Werk zu krönen, weicht die Verfasserin schließlich auch nicht davor zurück, eine Resumé über die Entwickelung der deutschen Philosophie von Kant bis Schelling zu geben.

Die Vorstellungen von der Naivetät, der Gutmütigkeit und Geradheit der Deutschen, welche bis zum Jahre 1870 die herrschenden in Frankreich waren, sind Frau von Staël zu verdanken. Sie selbst lernte das Volk, das während des dreißigjährigen Krieges, ja noch unter der Regierung Friedrichs des Großen Europa vom Widerhall seines Waffengetöses hatte erdröhnen lassen, zur Zeit seiner tiefsten Erniedrigung kennen und schloß daraus auf den scheinbar friedlichen und idyllischen Charakter desselben. Die Kachelofenwärme, das Bier und der Tabak schienen ihr eine eigene schwere und dumpfe Atmosphäre um dies Volk zu verbreiten, und sie suchte dessen ausschließliche Stärke in seinem moralischen Ernst und in seiner intellektuellen Unabhängigkeit.

Sie wurde nicht müde, die Rechtschaffenheit und Aufrichtigkeit der deutschen Männer zu preisen und nur hin und wieder giebt sie einen Wink über ihren häufigen Mangel an Feinheit und Takt. Man merkt, daß ihre Unterhaltung sie oft ermüdet hat, aber sie giebt dem Zustande des gesellschaftlichen Lebens und der Sprache die Schuld: es sei unmöglich, sich bündig in einer Sprache auszudrücken, wo der Sinn oftmals erst am Schlusse des Satzes deutlich werde, wo deshalb die Unterbrechungen, welche einer Unterhaltung Leben verleihen, fast unmöglich würden, und wo sich überdies die Pointe oftmals nicht bis zum letzten Worte des Satzes behalten lasse. Es sei natürlich, meint sie, daß manche Unterhaltung den Fremden in einer Gesellschaft langweile, wo die Zuhörer so geduldig und so anspruchslos wären; keiner hege hier irgendeine Besorgnis zu langweilen, welche Weitläufigkeit und Wiederholungen verhindern würde. Selbst die Gewohnheit, immer wieder einen noch so unbedeutenden und noch so langen Titel zu wiederholen, mache schließlich von selbst jede Unterhaltung schleppend und steif.

Die deutschen Frauen schildert sie mit Wärme, doch nicht ohne Laune folgendermaßen:

"Sie besitzen einen ganz eigentümlichen Reiz, einen rührenden Klang in der Stimme, blondes Haar, eine blendend weiße Hautfarbe; sie sind bescheiden, aber nicht so schüchtern wie die Engländerinnen; man sieht es ihnen an, daß sie minder häufig Männer getroffen haben, die ihnen überlegen waren. Sie suchen durch ihr Gemüt zu gefallen, durch ihre Einbildungskraft zu fesseln, sie sind vertraut mit der Sprache der Poesie und der schönen Künste. Sie kokettieren mit ihrer Begeisterung, wie die französischen Frauen mit ihrem Witz und ihrem Geiste. Die vollkommene Rechtlichkeit, welche den Charakter der Deutschen ausmacht, macht die Liebe weniger gefährlich für das Glück der Frauen, und vielleicht geben sie sich diesem Gefühl mit größerem Zutrauen hin, weil man es ihnen mit romantischen Farben umhüllt hat, und weil Geringschätzung und Untreue dort weniger als anderwärts zu befürchten sind. Die Liebe ist eine Religion in Deutschland, aber eine poetische Religion, die nur allzugern alles gestattet, was das Herz zu entschuldigen vermag."

"Man kann sich mit Grund über die Lächerlichkeiten einiger deutschen Frauen lustig machen, da sie sich unaufhörlich bis zur Affektation erhitzen und exaltieren, so daß ihre süßlichen Aeußerungen alles verwischen, was ein Charakter an Pikantem und scharf Ausgeprägtem haben kann. Sie sind nicht freimütig wie die französischen Frauen, aber sie sind darum nicht falsch, nur vermögen sie weder etwas richtig zu sehen noch zu beurteilen, es fehlt ihnen an jedem Sinn für die Wirklichkeit, und die wirklichen Ereignisse schwirren an ihren Augen wie eine Phantasmagorie vorüber. Wenn sie einmal leichtfertig sind, so bewahren sie noch einen Schimmer jener Sentimentalität, welche in diesem Lande besonders in Ehren gehalten wird. Eine deutsche Dame sagte mir mit melancholischem Ausdruck: "Ich weiß nicht, woher es kommt, aber die Abwesenden entschwinden mir gleichsam aus der Erinnerung." Ein französisches

Mädchen hätte denselben Gedanken munterer ausgedrückt, aber der Sinn wäre derselbe gewesen.

„Ihre sorgfältige Erziehung und ihre natürliche Seelenreinheit machen die Herrschaft, welche sie ausüben, leicht und sanft. Nichtsdestoweniger trifft man nicht selten bei deutschen Frauen die geistige Gewandtheit, welche ein Gespräch beseelt und das Spiel der Ideen in Bewegung setzt."

Der Eindruck, welchen das deutsche Geistesleben auf Frau von Staël machte, mußte naturgemäß ein mächtiger sein. In ihrem Vaterlande war alles in Regeln und hergebrachten Formen erstarrt; dort rang eine ausgelebte Poesie und Philosophie mit dem Tode, während hier alles in Gährung und neuer Bewegung, lebens- und hoffnungsvoll war.

Der erste Kontrast zum französischen Geist und Wesen, den sie verspürte, war dieser: In Frankreich war die Herrschaft, welche die Gesellschaft ausübte, eine absolute; das französische Volk war von Natur so gesellig, daß sich ein jeder zu jeder Zeit verpflichtet fühlte, wie die anderen zu handeln, zu denken, zu schreiben, wie die anderen und für dieselben zu dichten. Es war im Jahre 1789 in Frankreich möglich gewesen, die Revolution von Distrikt zu Distrikt nur dadurch zu verpflanzen, daß man eine Stafette mit der Nachricht sandte, das nächste Dorf habe zu den Waffen gegriffen. In Deutschland hingegen gab es keine Gesellschaft; es gab dort keine allgemein beobachteten Regeln bezüglich des Benehmens, keine Neigung, dem Nächsten nachzuahmen, keine tyrannischen Gesetze für die Behandlung der Sprache oder für den Zuschnitt der Dichtkunst. Jeder schrieb wie es ihm gefiel, seiner eigenen Befriedigung halber und dachte nur wenig an jene Leserwelt, um die sich alle Gedanken des französischen Schriftstellers drehten; in Deutschland schuf sich der Schriftsteller sein Publikum, während das französische Publikum die Schriftsteller nach dem herrschenden Geschmack bildete. Die Herrschaft, welche in ihrem Vaterland die öffentliche Meinung in der Gesellschaft ausübte, vermochte hier der Geist des einzelnen zu gewinnen; denn während ein Philosoph in Frankreich ein in der Gesellschaft lebender Mann war, der besonderes Gewicht auf die gesellschaftlichen Umgangsformen legte, hatte man es in Deutschland erlebt, daß ein einsamer Denker, welcher vollständig außerhalb des Kulturlebens oben in Königsberg lebte, mit ein paar dicken Büchern, die in einer fast unverständlichen, metaphysischen Ausdrucksweise geschrieben waren, die ganze Bildung seiner Zeit umgestaltete. Eine Frau, welche ihr ganzes Leben hindurch unter dem Druck eines beschränkten Gesellschaftsgeistes geseufzt hatte, mußte bei solchem Schauspiel naturgemäß hohe Begeisterung fühlen.

Der zweite Kontrast zum französischen Geistesleben, den Frau von Staël beim Studium der aufblühenden deutschen Litteratur verspürte, war der vorherrschende Idealismus. Die Philosophie, welche in der letzten Hälfte des achtzehnten Jahrhunderts die alleinherrschende in Frankreich gewesen war, leitete alle menschlichen Vorstellungen und Gedanken von Sinneseindrücken ab, sie stellte also den menschlichen Geist als abhängig und bedingt von der sie umgebenden Welt dar. Das Wesen und die Tragweite dieser Lehre zu beurteilen, vermochte Frau von Staël allerdings nicht; doch als echtes Kind des neuen Jahrhunderts verabscheute sie dieselbe. Sie beurteilte sie als Frau mehr mit dem Herzen als mit dem Verstande, und leitete daraus all' jenen Materialismus ab, den sie in den Sitten, und all' jene Unterwerfung unter die Macht, welche sie bei den Individuen in Frankreich gefunden hatte. Sie vereinte Condillacs Sensualismus mit Helvetius' Interessenmoral und meinte, daß keine Lehre fähiger sei, den begeisterten Aufschwung der Seele zu lähmen, als eben diese Theorie, welche das Gute auf das wohlverstandene Interesse gründe. Mit welchem Entzücken sah sie nicht eine entgegengesetzte Lehre allgemein in Deutschland anerkannt! Kant's und Fichte's Pflichtlehre, sowie Schiller's idealistisches Pathos verkündeten ja gerade jene Souveränetät des Geistes, an die sie ihr ganzes Leben hindurch geglaubt hatte. Diese großen Denker bewiesen sie ja, dieser begeisterte Dichter offenbarte ja in jedem seiner Gedichte die Unabhängigkeit des Geistes von der Sinnenwelt, dessen Fähigkeit, sich über dieselbe zu erheben, sie zu beherrschen, sie umzuformen. Wie sehr sprachen ihr diese Männer nicht aus dem Herzen! Und aus diesem Enthusiasmus heraus schrieb sie, ganz wie Tacitus seiner Zeit seine „Germania" geschrieben hatte, ihr Buch „De l'Allemagne", um dadurch ihren Landsleuten an einem großen Beispiel sittliche Reinheit und geistige Frische zu zeigen.

Sie hatte die Begeisterung stets als die errettende Macht betrachtet. Sie hatte in „Corinna" gesagt, daß sie nur zwei wirklich verschiedene Menschenklassen kenne, diejenige, welche für etwas zu schwärmen vermöge und jene, welche die Schwärmerei geringschätze. Das damalige Deutschland scheint ihr gleichsam das Vaterland der Schwärmerei, dasjenige Land gewesen zu sein, wo sie Religion war, und wo sie vor allen anderen Stätten auf der Erde in Ehren gehalten ward. Deshalb schließt sie ihr Werk auch mit einem Abschnitt über den Enthusiasmus. Aber dieser Glaube an die Begeisterung, an die Einbildungskraft, an die rein geistige Thätigkeit des Geistes verleitete sie auch zu manchen übereilten und beschränkten Urteilen. In ihrer Freude über den philosophischen Idealismus in Deutschland behandelt sie die empirische Naturwissenschaft mit naivester Ueberlegenheit: dieselbe führe, meint sie, zu nichts anderem, als zu einem mechanischen Anhäufen von Thatsachen. Die Naturphilosophie dagegen, welche die Entdeckung gemacht hat, daß der Menschengeist alle Wissenschaften aus sich selbst durch Vernunftgründe herleiten kann, die, mit anderen Worten, das All' als nach dem Vorbilde des menschlichen Geistes geschaffen betrachtet, erscheint ihr als salomonische Weisheit. „Es ist eine schöne Anschauung", sagt sie, „welche die Gleichheit zwischen den Gesetzen des menschlichen Geistes und der Natur zu entdecken bestrebt ist und die körperliche Welt als Bild der geistigen betrachtet." In ihrer Freude über die Schönheit dieser Lehre hat ihr der Blick dafür gefehlt, wie unwahr dieselbe war und wie unfruchtbar sie sich bald erweisen würde. Sie lobt Franz Baader und Steffens auf Kosten der großen englischen Physiker. Sie hat nach dem Vorbilde ihrer romantischen Freunde ein freundliches Wort übrig für visionäre Zustände und Sterndeutung, mit einem

Worte, für jede Erscheinung, welche zu Gunsten der Lehre vom Spiritualismus spricht.

Bereits viele Jahre zuvor hatte eine gegen sie gerichtete französische Flugschrift den Titel „L'Antiromantique" gehabt. Jetzt war der romantische Hang in ihr immer stärker ausgeprägt worden. Der Spiritualismus als solcher erschien ihr als das Gute, Wahre und Schöne in der Kunst wie in der Philosophie. Hierin liegt es, daß sie sowohl allzu nachsichtig gegen die Mißgeburten der hervorstrebenden romantischen Schule ist, besonders gegen die Dramen ihres persönlichen Freundes Zacharias Werner, und Goethe gegenüber allzu sehr irrend, dessen Größe sie eher beunruhigt als entzückt, und den sie bald entschuldigt, bald mit dem Zusatze anführt, daß sie den Geist seiner Schriften nicht verteidigen wolle. Sie leitet ihre Prosaübersetzung der „Braut von Corinth" mit den Worten ein: „Ich will keineswegs weder den Zweck dieses Gedichtes noch das Gedicht selbst verteidigen, aber es scheint mir, daß man nicht anders, als sich durch dessen phantastische Kraft getroffen fühlen kann", und sie schließt ihren übrigens wohlgelungenen Bericht des ersten Teiles von „Faust" mit den Worten: „Das Drama Faust ist sicherlich kein Muster. Ob man es als Produkt einer poetischen Raserei oder eines bewußten Lebensüberdrußes betrachtet, so muß man doch wünschen, daß sich solche Erzeugnisse nicht wiederholen", und sie fügt als Gegengewicht nur eine Bemerkung über Goethe's Genie und den Gedankenreichtum des Gedichtes hinzu. So unwiderstehlich ward selbst ein Geist wie der ihre von der Zeitströmung ihres Vaterlandes und dem religiösen Rückschlag geleitet, den selbe mit sich führte. Nur für das Ideelle im deutschen Geistesleben hatte sie Blick und Verständnis, den deutschen Pantheismus empfand sie weder, noch verstand sie ihn; er ängstigte sie, und der kühne Entdeckergeist, der den Sprung in so manche Tiefe gewagt hatte, zog sich bäumend und scheu vor demselben zurück.

Und doch lag hier der Schlüssel zu der ganzen neueren Entwickelung in Deutschland. Die Philosophie Spinozas hatte, ohne daß das Zeitalter es verstand, hinter Lessing's

ganzer glänzender Fehde gegen die Orthodoxie gelegen, und
als er gestorben war und sich aus dem Streite zwischen
Mendelssohn und Jacobi die schreckliche Thatsache ergeben
hatte, daß Lessing als Spinozist gelebt hatte und gestorben
war, steht der deutschen Leserwelt gleichzeitig die Ueberraschung
bevor, daß selbst Jacobi der Ansicht war, jede konsequent
durchgearbeitete Philosophie müsse mit Notwendigkeit zum
Spinozismus und Pantheismus führen. Er suchte sich selbst
davor zu retten, indem er der Erkenntnis einen anderen Weg
als die Demonstration anwies, nämlich die unmittelbare
Gewißheit durch das Gefühl. Aber der Pantheismus lag von
jetzt an in der Luft, und von dem Augenblicke an, wo Goethe
nach seiner ersten Lektüre Spinoza's überwältigt und hin=
gerissen, sich Spinozist nennt, um sein langes Leben hindurch
nie mehr Spinoza untreu zu werden, von diesem Augenblicke
an ist der Geist der neuen Zeit in der deutschen Litteratur auf
den Thron gesetzt, und unter einem Chore der schönsten Poesien,
unter einer Beleuchtung philosophischer Gedanken, wie man
sie in der neueren Zeit nie zuvor so reich und so glänzend
gesehen hatte, feiert jetzt dieser Geist der neuen Zeit seine
Vermählung mit der aufs neue ins Leben gerufenen Schönheit
der Antike, gleich wie Faust in der berühmtesten Dichtung des
Zeitalters seine Hochzeit mit Helena begeht, welche in dem
Gedichte als das Symbol des griechischen Altertums hin=
gestellt ist.

Die große heidnische Renaissance, welche in Italien von
Geistern wie Leonardo und Giordano Bruno, in England von
Geistern wie Shakespeare und Bacon angekündigt worden
war, kommt jetzt nach Deutschland, und die neue Geistesrichtung
findet in der von Winckelmann und Lessing hervorgerufenen
Begeisterung für das griechisch=heidnische Altertum Nahrung.
Schiller schreibt „Die Götter Griechenlands", Goethe „Die
Diana der Ephesier" und „Die Braut von Corinth". Als das
alte Griechenland zu Grunde gegangen war, hörte jener Schiffer,
der nachts an der griechischen Küste entlang segelte, den Ruf
aus den Uferwäldern erschallen: „Der alte Pan ist tot!"
Aber nein, der alte Pan war nicht tot, er schlummerte nur.

Und er erwachte in Italien zur Renaissancezeit, er wurde anerkannt und man huldigte ihm als dem lebendigen Gotte in Schelling's, in Goethe's, in Hegel's Deutschland.

Ja, der neue deutsche Geist zeigt sich noch pantheistischer, als der antike. Wenn der alte Grieche an einem herrlichen Wasserfalle stand, wie z. B. an dem von Tibur unweit Roms, so gab er dem Gesehenen persönliche Gestalt. Sein Auge erblickte die Umrisse schöner, nackter Weiber, der Nymphen des Ortes, im fallenden Strom der Kaskade, der Schaum war ihr flatterndes Haar, er vernahm ihr mutwilliges Plätschern und Lachen im Wassergeriesel und im Aufspritzen des Schaumes gegen die Felsenwand.

Mit anderen Worten, der antike Beschauer verlieh der unpersönlichen Natur Persönlichkeit. Der antike Dichter verstand nicht die Natur, seine eigene Persönlichkeit stand ihm überall zu stark im Wege, sie spiegelte sich überall vor seinem Auge ab. Er sah nichts anderes vor sich, als Personen.

Just umgekehrt ein großer moderner Dichter, wie Goethe oder Tieck, bei denen das ganze Gefühlsleben pantheistisch ist. Er entkleidet sein eigenes Ich der Persönlichkeit, um die Natur zu verstehen. Dem Wasserfall gegenüber zersprengt er sein eigenes Selbst. Er fühlt sich gleiten, fallen, umherwirbeln mit diesen schäumenden Wassern. Sein Wesen entströmt aus den engen Schranken oder dem geschlossenen Kreise des Ich und fließt dahin mit diesem Strome. Sein elastisches Bewußtsein erweitert sich, er nimmt die unbewußte Natur in sein Wesen auf, er vergißt sich selbst über dem, was er sieht, wie der, welcher eine Symphonie gehört, in dem Gehörten aufgeht und verschwindet. Und so überall. Wie sein Wesen mit den Wellen dahin fließt, so fliegt und klagt er mit dem Winde, schwebt mit dem Monde durch den Himmelsraum, fühlt sich als eins mit dem formlosen Allleben.

„Je mehr er die Natur betrachtet", sagt Taine in seiner Geschichte der englischen Litteratur, „desto göttlicher findet er sie, göttlich bis zu ihren Felsen und Pflanzen herab. Im Walde, der leblos scheint, atmet jedes Blatt und die Säfte steigen unmerklich durch die stämmigen Aeste bis zu den feinsten Zweigen hinauf. Sie erfüllen die Luft mit Dünsten und Wohlgeruch, und diese leuchtende Luft, diese grünen Kuppeln, diese lange Kolonnade von Stämmen, dieser stille Boden arbeiten und bilden sich um, vollbringen ein Werk, und das Herz des Dichters braucht nur zu lauschen, um die Stimme ihrer dunklen Instinkte zu hören. Sie sprechen zu seinem Herzen, ja noch mehr, sie singen, und die anderen Wesen machen es eben so, jedes mit seiner eigenen kurzen oder langen, zusammengesetzten oder einfachen Melodie, welche die innere Struktur des Körpers offenbart, der diesen Klang erzeugt. Diese Melodie respektiert der Dichter. Er hütet sich, sie zu verfälschen, indem er seine Ideen oder seine Betonung in sie einmischt. All' seine Sorge ist darauf gerichtet, sie unangetastet und rein zu bewahren. So entsteht sein Werk als ein Echo der universellen Natur, ein gigantischer Chor, in welchem Götter und Menschen; die Vorzeit, die Zukunft und alle Epochen der Weltgeschichte, alle Stufen des Lebens, alle Töne in der Tonleiter des Lebens ohne Verwirrung einen Akkord, eine Symphonie bilden, in welcher der schmiegsame Geist des Musikers sich persönlich auf keine andere Weise offenbart, als dadurch, daß er hinter dieser gewaltigen Harmonie die Gruppe idealer Gesetze hervorschimmern läßt, welche dieselbe erzeugen, und die innere Allvernunft, welche die ganze Geschichte zusammenhält."

Es ist dieser Pantheismus, den Goethe in dem beißenden Epigramme vertrat:

> Was soll mir euer Hohn
> Ueber das All und Eine?
> Der Professor ist eine Person,
> Gott ist keine.

Es ist dieser Pantheismus, den er in „Faust" entwickelt, und der so tief in der deutschen Natur liegt, daß selbst die romantische Schule, welche der Wiedergeburt der Antike entgegenwirkt, trotz all ihrer katholischen Tendenzen ebenso pantheistisch wie Hölderlin und Goethe ist. Der Pantheismus ist hier der Unterstrom, der sich unhemmbar seine Bahn durch alle reaktionären Deiche, allen Schlamm und alle Steine bricht, die man auf seinem Wege emporgetürmt hat.

Frau von Staël hatte hierfür keinen Blick. Sie war von ihrem Umgangskreise mit in die Bewegung hineingerissen, die auf der Oberfläche vor sich ging, sah und fühlte nur diese. Und diese Bewegung war die romantische Reaktion.

Das so äußerliche und in Wirklichkeit für einen modernen Germanen so wenig natürliche Streben, antik und klassisch zu sein, rief eine heftige Reaktion hervor.

Ja, soweit gehen sowohl Goethe wie Schiller in ihrem beständig erhöhten und strengeren Festhalten an dem antiken Kunstideale, daß beide damit enden, aus Liebe zu der strengen, regelmäßigen Kunstform einen Schritt in der Richtung jener Schule zu thun, gegen welche sie früher stark opponiert hatten, nämlich gegen die klassische Tragödie Frankreichs. Goethe übersetzt Voltaire's „Mahomed", Schiller übersetzt Racine's „Phädra", und so begegnet sich in den Bestrebungen dieser zwei größten deutschen Dichter die Auffassung des Klassischen in Frankreich und in Deutschland. Aber dieser Bund mußte notwendigerweise das Signal zum Widerstand geben. Die Antike war so streng, man sehnte sich nach etwas Farbigem und Buntem! die Antike war so plastisch, man sehnte sich nach etwas Innerlichem und Musikalischem. Die Antike war so griechisch, so kalt, so fremd, wer hielt es aus, Goethe's „Achilleïs" oder Schiller's „Braut von Messina" mit ihren feierlich gemessenen, antiken Chören zu lesen! Hatte man denn nicht selber eine Vorzeit? Man sehnte sich nach etwas Heimatlichem, nach etwas Deutschem. Die Antike war so aristokratisch, und man hatte seine Schwärmerei für das Klassische so weit getrieben, daß man von neuem die alte Hofpoesie aus Ludwig's XIV. Zeit zu Ehren gebracht hatte; aber sollte die Kunst nicht für alle Klassen sein, sollte sie nicht Hohe und Geringe mit einander verschmelzen? Man wollte etwas Einfältiges, etwas Volkstümliches. — Das klassische Streben war endlich so nüchtern. Lessing's helle Vernunftreligion war in den Händen des Buchhändlers Nicolai zu demselben platten Verstandesrationalismus geworden, der am Ende des vorigen Jahrhunderts auch hier in Dänemark so gut anschlug, Goethe's Pantheismus vermochte nicht das Herz zu erwärmen, Schiller's Aufsatz über „die Sendung Mosis" mußte jedem Gläubigen ein Aergernis sein, und „poetisch" war ja doch schließlich, wenn man es recht erwog, nicht gleichbedeutend mit „nüchtern". Man wollte schwärmen, man wollte sich berauschen und begeistern, man wollte wieder glauben wie ein Kind, die Schwärmerei eines Ritters und die Ekstase eines Mönches empfinden, man wollte poetisch rasen, melodisch träumen, man wollte sich in Mondschein baden und mystisch das Schweben der Geister in der Milchstraße vernehmen. Man wollte das Gras wachsen hören und die Vogelsprache verstehen. Tief in die Mondscheinnacht, in welche Tieck mit der Beschwörungsformel:

> Mondbeglänzte Zaubernacht,
> Die den Sinn gefangen hält,
> Wundervolle Märchenwelt,
> Steig auf in der alten Pracht! —

tief in die Waldeinsamkeit, in die er mit den Koseworten:

> Waldeinsamkeit,
> Die mich erfreut,
> So morgen wie heut,
> In ewiger Zeit! —

hineinführt, wollte man gehen.

Man wollte etwas Einfältiges haben; man war der Kultur des Altertums müde und vertiefte sich in die reiche, so lange vernachlässigte seltsame Welt des Mittelalters. Ein lebendiger Hang zum Phantastischen und Wunderbaren bemächtigte sich der Seelen, und Mythus und Märchen werden von jetzt an die vorgeschriebenen Kunstarten. Alle alten Volkssagen und Legenden werden gesammelt, neu aufgefrischt und oft so vortrefflich nachgedichtet, wie von dem ersten Dichter der Schule, Ludwig Tieck, in „Der blonde Eckbert" oder in „Die Geschichte der schönen Magelone und des Grafen Peter von Provence"; aber auch oft mit einer kindischen Vergötterung des vermeintlichen poetischen Inhaltes in abergläubischen Vorstellungen, die nur als entstellte Ueberreste von Vorzeitsmythen einen rein wissenschaftlichen Wert hatten.

Man wollte, sagte ich, etwas Einfältiges. Man erinnere sich des schönen Gedichtes „Poesie" von Novalis:

> Wenn nicht mehr Zahlen und Figuren
> Sind Schlüssel aller Kreaturen,
> Wenn die, so singen oder küssen,
> Mehr als die Tiefgelehrten wissen,
> Wenn sich die Welt ins freie Leben
> Und in die Welt wird zurück begeben,
> Wenn dann sich wieder Licht und Schatten
> Zu echter Klarheit werden gatten,
> Und man in Märchen und in Gedichten
> Erkennt die ew'gen Weltgeschichten:
> Dann fliegt vor einem geheimen Wort
> Das ganze verkehrte Wesen fort.

„Das ganze verkehrte Wesen", d. h. alles das, was die französische Revolution mit ihren tollkühnen Gedanken durch gigantische und blutige Umwälzungen und Kriege hatte abschaffen wollen, das alles wird wie im Traume, wie im Märchen entschwinden, so bald ein geheimes Wort ertönt, so bald wir wieder zu Kindern werden, so bald unsere Weisheit wieder einfältig und unschuldig wird, statt kalt und hart zu sein. — Ist das aber auch ganz gewiß? Nützt es etwas, uns die Kleider zu reichen, die wir trugen, als wir sechs Jahre alt waren? Können wir sie anziehen? werden sie nicht im Rücken, in den Aermellöchern, in allen Nähten platzen? Wird uns geholfen sein, wenn wir statt all' jener Ideen, die nach Blut und Pulver riechen, Ideen erhalten, die den Geruch der Ammenstube an sich tragen? Oder hat Heine recht, wenn er in seinem Buche über die romantische Schule dieselbe mit der alten Kammerjungfer vergleicht, von welcher das Märchen erzählt, sie habe sich eines Tages in der Abwesenheit ihrer Herrin des Elixirs bemächtigt, das sie diese als Verjüngungsmittel hatte benutzen sehen, und sei, da sie, statt, wie diese, nur einige Tropfen zu nehmen, einen großen, langen Schluck gethan, nicht blos wieder jung, sondern zu einem ganz kleinen Kinde geworden?

Man wollte, sagte ich ferner, etwas Volkstümliches. Und wir sehen hier leicht im Keime den Ursprung des ganzen volkstümlichen Strebens in diesem Jahrhundert, das bei uns in Dänemark z. B. von Grundtvig ausgeht, nachdem er wie so viele andere einen starken Eindruck von der jugendlichen Wärme empfangen hatte, mit welcher die Romantik hier oben durch ihren nordischen Apostel, Henrik Steffens, verkündet wurde und womit sie die Jugend zu einer Zeit hinriß, als es in Dänemark noch eine Jugend gab. Mit Recht empfand man Trauer über die tiefe Kluft, welche das allzu rasche Vorwärtsschreiten der Avantgarde und das Ausschließen der mindestbegünstigten Klassen von jeder höheren Bildung zwischen den Gebildeten und Ungebildeten aller Länder aufgerissen hat, und was ist natürlicher und besser, als daß der Mann der Wissenschaft und der Künstler sich aus allen Kräften bemühen, jede fachmäßige Vornehmheit abzuthun, und, so weit es möglich ist, ihre Gefühle und ihre Gedanken in die einfachste, allgemein verständlichste Form zu kleiden. Aber die Bewegung geriet schnell auf Abwege, da man sich auf das unsinnige Unternehmen einließ, die Avantgarde, um die Nachzügler nicht anzustrengen, zurückrufen oder sie gar niedermetzeln zu wollen, damit das ganze Heer hübsch beisammen bleibe.

Da man die Triebfeder der Handlung, den Glauben an den Fortschritt aufgab, entstanden im Drama die Schicksalstragödien mit ihren fatalistischen Geschmacklosigkeiten und albernem Aberglauben. In Werner's Tragödie „Der 24. Februar" erinnert alles die Heldin an Fluch und früher verübte Frevelthat, wenn es nur an dem unglückseligen 24. Februar geschieht. Es geht so weit, daß sie, als an diesem Tage ein Huhn geschlachtet wird, ausruft:

> Entgegen krisch es mir, das Huhn,
> Wie Fluch, wie Vater, als er röchelnd nun
> Im Sterben lag!

— und dieses Stück lobt die sonst so geschmackvolle Autorin des Buches „Ueber Deutschland". Die dramatischen Satiren nehmen durchgehends den Ton des Marionettenspieles an (in Dänemark bezeichnet sogar Heiberg seine ersten Stücke ausdrücklich als Marionettenspiele). Man wird immer kindlicher: aus Furcht vor dem Salon und Gesellschaftssaale, der im achtzehnten Jahrhundert die Litteratur beherrschte, flüchtet man sich in die Kinder- und Ammenstube.

Die Führer der Schule waren geborene Protestanten; aber ihre Richtung zum Mittelalter und ihre fromme Naivetät führten notwendigerweise eine Bewegung zum Katholizismus mit sich. In dem Vergleich zwischen antikisierender und volkstümlicher Kunst, den Friedrich Schlegel in der Zeitschrift „Europa" angestellt hatte, und auf welchen sich Frau von Staël sowohl in „Corinna" wie in „Ueber Deutschland" stützt, heißt es nach dem Nachweis, daß der Genius seine ganze Schwungkraft unmöglich bei einer Arbeit zu bewahren vermöchte, wo er von Gedächtniswust und Gelehrsamkeit belastet werde: „So ist es nicht bei den Stoffen, die unserer eigenen Religion angehören. Die Künstler haben diesen Vorwürfen gegenüber eine persönliche Inspiration, sie fühlen, was sie malen, und sie malen, was sie gesehen haben. Das Leben selbst dient ihnen hier als Modell, wenn sie das Leben darstellen wollen, während sie bei dem Versuch, sich in die alte Zeit zu versetzen, ihre Werke nicht nach dem Leben, das sie um sich her erblicken, sondern nach Büchern und Statuen erzeugen müssen."

Das klingt freilich wieder sehr schön und ist bis zu einem gewissen Grade treffend richtig, aber der Sophismus birgt sich in den Worten: „unsere eigene Religion": denn welche ist unsere eigene Religion? Der Protestantismus hatte sich zu einer idealistischen Philosophie entwickelt, die längst gemeinsame Sache mit der Revolution gemacht hatte. Im Jahre 1795 waren zwei junge Menschen, deren Namen später weltberühmt werden sollten, auf ein einsames Feld hinausgegangen und hatten in naiver Begeisterung über die Revolution einen Freiheitsbaum gepflanzt. Es waren Schelling und Hegel.

Man ging also zum Katholizismus zurück. Aber der italienische Katholizismus war noch zu klassisch, allzu antik beseelt. Eine große, helle Kirche wie St. Peter war nicht mystisch genug, war, wie Larmatine in der Einleitung zu „Graziella" sagt, allzu sehr dazu geeignet, wenn einmal alle positive Religion von der Erde verschwunden ist, immer noch ein Tempel der Menschheit zu sein. In Italien fühlte man sich nur mit der präraphaelischen Malerei verwandt; in Spanien fand man einen verwandten Dichter in Calderon, gegen dessen mystische Andacht der Freisinn und Realismus des zuerst ausposaunten Shakespeare nicht mehr aufkommen konnte. Selbst Heiberg setzt Calderon über Shakespeare. Im übrigen verehrte man überall und in allen Künsten die Gotik. Es versteht sich von selbst, daß Dürer mit seiner volkstümlichen und naiven Treuherzigkeit, besonders jedoch wegen seiner Mystik, seiner Hirsche mit Kreuzen zwischen dem Geweih und all' seines symbolischen Krimskrams, gründlich von den deutschen Romantikern kanonisiert wurde. Aus einem Briefe jener Zeit, wenn ich nicht irre, an Münster, ersieht man, daß Oehlenschläger und seine Schwester viel mehr in Albrecht Dürer zu finden behaupteten, als andere Menschen in seinen Werken finden konnten. Die Ansteckung war so stark, daß selbst der Dichter von Gulnare, von Ali und Gulhyndi sich einbildete, für die Mystik zu schwärmen.

Bei dem leidenschaftlichen Streben, sich von dem griechisch-römischen Altertum zu entfernen, war indessen Friedrich Schlegel dahin gelangt, seine einzige wahre, aber diesmal auch große, wissenschaftliche That zu vollbringen: er begründete das Sanskritstudium und eröffnete dadurch der europäischen Kultur eine ganz neue Bahn. Er legte den Grund erstlich zu einer ganz neuen Philologie, welche sich parallel mit der klassischen als indisch-orientalische entwickelte, sodann zu einer zweiten ganz neuen Philologie, welche die klassische mit umfaßte: zu der vergleichenden Sprachwissenschaft, der Philologie als Naturwissenschaft.

Aber vorläufig war es jetzt der indische Müßiggang, welcher zum Ideal wurde: das beschauliche, rein vegetative Leben. Es ist in Wirklichkeit dies Ideal, welches in Schlegel's „Lucinde" verherrlicht wird. Es ist dies selbe Ideal, welches später die romantische Schule in Frankreich sich aneignet, und welches Théophile Gautier in Romanen wie „Fortunio" verherrlicht. Es ist dies Ideal, welches in Oehlenschläger's genialem Müßiggänger Aladdin durchblickt, und welches beständig dem Aesthetiker in „Entweder — Oder" vorschwebt, diesem echten Produkt der romantischen Schule, das, wie Kierkegaard selbst, an der Lektüre von Deutschlands romantischen Dichtern groß gesäugt ist, und in welchem es heißt: Meine Zeit teile ich folgendermaßen ein: die Hälfte derselben verschlafe ich, die andere Hälfte verträume ich. Wenn ich schlafe, träume ich niemals, denn zu schlafen ist die höchste Genialität.

Goethe hatte sich als Greis aus dem Lärm seiner Zeit in das Morgenland geflüchtet und seinen „Westöstlichen Divan" geschrieben. Die Romantiker folgten nur seiner Spur. Aber bald erhielt ihre Lehre eine eigentliche philosophische Grundlage durch Schelling, welchen der Eindruck der religiösen und politischen Ausschreitungen der Franzosen erschreckt und bekehrt hatte.

Wie Goethe sich in den fernen Orient flüchtete, so flüchtete Schelling sich aus der störenden Außenwelt in die fernste Vorzeit und fand dort die Quellen der Wahrheit und des Lebens. Im Gegensatze zu der Ansicht der Aufklärungsperiode, daß die Menschheit sich langsam von der Barbarei zur Kultur, vom Instinkte zur Vernunft vorwärts und hinan gearbeitet habe, erklärt er die Menschheit für gesunken, d. h. von einem höheren Bildungszustande herabgesunken, in welchem sie eine Erziehung genoß, die von höheren Wesen, von einem Geistergeschlechte geleitet ward. Dann erfolgte ein Sündenfall, und in der Periode der Gesunkenheit zeigten sich nur wenige solcher Lehrer, höheren Wesen, Propheten, Genies, wie Schelling selbst, die an der Wiederaufrichtung jenes vollkommenen Lebens arbeiteten. Wir alle wissen, daß die Wissenschaft den Männern der Revolution Recht und Schelling Unrecht gegeben hat, und daß wir, die wir im Zeitalter Charles Darwin's leben, nicht mehr die Möglichkeit eines ursprünglich paradiesischen Zustandes und eines Sündenfalls annehmen können. Darwin's Lehre wird zweifellos die orthodoxe Moral zu Boden schlagen, gerade wie Copernicus' Lehre die orthodoxe Dogmatik zu Boden schlug. Das System des Copernicus nahm dem orthodoxen Himmelreich seine physische Stelle, und so wird dereinst Darwin's Lehre dem orthodoxen Paradiese die seinige nehmen.

Aber zu dieser Erkenntnis war man damals noch nicht gelangt, und Schelling wies in eine Urwelt zurück, wo die Sagen von Göttern und Halbgöttern ihm historische Thatsachen dünkten, und so gelangte er dahin, die Mythologie als das größte aller Kunstwerke zu preisen, das einer unendlichen Deutung fähig war, und eine unendliche Deutung heißt eine willkürliche. Wir sehen hier im Keime die ganze Grundtvig'sche Mythenauslegung mit ihrer unwissenschaftlichen und unzuverlässigen Behandlung der nordischen Göttersagen.

Aber die Abwendung von den Gesellschaftsinteressen findet einen noch bestimmteren Ausdruck in Schelling's Vertiefung in die Natur, eine Bewegung, die schon Goethe gemacht, aber die freilich ihn dahin geführt hatte, eine Reihe großartiger Entdeckungen zu machen, deren Gleichen Schelling nie gemacht hat. Wie nach der Vorstellung der Mystiker Gottes Imagination denkend die Welt erschuf, so sollte nach Schelling's Ansicht allein die entsprechende Kraft im Menschen imstande sein, den geistigen Schöpfungen des Menschen ideale Wirklichkeit zu geben.

Es ist also diese wesentlich ästhetische Kraft, die sogenannte intellektuelle Anschauung, das heißt etwa die nach Vernunftgesetzen thätige vollständige Phantasie, von welcher Schelling, der hier augenscheinlich unter dem Einflusse der ästhetischen Kritik seiner Zeit steht, behauptet, sie allein bahne den Weg zur Philosophie, zur Einsicht in die Identität des Ideellen und des Realen. Ja, diese intellektuelle Anschauung war sogar nicht blos der Weg, sie war das Ziel. Und dies Verwechseln von Werkzeug und Werk bezeichnet den Eintritt einer gänzlichen, allgemeinen Verwirrung in der romantischen Poesie und Wissenschaft, indem die Wissenschaft bald mit den Mitteln der Kunst betrieben wird, so daß man in Hypothesen phantasiert, statt zu forschen, bald umgekehrt Poesie und Kunst mit den Mitteln der Philosophie und Religion betrieben werden, so daß die Dichterwerke sich zu einer gereimten Spekulation gestalten, deren Helden gestiefelte Ideen sind, und die

Werke der Kunst den Mangel an leiblicher Gestalt vergebens mit dem Mantel katholischer Andacht und Liebe zu decken suchen. Man bildete sich ein, diese neue Naturphilosophie werde für immer jedes Erfahrungsstudium der Natur überflüssig machen; aber wir, die in einem Zeitalter leben, wo die empirische Naturforschung das Aussehen der Erde verwandelt und das Menschenleben durch Entdeckungen und Erfindungen sonder Gleichen bereichert hat, wir, die längst die unendliche Ohnmacht der Naturphilosophie erkannt haben, wir wissen, daß die reaktionären Tendenzen auch hier schließlich eine Niederlage erlitten, und daß das Leben selbst den Irrtum widerlegte. Was aber in dieser Theorie für uns ganz besonders Wichtigkeit und Interesse hat, ist das kräftige Betonen der göttlichen Phantasie als Urquell der Schöpfung und der menschlichen Phantasie als Urquell alles künstlerischen Schaffens; denn hier stehen wir bei dem Gedanken, aus dessen Schoße „Aladdin" hervor ging, hier fühlen wir mit der Hand den Herzschlag, welcher das Blut bis in jenes äußerste Glied des großen germanischen Körpers trieb, das im Jahre 1803 mit dem Namen Kopenhagen bezeichnet ward.

In welchem Grade all' die neuen Anschauungen Oehlenschläger blitzartig durchzucken mußten, begreift sich leicht.

Die Romantiker priesen die Phantasie über alles in der Welt, sie war die höchste, die eigentlich göttliche Gabe. Wen konnte diese Lehre so tief ergreifen, wie ihn, dem gerade die reiche, sprudelnde Phantasie verliehen war, welche Baggesen's und des achtzehnten Jahrhunderts Konversationstalent ablöste. Die Romantiker priesen die Mythenwelt als die höchste, die echte. Da verfügte nun gerade er über eine ganz neue Mythenwelt, die nordische, wie über einen Schatz, der nur gehoben zu werden brauchte. Fr. Schlegel und Novalis riefen: „Wir müssen eine neue Mythologie finden, die für uns dasselbe sein kann, was die antike für die Griechen und Römer war." Aber sie suchten vergebens, oder fanden nur die alten Mythen des Katholizismus. Er allein brauchte nicht zu suchen, er allein besaß schon den Schatz, ihm fiel die Apfelsine in seinen Turban herab, er fand die helle Lampe ohne Mühe, während die andern sich die Köpfe zerbrachen, um ein stetiges Licht zu erzeugen, indem sie einen Schwefelfaden nach dem anderen abbrannten. Die Romantiker glaubten an einen höheren Vorzeitszustand, von welchem die Menschheit herab gesunken sei, und vor seinen Augen stand gerade ein Volk, dessen Vorzeit bei weitem seine Gegenwart überstrahlte, das diese dunkle Gegenwart zu vergessen wünschte, und das eine lebhafte Sehnsucht empfand, durch die Verherrlichung seiner Kindheitsträume und der Heldenthaten seiner Jugendzeit sich selbst verherrlicht zu sehen.

So geschah es, daß die Doktrinen der Romantik in ihm, dem Nichtdeutschen, eine frischere, eine reichere und inhalts= vollere Poesie erweckten, als bei irgend einem poetisch begabten Geiste in Deutschland selbst, und so erklärt sich's, wie es nur eines Wortes von Steffen's bedurfte, um zu seiner und aller anderen Ueberraschung den Zauber zu lösen, der ihm die Zunge band.

Eine gesunde, verdienstliche Richtung in den Bestrebungen der Romantik war die, welche darauf ausging, den engen Kreis der Vorwürfe zu erweitern, die in den antiken Stoffen enthalten waren, und den Blick sowohl für das Eigentümliche bei den fremden modernen Nationen wie für das Charakteristische bei der eigenen Nation zu erschließen. So wurde die Schule patriotisch, und zwar patriotisch in allen Ländern. Im übrigen freilich entstand schon jetzt in Deutschland dieselbe Liebhaberei für Exkursionen in fremde Länder, welche später die französische Romantik unter Victor Hugo ergriff. Der Vorgänger dieser Richtung war Herder mit seinem bewunderns= werten Sinne für die Erzeugnisse des Volksgeistes in den verschiedensten Ländern. Für ihn war die Weltpoesie eine große Harfe, auf welcher jedes Volk seine Saite hatte. A. W. Schlegel's kritische und Uebersetzer=Thätigkeit folgte. Seine berühmten Vorlesungen über die dramatische Litteratur, welche unmittelbar vor dem Einmarsche der Alliirten in Paris erschienen, erklären nach Lessing's Muster die antike Poesie und Shakespeare's Dramen, enthalten aber zugleich nach Lessing's Beispiel die bittersten und gewaltsamsten Angriffe auf den französischen Geschmack und das französische Theater. Es ist interessant, dies Werk mit seinem zeitgenössischen Gegenstücke, mit Frau von Staël's Buch „Ueber Deutschland", zu vergleichen. Schlegel zeigt sich Frankreich gegenüber eben so voll Mißverständnis und Gehässigkeit, wie Frau von Staël sich Deutschland gegenüber verständnisvoll und sympathisch erweist. Er hat nicht genug Worte des Hohnes für Corneille und Racine, und er behandelt den unsterblichen Dichter des „Tartuffe" mit einer Geringschätzung, die allzu thöricht ist, um nicht auf den zurück zu fallen, welcher sie äußert. Dagegen erklärte er seinen Landsleuten mit feinfühlender Sympathie sowohl Shakespeare's wie namentlich Calderon's bisher gänzlich unbekannte Poesie. Seine Auffassung dieser Dichter hat indeß, neben einem großen Vorzuge, einen großen Fehler.

Der Vorzug ist, daß alles, jede geringste Eigentümlichkeit, zu seinem Rechte gelangt. Als er später seine meisterhaften, nie genug zu bewundernden Uebersetzungen Shakespeare's und einiger Dramen Calderon's ausführt, wird es klar, welchen Fortschritt das Verständnis moderner Poesie gemacht hat, seit Schiller in seiner Uebersetzung „Macbeth's", dies Stück nach antikisierenden Vorurteilen zustutzte und alles Realistische und Kühne ausschied.

Der Fehler dagegen ist bei Schlegel derselbe wie bei der ganzen romantischen Schule, derselbe, welcher bei uns in Dänemark sich von dieser Schule her über die ganze Folgezeit erstreckt, nämlich der, daß die Auffassung der Poesie beständig das Gepräge der germanischen Einseitigkeit trägt, d. h. bis zu dem Grade ästhetisch=metaphysisch ist, daß die empirisch=historische Auffassung gänzlich verdrängt wird und nicht zu ihrem Rechte gelangen kann.

Man hat das eine absolute Muster nach dem andern. Wie die Griechen und Aristoteles in Frankreich unter Ludwig XIV. als die absoluten Muster betrachtet wurden, so ward jetzt z. B. Shakespeare das absolute Muster in der Poesie, oder (wie in Kierkegaard's „Entweder — Oder") Mozart das absolute Muster in der Musik. Die historisch=zuverlässige Auffassung, die in ihrer empirischen Nüchternheit keine abso-

luten Muster kennt, wird gänzlich bei Seite geschoben. Jedes
vorzügliche Werk wird Typus, Typus einer Dichtungsart,
eine eingefleischte Kategorie. So ist z. B. in Dänemark für
Heiberg Oehlenschläger's „Sankt Johannisabendspiel" „die
vollkommenste Realisation des unmittelbaren Dramas in lyrischer
Form". Man wähnt, die Dichtungsarten und Dichterwerke
entwüchsen aus einander wie die Zweige auf einem Baume,
statt sie in ihrem Zusammenhange mit der Kultur, mit dem
ganzen Leben zu studieren. Man glaubt z. B., die Tragödie
habe eine ununterbrochen zusammenhängende Geschichte, d. h.
die griechische Tragödie stehe in einer Art direktem Verwandt-
schaftsverhältnisse zu der englischen, statt zu begreifen, daß die
Tragödie nicht von den Tragödien anderer Volksstämme erzeugt wird, sondern aus den Umgebungen, aus der Kultur
und der ganzen psychologischen Sphäre hervorgeht, inmitten
welcher sie entsteht.

Indessen: alle Schlagbäume wurden gefällt, die ganze
Welt lag offen vor den Augen des Dichters, er hatte die Er-
laubnis, seine Stoffe zu wählen, wo es ihm beliebte. Wir
haben dies begeisterte Glaubensbekenntnis in unserer dänischen
Litteratur in Oehlenschläger's schönem Gedichte „Des Dichters
Heimat":

> Ihr Freunde, wünscht ihr zu erfahren
> Des Dichters Heimat, sein Gebiet?
> Dann will ich kühn es offenbaren:
> Es streckt sich hin von Norden bis nach Süd.
> Es reicht von Spitzbergs kaltem Eise,
> Da, wo der Urwelt große Mumie ruht,
> Bis wo die letzte Insel leise,
> Unmerklich sich verliert in Südens Flut.
> Gen Osten glänzt es an den lichten Morgen,
> An Edens jugendliche Pracht;
> Gen Westen, wo das Licht verborgen
> Unmerklich sich getaucht in Meeresnacht.
> Dort klares Eis, hier blaue Wellen wieder;
> Und rund um das erhabne Vaterland
> Schlingt sich die Sonne Mittags wieder
> Als diamantnes Ordensband.

Der kurzgefaßte, zusammengedrängte Ueberblick, den ich
hier über die Bestrebungen der romantischen Schule gegeben

habe, Angesicht deren das Werk „Ueber Deutschland" entstand, wird dem Leser bereits angedeutet haben, in welchen Punkten sich Frau von Staël in Uebereinstimmung mit der Schule fühlte, wie und wieweit man sagen kann, daß sie die Verlängerungslinien ihrer litterarischen Bahnen zog. Der ausdauernde Kampf der Romantiker gegen die Philosophie des achtzehnten Jahrhunderts sagte ihrem Herzen zu. Schelling nannte ja selbst sein ganzes System Reaktion gegen die Aufklärung und Abklärung des Verstandeszeitalters. Der Romantiker tiefe Achtung vor poetischem Feuergeiste, ihr kritischer Freisinn stimmte mit Frau von Staël's eigenen Neigungen und Vorurteilen überein. Die romantische Lehre vom Werte und der Bedeutung der Phantasie weckten ihren Beifall, während die Auffassung der Schule vom Wesen der Phantasie ihr unverständlich war. Die Romantiker gingen von der Ansicht aus, daß allem zu Grunde eine unausgesetzt erzeugende, gleichsam gaukelnde Einbildungskraft liege, die beständig mit göttlicher Ironie ihre eigenen Erzeugnisse vernichte, wie das Meer seine eigenen Wogen verschlinge. Sie meinten, daß der Dichter, dieser Schöpfer im Kleinen, auf ähnliche Weise seinen Phantasiegebilden und seinem ganzen Werke ironisch gegenüberstehen und mit Fleiß deren Illusion zerstören müsse. Frau von Staël's Verstand war allzu praktisch, um auf diese spitzfindige Lehre eingehen zu können, über welche sie manchen Wortstreit mit ihren romantischen Freunden ausfocht. Dahingegen näherte sie sich der Schule in einem entscheidenden Punkte:

Wie der ganze erste Teil der in die Reaktion gegen das achtzehnte Jahrhundert verwickelten Schriftsteller, ward sie mit den Jahren immer mehr positiv religiös. Die philosophischen Eindrücke aus der Revolutionszeit verwischten sich allmählich und an deren Stelle traten stets ernstlichere Versuche, sich die auftauchenden religiösen Ideen des Zeitalters anzueignen. Sie, die in ihrer Jugend Chateaubriands Behauptung von der Ueberlegenheit der christlichen Stoffe in der Kunst streitbar gegenübergestanden hatte, schließt sich jetzt ganz seiner ästhetischen Grundanschauung an. Ohne Vorbehalt acceptiert sie die Lehre der Romantiker, daß sich die moderne Poesie und Kunst auf dem Christentume gründen muß, ähnlich wie sich die antike auf die griechisch-römische Göttersage gestützt hatte. Indem sie sich immer mehr in die Ueberzeugung hineinlebt, hineinhorcht und hineinspricht, daß das achtzehnte Jahrhundert vollständig auf dem Irrwege gewesen sei, und indem sie überall Geister trifft, welche zu den religiösen Gefühlen der Vorzeit zurückgekehrt sind, glaubt sie, daß der Idealismus in der Metaphysik, der für sie als Frau das gute Prinzip ist, sowie die Inspiration in der Poesie, die für sie als Dichterin das vom Regelzwange erlösende Prinzip darstellt, notwendigerweise die Herrschaft der positiven Religion erneuern müsse, weil der Sensualismus, dessen Grundsätze in der Denk- und Kunstlehre ihr zuwider sind, die Religion als Feind bekämpft hat. Und so landet sie in ihrem Werke über Deutschland in jener leidenschaftlichen und ungerechten, oft peinlich beschränkten Reaktion gegen das geistige Freiheitsstreben des achtzehnten Jahrhunderts, welches gleichzeitig jenseits des Rheines zum Ausbruch gekommen war und auf Frankreichs eigenem Grund und Boden seine höchste Wirksamkeit erreichen sollte.

14.

Barante.

Frau von Staël's „Ueber Deutschland" gab einen Blick in die Zukunft hinein und über Frankreichs Grenzen hinaus; es prophezeite in mancher Beziehung den Charakter der aufwachsenden Litteratur des neunzehnten Jahrhunderts. Aber die Gruppe von Geistern, zu welcher seine Verfasserin gehört, hätte ihren Auftrag nicht vollendet, wenn sie ihre Zukunftsprophezeiungen nicht mit einem umfassenden Rückblick über das geistige Leben des achtzehnten Jahrhunderts ergänzt hätte.

Dieser Rückblick wurde ganz gleichzeitig (1809) von Barante in seinem merkwürdigen Buche „Ueber die französische Litteratur im achtzehnten Jahrhundert" gegeben.

Prosper de Barante, im Jahre 1782 in der Auvergne als Sprößling einer alten und vornehmen Beamtenfamilie geboren, ist der einzige Schriftsteller dieser Gruppe, der nicht als Emigrant bezeichnet werden kann; denn er hatte in der Vendée ein kaiserliches Amt als Präfekt angenommen.

Sein Buch jedoch hat vollständig das allgemeine Gepräge der Emigrantenlitteratur, und das ist kein Wunder. Er lebte außerhalb Paris, er verkehrte viel mit den Verbannten, besonders mit Frau von Staël, und die Regierung vermerkte seine häufigen Besuche in Coppet übel genug. Er teilte auch ihre, unter dem Kaiserreich für ketzerisch angesehenen Sympathieen für fremde, besonders deutsche Litteratur und übersetzte später Schiller's sämtliche Theaterstücke. Während der Restauration bekam er als Mitglied der gemäßigt-liberalen Partei politischen Einfluß.

Sein Werk über Frankreich im achtzehnten Jahrhundert, mit dem er, siebenundzwanzig Jahre alt, in der Litteratur auftrat, verrät eine Reife und ein Maßhalten, die bei einem so jungen Schriftsteller überraschen, die sich jedoch teils aus einem gewissen Mangel an feurigem Charakter, teils durch sein würdevolles Auftreten als obrigkeitliche Persönlichkeit erklären. In allen Büchern, die wir Revue passieren ließen, lag eingeschlossen ein Urteil über das achtzehnte Jahrhundert, in diesem Werke jedoch tritt uns die erste zusammenhängende Uebersicht und Wertschätzung desselben entgegen. Die Uebersicht ist kurzgefaßt, aber ausgezeichnet, die Auffassung philosophisch begründet, die Darstellung klar und leidenschaftslos, die Schätzung selbst jedoch ist höchst mangelhaft, überall eine bedingte, und durch jene Grenzen beschränkt, welche die Emigrantenlitteratur nun einmal nicht zu überschreiten vermochte. Diese Abrechnung mit dem vergangenen Jahrhundert, in welcher sich die neue Generation endgültig von der alten lossagt, ist an sich keine definitive, und durchaus nicht so unparteiisch als sie leidenschaftslos ist. Wohl hat Barante den redlichen Willen, unparteiisch zu urteilen, aber seine Fähigkeiten sind nicht so unbefangen als sein Wille: seine ganze Entwicklung wird, ihm selbst unbewußt, von der Reaktion gegen das Jahrhundert, dessen Wesen er als Zuschauer und Denker erklären will, getragen.

Barante's eigentlicher Gesichtspunkt ist ein fruchtbarer und war damals originell. Er hört rund um sich herum Behauptungen, welche darauf ausgehen, die Schriftsteller des achtzehnten Jahrhunderts für die Umwälzungen verantwortlich zu machen, welche Frankreich am Schluß des Jahrhunderts in seinen Grundpfeilern erschüttert hatten, und findet diese Behauptungen grundlos; sie thun, scheint ihm, jenen Schriftstellern großes Unrecht, weil sie denselben eine zu große Bedeutung beilegen. Wäre das Gebäude nicht baufällig gewesen, so hätte ein Hauch der Litteratur es nicht umstürzen können. Gleichzeitig mit Nodier und Frau von Staël stellt er folgenden Satz auf und erklärt ihn: Die Litteratur ist ein Ausdruck für den Zustand der Gesellschaft — und nicht dessen Ursprung. Der siebenjährige Krieg hat nach seiner Auffassung einen ganz anderen Einfluß auf die Schwächung der Autorität in Frankreich ausgeübt, als die Encyklopädie, und die Irreligiosität, welche zur selben Zeit am Hofe des alternden vierzehnten Ludwig herrschte, als der König in grausamer Weise Protestanten und Jansenisten verfolgen ließ, hat auf weit schlimmere Weise den

Respekt vor der Religion untergraben, als der Angriff und
die Spöttereien der Philosophen. Er will der Litteratur des
vergangenen Jahrhunderts durchaus keine besonderen Verdienste
zuschreiben, er betrachtet sie nur „als Symptom der allge=
meinen Krankheit". Mit philosophischem Scharfblick forscht er
nach den ersten Gründen des Zusammenbruches der Monarchie.
Er findet sie bereits im Nachspiele der Kämpfe der Fronde
gegen Mazarin. Gebändigt von Richelieu's Eisenfaust, hatten
sich die Fürsten, der Adel, die Beamten, alle Großen, wechsel=
weise um Hilfe an die große Bevölkerung gewandt und da=
durch allmählich alle an Wert und Ansehen verloren. Die
Autorität des Königs allein blieb unberührt stehen. Gleich=
wohl gingen die Wogen der Opposition bis zu den Füßen
des Thrones, dort aber verliefen sie, und während der ersten
Hälfte von Ludwig's XIV. Regierungszeit wurde der Thron
in noch größerer einsamer Majestät über das gewöhnliche
Niveau erhoben; Richelieu's Werk war vollbracht: jede Auto=
rität im Lande, mit Ausnahme der Krone, war vernichtet. Es
brauchte jetzt nur die allein zurückgebliebene Autorität gestürzt
zu werden, um alle gesellschaftlichen Obrigkeiten des Respektes
zu berauben, der ihre Stärke ausmachte, und dies geschah zur
Genüge unter dem jämmerlichen, alternden vierzehnten Ludwig,
unter dem frechen und frivol stupiden Regiment der Regent=
schaft und Ludwigs XV.

Die Philosophie des achtzehnten Jahrhunderts war da=
her nach Barante's Auffassung nicht das willkürliche Werk
des Einzelnen, sondern einer universellen Geistesrichtung im
Volke; sie wurde sozusagen nach dem Diktate des Volkes nieder=
geschrieben. Aber dadurch war sie nicht mehr wert geworden;
für Barante steht es fest, daß ihre Arbeit nur darin bestand,
eine frivole und ungerechte Gesellschaftsordnung auf frivole
und ungerechte Weise zu stürzen. Was aber auf diese Art
geschah, war unumgänglich notwendig gewesen. Ein überaus
fester Glaube an historische Gesetze ist der Kern in Barante's
Buch. „Der menschliche Geist," sagt er, „scheint unwider=
ruflich dazu bestimmt zu sein, wie die Sterne, eine vorge=
schriebene Bahn zu durchlaufen." Er weiß, daß zu allen

Zeiten eine Verbindung zwischen Litteratur und dem Gesellschaftszustande notwendig ist; während dies Verhältnis aber zu Zeiten dunkel ist, mit Scharfsinn aufgespürt und mit Umsicht nachgewiesen werden muß, damit es anschaulich und klar werde, scheint ihm dies Verhältnis in jenem Zeitalter ein so direktes und unmittelbares zu sein, daß es gar keiner feinen Beobachtung bedürfe, um das zu unterscheiden.

Den Grund hierfür findet er zuerst im Verhältnis der Schriftsteller zu ihrem Publikum: in früheren Zeiten war ihre Anzahl nur klein gewesen; dünn zerstreut über ganz Europa, hatten sie in einer toten Sprache geschrieben; eine Gesellschaft gab es damals nicht und die Konversation war keine Macht; sie arbeiteten für keine Gesellschaft, sondern für einander und zum Entgelt hierfür wurden sie von der Gesellschaft als abschreckende Pedanten angesehen. Nach und nach verbreiteten sich Bildung und Aufklärung bei den höchsten Klassen und die Schriftsteller traten mit denselben in Verbindung; sie schrieben für Fürsten, Hofleute, Vornehme, für jenen kleinen Kreis, der nicht zu arbeiten nötig hatte. Zu Ludwig's XIV. Zeit suchten die Schriftsteller diesem Kreise zu gefallen und fühlten sich durch seinen Beifall geschmeichelt. Allmählich schritt dann die Zivilisation soweit vorwärts, daß sich ein wirkliches Publikum für die Litteratur bildete, ein Publikum, welches die Schriftsteller von den Mächtigen unabhängig machte. Friedrich der Große, welcher Voltaire an seinen Hof berufen hatte, um Preußens Glanz zu erhöhen, behandelte ihn keineswegs mit jener Überlegenheit, mit welcher sich Ludwig XIV. Molière gegenübergestellt hatte; er schien ihn sich an die Seite gestellt zu haben; die höchste politische Macht und die größte geistige Überlegenheit jener Zeit standen einen Augenblick auf gleichem Niveau, und keiner fühlte die Zeit nahen, wo sich diese beiden Mächte den Krieg erklären sollten. Auch in der letzten Hälfte des achtzehnten Jahrhunderts standen die Schriftsteller in fortlaufendem Wechselverhältnis zur ganzen weitausgedehnten Gesellschaft.

Im Altertum war ein Philosoph ein strenger und systematischer Denker gewesen, der, für den ihm gezollten Beifall gleichgültig, eine zusammenhängende Lehre entwickelte; jetzt hatte das Wort seine Bedeutung gewechselt. Der Philosoph war kein einsamer Denker mehr, sondern ein Weltmann, der noch viel mehr sprach als er schrieb und lehrte, der beständig seiner Umgebung zu gefallen und ihren Beifall zu gewinnen strebte, und dies nur erreichen konnte, wenn er sich zu ihrem Sprecher machte.

Wie mächtig der Zeitgeist die einzelnen Schriftsteller beherrschte, sieht Barante durch den Umstand erwiesen, daß die Autoren, die, wie der Abbé de Mably den lebhaftesten Widerwillen gegen die Philosophen der herrschenden Schule hegten, doch denen glichen, die sie bekämpfen wollten und auf anderen Wegen zu denselben Resultaten gelangten. Und die Erklärung dafür, daß das Publikum vor den Schriftstellern jegliche historische Überlieferung, alle nationalen Erinnerungen verachten konnte, um ausgeklügelten Idealen nachzustreben, findet er in der unnationalen, klassischen Erziehung der höheren Gesellschaftsklassen. In der Schule habe das Kind die Namen Epaminondas und Leonidas weit früher stammeln lernen, als es diejenigen Bayards oder Duguesclins gehört; es stände dem Knaben frei, den trojanischen Krieg zu bewundern, die Kreuzzüge jedoch zu bewundern — das sei unerhört. Das römische Recht und alle dessen von einer absoluten Macht stammenden Grundsätze hätten allmählich die einem freien Volke entsprungenen germanischen Rechtsregeln verdrängt. Was Wunder also, daß die Schriftsteller, wenn sie ihre Stoffe aus dem Altertume holten und für Hellas und Rom schwärmten, willige Ohren in der französischen Gesellschaft fänden! Was Wunder, daß auch in der Litteratur die nationale Ueberlieferung verachtet und unterbrochen würde!

Nachdem Barante dergestalt die ganze Gesellschaft für die Fehlgriffe der Litteratur im achtzehnten Jahrhundert verantwortlich gemacht hatte — und ihre Thaten scheinen ihm durchgängig Fehlgriffe zu sein — bereitet er sich eine sichere Grundlage zur leidenschaftslosen Würdigung der einzelnen hervorragenden Schriftsteller. Seine Urteile sammeln die in der Emigrantenlitteratur zerstreuten Ansichten wie in einem Brennpunkte.

Voltaire, um dessen Ruhm nach seinem Tode ein ebenso hitziger Kampf wie um Patroklus' Leiche geführt wurde, charakterisiert er kalt, doch ohne Haß und Zorn. Er bewundert Voltaires Naturbegabung, das leichtbewegliche, stürmische Gefühlsleben, welches sein Pathos erzeugte, jenes unwiderstehlich Hinreißende in seiner Beredsamkeit und seinen Witz, seine stetige Anmut, welche seiner unbeschreiblichen Gewandtheit, alles zu gestalten und künstlerisch auszudrücken, entspringt. Die Art und Weise aber, wie Voltaire sein Talent nach der Zeitströmung, nach dem Drange, zu gefallen, steuerte, beklagt er ebenso sehr, als dessen Hang zu zynischem Spott, der ihm sogar noch als Greis treu blieb. Und damit schließt er. Für das Große, das Berechtigte in Voltaire's Lebenskampf hat er weder Blick noch Worte. Er will Voltaire kritisch erklären und läßt die Entrüstung, diesen seinen Lebensnerv, aus seiner Seele verschwinden; er schildert die gegen ihn angewandten Verfolgungen als Dummheiten, aber er stempelt sie nicht als schlechte Handlungen; er entschuldigt endlich — nicht die Flecken an Voltaire's Größe, aber gewissermaßen diese Größe selbst, und er glaubt wirklich, unparteiisch zu sein, weil er entschuldigt.

Montesquieu allein, lockt Barante von den Größen des vorigen Jahrhunderts eine warme und lebendige Anerkennung ab. Und das ist natürlich, denn er fand im Wesen desselben etwas von seinem eigenen. Montesquieu war kein gewöhnlicher Skribent, der schreiben konnte, was ihm gerade in die Feder kam, er war wie Barante Beamter, sogar ein hochgestellter, ein bedeutender Rechtsgelehrter, der seines Standes Würde und das Beispiel, das er gab, bedenken mußte. „Der Präsident von Montesquieu", sagt Barante, „besaß nicht jene Unabhängigkeit, welche die Schriftsteller so hoch schätzen, die vielleicht ihrem Talent wie ihrem Charakter Abbruch thut." Man fühlt in diesem gutgesagten Paradoxon den vorsichtigen Versuch einer Selbstverteidigung des kaiserlichen und doch Napoleon feindlichen Beamten. Mit Recht jedoch stellt Barante Montesquieu sehr hoch. Wohl hatten andere Schriftsteller jener Zeit mehr Geist; aber Montesquieu's genaue Kenntnis des praktischen Lebens, der Verwaltung und Regierung, gaben ihm eine Einsicht, welche den anderen mangelte, ein Maßhalten, welches gerade zu Anfang des neuen Jahrhunderts von größtem Werte war. Bei Montesquieu zollt Barante daher auch Manchem Beifall, was er bei anderen empfindlich tadelt. Er fordert seine Leser auf, Montesquieu's Werk über den Geist der Gesetze mit einer älteren Schrift Domat's über dasselbe Thema zu vergleichen, um daran die Fortschritte der Wissenschaft zu erkennen, indem er, ohne den Respekt vor der Religion bei Seite zu schieben, es versteht, dieselbe als untergeordnete Ursache zu betrachten.*)

Diderot ist derjenige der großen Schriftsteller, dem Barante am befangensten gegenübersteht; sein Urteil über ihn ist ein durchaus beschränktes. Das Uebereilte und Gewaltsame in diesem Geist, verbirgt seinem Blick dessen Genialität. Ein Genie, dessen Rücksichtslosigkeit zuweilen an diejenigen einer Naturkraft erinnert, konnte von Barante so wenig gewürdigt werden, als von dem ganzen erschreckten und getäuschten Geschlecht, zu dem er gehört. Diderot war mehr dazu veranlagt, den litterarisch vorurteilsfreien Deutschen zu gefallen, als seinen damals so scheinsittsamen Landsleuten. Sogar Goethe übersetzte dessen „Rameaus Neffe" und Hegel behandelte denselben ausführlich in seiner „Phänomenologie des Geistes"; aber Barante, der Diderots unaufhörliche, alle Grenzen überschreitenden Angriffe auf die Religion leidenschaftlich tadelt, bringt seine Charakteristik in folgende Worte: „Er hatte ein feuriges und unordentliches Innere. Aber sein Geist war ein Feuer ohne Nahrung, und sein Talent, von dem er **einige Strahlen** gezeigt, hat keine allgemeine Anwendung gefunden."

Es war nur folgerichtig, daß der am meisten naturalistische Schriftsteller des achtzehnten Jahrhunderts am schlechtesten von dem jetzt heranwachsenden Stabe der Idealisten gewürdigt wurde.

---

*) Alors on pourra distinguer, comment la religion, respectée par Montesquieu, était pourtant jugée par lui, tandis que Domat l'avait seulement adorée, et en avait fait tout découler, au lieu de la considérer comme accessoire.

Rousseau, der letztauftretende jener vor die Schranken des neunzehnten Jahrhunderts zitierten Geister, hatte etwas in seinem Wesen, das Barante notwendigerweise zusagen mußte. Er allein unter ihnen war sentimental, und das neue Jahrhundert hatte gleichfalls sentimental begonnen. Er war endlich der einsamste unter ihnen, und das neue Jahrhundert schätzte solch' einsame Persönlichkeiten. Er hatte der Gesellschaft der Philosophen wie der Encyclopädisten fern gestanden. Ein unglückliches und einsames Leben hatte seinen Charakter geformt, er stand in keinem Verhältnis zur Gesellschaft oder zur öffentlichen Meinung. Ohne Familie, ohne Freunde, ohne Stand, ohne Vaterland, war er in der Welt herumgestreift, und als er als Schriftsteller auftrat, verurteilte er die Gesellschaft, statt ihr zu schmeicheln. Sein Streben ging nicht dahin, der herrschenden gesellschaftlichen Stimmung zu gefallen, sondern eine neue hervorzurufen; das glückte ihm, und während die Anderen nur gefielen, begeisterte er. All' dies mußte Barante günstig stimmen. Und doch braucht man nur seine Aussprüche über Rousseau mit dem, von seiner Freundin, Frau von Staël, zwanzig Jahre früher herausgegebenen Buche über Rousseau's Schriftstellerthätigkeit zu vergleichen, um zu sehen, wie manchen Schritt vorwärts die Reaktion gegen den Geist des vorigen Jahrhunderts gethan hatte. Daß es weitläufig bei dem Unreinen in Rousseau's Leben und bei den schlechten Seiten seines Charakters verweilt, ist an und für sich ganz berechtigt, und seine Schilderung bildet in dieser Hinsicht nur das natürliche Seitenstück zu Frau von Staël's warmer Verteidigung. Sein strenges Urteil über Rousseau's politische Theorien sind sogar ganz anders kritisch durchdacht und reif, als Frau von Staël's weiblichbeschränkter Versuch, diese Theorien gut zu heißen. Bei der Würdigung von Rousseau's religionsreformatorischer Wirksamkeit steht er jedoch weit hinter ihr zurück. Gegen Rousseau's berühmtes Glaubensbekenntnis, gegen seine Darstellung der sogenannten Naturreligion ist sein Haupteinwand der, daß es eine Religion ohne Kultus sei, und, sagt er, daß sie dies war, kann bei Rousseau nicht überraschen, denn einer derartigen

Moral ohne Praxis muß naturgemäß eine Religion ohne Kultus
entsprechen. Dergestalt führt eine konservative Folgerungs=
sucht den in religiöser Hinsicht liberalen Kritiker dazu, sogar
den bestehenden kirchlichen Ritus gegen Rousseau zu verteidigen.

Der Grund zu all' diesem Beschränkten und Ungerechten
bei Barante ist derselbe, der später unter der Restauration und
dem Julikönigtum so viel Unwahres und Schiefes bei anderen
liberalen Schriftstellern erzeugt: die spiritualistische Philosophie,
welche jetzt Einlaß in Frankreich erhält, und nach manchen
Kämpfen zur herrschenden Lehre, unter Cousin und seiner Schule
sogar zur Staatsphilosophie erhoben wird. Hätte sich diese
Philosophie damit begnügt, ihre Prinzipien und Ansichten so
klar und beweiskräftig als möglich zu entwickeln, so würde es
eine Philosophie wie jede andere gewesen sein, und nur Wider=
spruch, aber nie Widerwillen oder Abscheu erregt haben. Es
zeigten sich jedoch in dieser Philosophie und zwar fast in allen
Landen, wo sie aufkam, von Anfang an Tendenzen unwissen=
schaftlichen und unheilverkündenden Charakters. Sie war
weniger eifrig, ihre Behauptungen zu beweisen, als ihr mora=
lisches und religiöses Wesen zu bekunden. Sie war weit
weniger darauf versessen, ihre Gegner zu widerlegen, als
darauf, ihnen Sinn für das Edle, Aufschwung zum Höchsten,
Pflichtgefühl und Begeisterung abzusprechen.

Bei Frau von Staël ist die Furcht vor dem Sensualis=
mus eine abgeleitete. Diese hochherzige Frau, welche mit all'
ihrer Wahrheitsliebe stets nur Dilettantin in der Philosophie
bleiben wird, befürchtet naiv genug, daß die sensualistische
Psychologie die Seelen zu passiver Unterwerfung unter Napo=
leon's Despotie bringen möchte, und aus Liebe zur Freiheit
sucht sie nach Waffen dagegen. Barante kann als Mann diese
Entschuldigung nicht zugestanden werden. Auch für ihn sind
Descartes und Leibniz nicht nur große Denker, sondern Ver=
treter des guten Prinzips in der Metaphysik, gerade als ob
moralische Begriffe auf eine Metaphysik Anwendung finden
könnten. „Möglicherweise", sagt er, „verloren sie sich unter=
dessen in dunkle Regionen, aber sie folgten wenigstens einer
erhabenen Richtung, deren Lehre mit den Gedanken über=

einstimmen, die uns bewegen, wenn wir tief über uns selbst nachdenken, und diese Bahnen führten naturgemäß zu den edelsten Wissenschaften, zur Religion und Moral." Und nun erzählt er, wie man müde wurde, denselben zu folgen, wie man sich jetzt in die Bahnen Lockes und Humes begab, und er stellt dies nicht als eine entgegengesetzte, gleichberechtigte Einseitigkeit dar, sondern als eine Erniedrigung des Menschentums, als eine Herabwürdigung der Wissenschaft. Er findet es natürlich, Spinoza zu bekämpfen (den er mit Hobbes zusammenstellt), und nicht nur mit Gründen, sondern mit Entrüstung. (Barante, de la littérature française pag. 213).

Gegen die Empiristen stellt er Kants bekannte Lehre von den Verstandesformen, als mit der Konstruktion unseres Geistes gegeben, auf, und entwickelt, daß sich ein Inbegriff von religiösen Anlagen gleichfalls zu allen Zeiten und bei allen Völkern angeboren vorfinde. Aller Orten meint er, findet man stets den Glauben an ein Leben nach dem Tode, Ehrfurcht vor den Gestorbenen und die Bestattung derselben in der Ueberzeugung, daß das Leben für dieselben nicht zu Ende sei, endlich auch einen Glauben, daß die Natur einmal erschaffen sei und einmal auch zu Grunde gehen müsse. Dies sind für ihn, wie für Benjamin Constant, die ungefähren psychologischen Elemente, welche die feste Grundlage aller Religionen ausmachen. Daß diese sich auf noch einfachere Elemente, die sich auch außerhalb der Religiosität vorfinden, zurückführen lassen, dafür hat er kein Verständnis. Denn er kennt die freie Forschung nicht und nennt es eine Ehre, „das ruhmvolle Erbe der erhabenen Philosophie" (le glorieux héritage de la haute philosophie) zu übernehmen. Und auf ganz ähnliche Weise eifert er gegen die Versuche einer empirischen Begründung der Moral. Er sagt: „Statt von dem Gefühl der Gerechtigkeit und Sympathie auszugehen, welches im Herzen aller Menschen lebt, suchte man die Moral auf den Trieb der Selbsterhaltung und des Wohlbefindens zu gründen." Er hat augenscheinlich den tief philosophischen Trieb, welcher die Denker der entgegengesetzten Schule veranlaßt hat, die Gerechtigkeitsidee in ihre Grundelemente aufzulösen, und zu zeigen, wie sie entsteht und gebildet wird, gar nicht verstanden. Er eifert nur darüber, daß man auf diesem Wege zu keiner offenbarten Religion gelangen könne: „die göttlichen Beweise dafür hatte ja der Aberglaube verworfen."*)

Derselbe Denker, der Montesquiens „Persische Briefe" lobt und es billigt, daß dieser Schriftsteller die Religion als Nebensache behandelt, erschrickt, in der Halbheit des Zeitalters befangen, über die Versuche der empirischen Philosophen, die Grundelemente zu finden, welche zur Bildung der Gerechtigkeitsidee zusammenwirken. Daher sieht man bei Barante, wie bereits angedeutet, schon das unverständige Spielen mit dem Doppelsinnigen im Worte Sensualismus, welches das ganze Jahrhundert hindurch eine Waffe in Händen der Heuchelei und Niederträchtigkeit bleiben sollte, indem Sensualismus abwechselnd als Name der bestimmten Erkenntnislehre, auf welche es angewendet zu werden pflegt, bald als Bezeichnung für Sinnlichkeit, sinnliche Lüste oder als Lehre, daß sinnliche Lust Ziel des Lebens sei, gebraucht wird. Man findet bereits bei Barante, wie später beständig bei Cousin jenen oberflächlichen und unwissenschaftlichen Spiritualismus, der sich in Frankreich in den ersten Jahrzehnten des Jahrhunderts entwickelt, als die zur Tugend und zu guten Sitten ermunternde Philosophie betont.

Frau von Staël schrieb für eine damalige Zeitung, den Mercure de France, eine Rezension über Barantes Werk, welche von der Zensur zu drucken verboten wurde, später jedoch in unveränderter Form abgedruckt ward. Es sind nur drei Blätter, aber ein Kritiker würde kein weiteres Zeugnis benötigen, um zu erkennen, daß die Verfasserin ein Genie war. Zuerst hebt sie in warmen Ausdrücken die frühzeitige Reife und seltene Mäßigung Barantes hervor, und beklagt nur, daß er sich nicht öfters seinen Eindrücken ganz hingiebt, und erinnert ihn daran, daß Zurückhaltung nicht immer Stärke verät.

---

*) On arriva bientôt à tout nier; déjà l'incrédulité avait rejeté les preuves divines de la révélation et avait abjuré les devoirs et les souvenirs chrétiens.

So sieht sie gleichsam durch eine Intuition das geistige Gepräge des werdenden Jahrhunderts hinter den zufälligen und individuellen Vorzügen und Mängeln seines Buches. In Folge dieser Schrift scheint sie mit plötzlicher Intensität gefühlt zu haben, wie tief sie selbst mit ihrem schaffensfrohen, reformatorischen Geist im vorigen, vom Fortschrittsglauben getragenen Jahrhundert wurzelte, erst mit diesem Buch scheint ihr die Uebergangszeit zum neuen Jahrhundert beendet zu sein und sie erstaunt über die Resignation in das Gegebene, über den Fatalismus, den Respekt vor jedem „fait accompli", die ihr aus dieser Schrift entgegen treten. Sie ahnt, daß Ergebung in den durch die Umstände hervorgerufenen Druck ein charakteristisches Merkmal des neuen Zeitalters sein wird, sie fühlt im voraus, daß dessen Philosophie zum großen Teil in dem Nachweis wird bestehen müssen, daß das Wirkliche vernünftig sei, sie scheint mit der Clairvoyance des Genies zu sehen, welche Zweideutigkeit dies Wort „das Wirkliche" enthalten, und für welchen ideenlosen Konservativismus jener Satz die Losung abgeben wird. Sie schließt ihre Ankündigung mit folgenden, den Stempel prophetischer Weisheit tragenden Worten:

„Das achtzehnte Jahrhundert verkündete die Prinzipien auf eine allzu unbedingte Weise; vielleicht wird das neunzehnte Jahrhundert die Thatsachen mit allzugroßer Unterthänigkeit erklären. Das erste glaubte an eine Natur der Dinge, das andere wird nur an die Umstände glauben. Das erste wollte über die Zukunft gebieten, das andere beschränkt sich darauf, die Menschen kennen zu lernen. Der Verfasser des Buches, von dem ich spreche, ist vielleicht der erste, der auf augenfällige Weise die Färbung des neuen Jahrhunderts angenommen hat."

Diese Aeußerung ist ebenso treffend gemacht als sie inhaltsschwer ist. Keiner der übrigen Geister, welche dieser bedeutenden Frau nahestanden, hatte sich so entschieden von dem vorhergehenden Jahrhundert entfernt, als der zuletzt auftretende Barante. Einer nach dem andern waren die Uebrigen vom Wrack des sinkenden achtzehnten Jahrhunderts an Bord des Schiffes „Das neunzehnte Jahrhundert" gestiegen, und hatten es allmählich mit den Stoffen und Saaten, welche es führen sollte, beladen. Noch aber lag es, fest vertaut, Bord an Bord mit dem Wrack. Barante war es, der das Schiffstau durchhieb und das Fahrzeug hinaus in den weiten Ozean führte.

Schluß.

Die ganze Litteraturgruppe, deren Entfaltung und Ausbildung wir verfolgt haben, steht für uns als ein zusammengewobenes Ganzes da. Eine Mannigfaltigkeit von einander kreuzender Fäden erstreckt sich von einem Werk zum andern, und die Darstellung hat nur den inneren Zusammenhang deutlich und klar gemacht; sie ist es nicht, welche die Einzelheiten willkürlich zusammengewoben hat. Nur muß man beachten, daß diese Sammlung von Schriften, dieser Kreis von Schriftstellern nur eine Gruppe, keine Schule ausmacht. Denn eine Gruppe ensteht durch die natürliche, unfreiwillige Verbindung von Geistern und Werken, die eine gemeinsame Richtung haben; während sich eine Schule bildet, wenn sich die Schriftsteller bewußt unter der Leitung irgend einer mehr oder weniger bestimmt geformten Ueberzeugung vereinen.

Die Emigrantenlitteratur entwickelt sich, obschon sie französisch ist, außerhalb Frankreichs. Zu ihrem Verständnisse ist es nötig, sich stets den kurzen und gewaltsam durchschütterten Zeitraum vor Augen zu halten, in welchem die alte Staatsordnung aufgelöst, die Legitimität in die Luft gesprengt, die herrschenden Stände zu Boden geschlagen und die positive Religion von Männern bei Seite geräumt wurde, die öfter durch eine polemische Philosophie als durch eine rein wissenschaftliche Bildung sich von ihrem Joche befreit und deshalb durch einen rücksichtslosen und nicht immer ehrlichen Angriffskrieg alle diejenigen gereizt hatten, welche klarer oder dunkler eine Ungerechtigkeit in all' den Anschuldigungen empfanden, die wider den alten Zustand erhoben wurden, und deren geistiges und sittliches Bedürfnis, deren ganzes Gefühlsleben keine Befriedigung in dem neuen Zustande fand. Je abstrakter und unpraktischer die Humanitäts- und Fortschrittsidee sich gezeigt hatte, desto näher mußte ein Umschlag der Sympathien und Stimmungen liegen. Der Umschlag kam, die Reaktion begann. Ich habe geschildert, wie die Reaktion in ihrer ersten

Schluß. 263

Gestalt nur eine bedingte war, wie revolutionäre Ideen unaufhörlich mit den Gedanken gemischt sind, die sich reagierend
gegen Voltaire wenden und wir haben gesehen, wie alle leiten-
den Schriftsteller ihren geistigen Ausgangspunkt im achtzehnten Jahrhundert haben und Erinnerungen wie Rückfällen
ausgesetzt sind. Sie gehen sozusagen alle von Rousseau aus.
Der erste Zug ist nur der, daß man Rousseau's Waffen ergreift und sie wider seinen Gegner Voltaire richtet. Nur
Barante, der jüngste von allen, kann sich in Wahrheit von
jedem Verwandtschaftsverhältnis mit Rousseau lossagen.

Auf diese Schriftsteller folgt in Frankreich ein neues
Geschlecht konservativer Schriftsteller, welche gleichfalls zum
größten Teil Emigranten sind und die unbedingte, die
prinzipielle Reaktion verfechten. Die Werke dieser Männer
bilden im Verein mit einzelnen Schriften von bereits auf-
getretenen, künstlerisch vorgeschrittenen, aber in Staat und
Kirche der Reaktion huldigenden Schriftstellern wie Chateaubriand, sowie mit einigen reaktionären Jugendarbeiten von
später freisinnigen oder doch radikalen Autoren, wie Lamartine
und Hugo eine Gruppe, die unbedingt am Alten festhält und
deren herrschender Gedanke das Autoritätsprinzip ist. In
ihrer Mitte stehen Männer wie Joseph de Maistre, Bonald
und Lamennais.

Unter der Bezeichnung Emigrantenlitteratur habe ich dagegen hier die gesunderen litterarischen Erzeugnisse hervorgehoben und gesammelt, in welchen die Reaktion noch nicht
eine blinde Unterwerfung unter Autoritäten, sondern das
natürliche und berechtigte Sichgeltendmachen von Gefühl, Seele,
Leidenschaft und Poesie im Gegensatze zur Verstandeskälte,
exakter Berechnung und einer von Regeln und toten Ueberlieferungen umschnürten Litteratur ist, wie diejenige war, die
unter dem Kaisertume ihr mattes und blutloses Leben auf
Frankreichs eigenem Boden führte. Die folgende Gruppe hat
mit ihrem festeren Zusammenschluß um ein einzelnes gebieteri-
sches Prinzip notwendigerweise ein schärferes und strengeres
Profil. In dieser Gruppe ist hingegen mehr Leben, mehr
Stimmung, mehr wogende Kraft.

Die Schriftsteller und Werke der Emigrantenlitteratur stehen gleichsam in einem flackernden Lichte. Diese Persönlichkeiten stehen im Morgengrauen des Jahrhunderts. Die ersten Strahlen der Morgensonne des neunzehnten Jahrhunderts fallen auf sie und zerreißen langsam den Schleier Ossianscher Nebel und Wertherischer Schwermut, der sie umhüllt. Man fühlt, daß sie eine Nacht mit häßlichen, blutigen Szenen hinter sich haben; sie sehen bleich und ernst aus. Aber ihre Wemut ist poetisch, ihre Melancholie erweckt Mitgefühl, und man verspürt gährende Kräfte in den leidenschaftlichen Ausbrüchen, welche ihre Trauer darüber verraten, ihr Tagewerk nicht als Fortsetzung des voraufgegangenen Tages beginnen zu können, vielmehr der Grundlage skeptisch gegenüberstehen zu müssen, die am Tage zuvor gelegt ward, und mühsam zusammensuchen zu müssen, was die Zerstörungen der Nacht verschont haben.

Die Emigrantenlitteratur ist daher eine tiefbewegte Litteratur.

Chateaubriand ist der erste, der mit der bewegten Leidenschaftlichkeit und den kräftigen, farbenreichen Naturmalereien seiner Episoden den Formalismus durchbricht. Alles glüht und leuchtet hier von katholischem Entzücken und satanischer Erotik; aber mitten im Feuer bleibt die moderne Persönlichkeit, das egoistisch-einsame Genie, René, wie eine Statue aus Stein stehen.

Sénancour bringt ein Werk hervor, das in besonders seelenvoller Weise modernen Freisinn mit romantischem Sehnen, germanische Sentimentalität und Wirklichkeitsscheu mit romanisch verfeinerten sinnlichen Neigungen, den aufrührerischen Hang, jede Frage mit den Selbstmordsträumereien der Selbstaufgabe zu erörtern, verschmilzt.

Nodier mischt seine Stimme in diesen Chor. Fein, geschmeidig, phantastisch, voller Widerspruchslust, greift er Napoleon und die gesellschaftliche Ordnung an, verherrlicht Klopstock und das Klosterleben; naiv wie ein Kind und doch gelehrt wie ein Greis sucht er das Märtyrertum auf, um das

Vergnügen zu genießen, sich verfolgt zu wissen und ungestört in der Einsamkeit studieren zu können. Beständig fortschreitend, macht er den Glauben an den Fortschritt zum Gegenstand seiner unaufhörlichen Spöttereien.

Constant tritt als Politiker und als schriftstellernder Dilettant auf, der seine Meister beschämt. Sein Geist schwingt wie ein Pendel zwischen dem Geistesleben zweier Zeitalter; von Naturanlage ist er das Kind des achtzehnten Jahrhunderts, mit seiner Bildung und seinen Absichten gehört er dem Zeitalter der Verfassungen und Begriffsverbindungen an. Er giebt in seiner einzigen poetischen Leistung seinem Zeitalter ein Muster psychologischer Schilderung und einen Wink, wie viele tüchtige Gefühle und Kräfte auf dem Altare der modernen Gesellschaft geopfert werden.

So recht aber wird die französische Emigrantenlitteratur sich ihrer Bestrebungen und ihres tüchtigen Geistes doch erst durch Frau von Staël bewußt. Die Gestalt dieser Frau beherrscht die ganze Gruppe. In ihren Schriften ist alles gesammelt, was in der Produktion der Emigranten berechtigt und edel war: die reaktionären und revolutionären Tendenzen, welche bei den übrigen Mitgliedern der Gruppe die verschiedenartige Thätigkeit und die schriftstellerischen Leistungen derselben zersplittern, vereinigen sich bei ihr zu einem Bestreben, das weder reaktionär, noch revolutionär, sondern reformatorisch ist. Wie die andern nimmt auch sie Rousseau zum Ausgangspunkt; wie die andern, trauert auch sie über die Ausschreitungen der Revolution, doch höher als irgend einer der anderen liebt sie die persönliche und politische Freiheit. Sie bekämpft die absolute Macht im Staate und die Scheinheiligkeit in der Gesellschaft, den nationalen Hochmut und die religiösen Vorurteile, sie überführt nach Frankreich die Kenntnis des Volksgeistes der Nachbarländer und ihrer Litteratur, und reißt mit ihren Händen jene Mauer von Selbstzufriedenheit nieder, mit welcher das siegreiche Frankreich sich umgeben hatte. Barante setzt mit seiner entfernenden Schilderung Frankreichs im achtzehnten Jahrhundert nur ihr Werk fort und schließt es ab.

Die Litteratur, an welche sich Frau von Staël in der letzten Periode ihrer Wirksamkeit lehnt, deren Gedanken man auch bei Barante verspürt, diejenige, deren Entwickelungsgeschichte sich natürlich der Emigrantenlitteratur anschließt, ist die romantische Litteratur in Deutschland. Die ganze Gruppe von Schriften, welcher ich die gemeinsame Benennung „Emigrantenlitteratur" gab, kann als eine Art Romantik vor der Romantik bezeichnet werden, d. h. vor der romantischen Schule in Frankreich, welche sie ankündigt. Aber sie steht gleichzeitig, oft durch unwillkürliche Uebereinstimmung, zuweilen durch direkte Beeinflußung, in vielfacher Berührung mit dem germanischen Geiste und der Romantik desselben, und daher kommt es, daß Frau von Staël in ihrem Buche „Ueber Deutschland" Rousseau, Bernardin de Saint=Pierre und Chateaubriand „Deutsche, ohne es zu wissen" nennt und deshalb trifft man, wie wir gesehen haben, bei den Schriftstellern der Emigrantenlitteratur an hundert verschiedenen Punkten auf Anläufe zum Romantischen und auf Beschäftigung mit diesem Wort und Begriff.

Sie prophezeien aber nicht nur die großen Geister, welche nach ihnen auf dem Schauplatz des Jahrhunderts auftreten sollen, sondern sie stellen dieselben auf eine höchst merkwürdige Weise auch dar. Chateaubriand entspricht als romantischer Kolorist Hugo, als lebensmüder Melancholiker Byron. Sénancour schlägt, lange bevor die romantische Schule auftritt, jene Saiten an, welche später von Sainte=Beuve gespielt werden. Nodier ist mit seiner philosophischen und archäologischen Gelehrsamkeit, seiner strengen und reinen Sprache, seinen phantastischen und ungeheuerlichen Stoffen ein Vorläufer Mérimées. Constant zeichnet Balzac's Heldin, lange bevor Frankreich seine große Romanlitteratur erhält; als Politiker hat er, obschon liberal und antiklerikal, einige Aehnlichkeit mit dem ausgeprägt romantischen Politiker Fr. v. Gentz. Barante bereitet mit seiner spiritualistischen und doch fatalistischen Litteraturphilosophie die Kritik und Aesthetik vor, welche mit Victor Cousin ihren Hochsitz einnahm. Frau von Staël endlich scheint die größte Schriftstellerin des Jahrhunderts vorherzuverkünden, die weniger hochgestellte, aber weit genialere und fruchtbarere Dichterin und Denkerin George Sand.

Die Litteraturgeschichte eines ganzen Weltteils während eines halben Jahrhunderts beginnt selbstverständlich nicht an einem vereinzelten Punkte. Der Ausgangspunkt, den der Darsteller erfaßt, kann stets als ein zufälliger und willkürlicher bezeichnet werden; er muß sich auf seinen Instinkt und kritischen Blick verlassen, sonst kommt er nie dazu, zu beginnen. Die Emigrantenlitteratur erschien mir der natürliche, der von der Geschichte selbst gegebene Ausgangspunkt. Diese Gruppe leitet, von einer Seite betrachtet, die spätere religiöse und politische Reaktion in der französischen Litteratur ein, von der anderen Seite hingegen bahnt sie der romantischen Schule in Frankreich den Weg. Auf jedem Punkte aber bereitet sie zum Studium und Verständnis der romantischen Schule in Deutschland vor; ja sie hat sogar einzelne Berührungspunkte mit so fernen Erscheinungen wie Byron und Balzac.

Die Emigrantenlitteratur bildet mit einem Worte die Ouverture zum großen litterarischen Schauspiel des Jahrhunderts.

Inhalt.

	Seite
Vorwort Adolph Strodtmann's	III
Einleitung	1

Die Emigrantenlitteratur.

		Seite
Allgemeiner Charakter der Emigrantenlitteratur		19
1.	Chateaubriand's „Atala"	27
2.	Rousseau's „Neue Héloïse"	37
3.	Goethe's „Werther"	47
4.	Chateaubriand's „René". Die Melancholie und Misanthropie bei Molière und Shakespeare	58
5.	Der neue Seelenzustand	74
6.	Sénancour's „Obermann"	78
7.	Nodier	96
8.	Constant's „Ueber die Religion". „Adolphe" Constant und Frau von Staël. Benj. Constant's Charakter. Goethe's Frauengestalten und Constant's „Eleonore" — „Adolphe".	103
9.	Frau von Staël's „Delphine". Der Kampf mit der Gesellschaft. Verbannung in Coppet. Frau von Staël und Voltaire	137
10.	Die italienische Poesie und Frau von Staël's Poetik. „Corinna".	173

		Seite
11.	„Corinna". Kampf gegen nationale und protestantische Vorurteile. Artistische Betrachtung der Kunst. Sympathie für den Katholizismus	189
12.	Neue Betrachtung der Antike	211
13.	Frau von Staël's „Ueber Deutschland". Antike Renaissance. Romantische Reaktion gegen die Renaissance der Antike. Gotische Sympathien und Tendenzen. Der Müßiggang als Ideal. Vorliebe für Mythus und Märchen. Uebertritt zum Katholizismus. Deutschland und Hindustan. Der Pantheismus der Romantiker. Die Schicksalsdramen. Metaphysische Aesthetik. Oehlenschläger	227
14.	Barante	249
15.	Schluß	262

Im Verlage von H. Barsdorf in Leipzig erscheint:

Die Hauptströmungen der Litteratur des 19. Jahrhunderts.

Von Georg Brandes.

Jubiläums-Ausgabe 1897.

6 Bände. 5. gänzlich umgearbeitete u. bedeutend vermehrte Auflage. Elegant brochirt Mk. 25.—. In 6 eleg. Original-Leinwandbänden Mk. 30.—. In 6 eleg. Halbfranzbänden Mk. 34.—.

=== **Jeder Band ist einzeln käuflich.** ===

I. **Emigrantenlitteratur.** (Chateaubriand, Rousseau, Goethe, Sénancour, Nodier, Constant, Frau v. Staël, Barante ꝛc.) XVI. u. 267 Seiten. Eleg. broch Mk.4.50.

II. **Romantische Schule in Deutschland.** (Tieck, Jean Paul, Hölderlin, A. W. Schlegel, Friedr. Schlegels Lucinde, Wackenroder, E. T. A. Hoffmann, Chamisso, Eichendorf, Arnim u. Brentano, Fichte, Arndt, Jahn, Fouqué, Kleist, Zachar. Werner, Görres, de Maistre ꝛc.) 349 Seiten. Eleg. broch. Mk. 4.50.

III. **Reaktion in Frankreich.** (Die Revolution, das Konkordat, das Autoritätsprincip. Bonald. Die Tradition in Religion, Staat und Familie. Chateaubriand, Frau v. Krüdener, die heilige Allianz, Lamartine, Lyrik und Erotik in der Restaurationszeit. Victor Hugos Jugendgedichte. A. de Vigny, Lamennais ꝛc.) 308 Seiten. Eleg. brochirt. Mk. 4.50.

IV. **Naturalismus in England.** Byron u. d. Seeschule. (Gemeinsame Züge d. Volkscharakters u. d. Zeitalters, der politische Hintergrund, Wordsworth, Coleridge, Der Freiheitsbegriff der Seeschule, Southey, Scott, Keats, Th. Moore, Erotische Lyrik, Th. Campbell, W. S. Landor. Radikaler Naturalismus. Shelly, Byron, die individuelle Leidenschaft, der revolutionäre Geist ꝛc.) 400 Seiten. Elegant brochirt. Mk 5.—.

V. **Romantische Schule in Frankreich.** (Der politische Hintergrund, d. Geschlecht v. 1830. Nodier, fremde, heimische Einflüsse, de Vigny, Hugo, George Sand, A. d. Musset, Balzac, Beyle, Mérimée, Gautier, Sainte-Beuve, Ponsard, die socialpolitische Bewegung und die Presse, die Uebersehenen und Vergessenen.) 363 Seiten. Elegant brochirt. Mk. 5.50.

VI. **Das junge Deutschland.** (Der politische Hintergrund, Wissenschaft und Reaktion, Oppositionelle Grundstimmung, Einfluß der Julirevolution. Beeinflussung durch Byron, Wert der neuen Litteratur, Börne, Börne und Menzel, Heine, Heine und Goethe, Heine und Rembrandt, Heine und Aristophanes, Parteinahme in der Poesie, Immermann, das junge Deutschland und Menzel, Wienbarg, Gutzkow, Laube, Mundt, Rahel, Bettina, Charlotte Stieglitz, der Thronwechsel in Preußen, Friedrich Wilhelm IV., die neutrale Litteratur (Tieck, Rückert, Scherenberg, Pückler-Muskau), Politische Lyrik, philosophische Revolution (Anast. Grün, Herwegh, Dingelstedt, Ludw. Feuerbach), die revolutionäre Poesie (Freiligrath, Prutz, Hartmann, Sallet, Beck, Meißner, die Revolution). 430 Seiten. Elegant brochirt. Mk. 6.—.

Elegant in Leinwand gebunden kostet jeder Band 1 Mark mehr. In Halbfranz Mark 1.50 mehr.

Brandes **vergleichende** Litteraturgeschichte des 19. Jahrhunderts steht einzig in ihrer Art da. Freiheit des Individuums, Freiheit in Kunst, Wissenschaft, Politik und Leben, mit einem Worte, **Freiheit auf jedem Gebiete**, das ist der Grundton, auf welchen die „Hauptströmungen" abgestimmt sind, der ihr im Verein mit der geistvollen kritischen Behandlung der Stoffe ihren Weltruhm geschaffen hat. Hochinteressant sind die Wechselbeziehungen von Politik, Religion ꝛc. zu den Dichtern und ihren Schöpfungen in jeder Periode geschildert. Kein Gebildeter kann heutzutage Brandes' Hauptströmungen der Litteratur des 19 Jahrhunderts ungelesen lassen.

Im Verlage von H. Barsdorf in Leipzig erschien:

Ferdinand Lassalle.
Ein litterarisches Charakterbild.
Von Georg Brandes.

Gr. 8⁰. Dritte Auflage. Mit Porträt. Eleg. broch. Mk. 2.50.
Eleg. geb. Mk. 3.50.

Georg Brandes' Darstellung des berühmten Volksmannes ist von allen Parteien als die beste bezeichnet worden. Wie er den Vorzügen Lassalles gerecht wird, so weist er auch seine Fehler und Schwächen auf. In genialer Weise beurteilt er die Schriften Lassalles, der unstreitig zu den deutschen Klassikern gezählt werden muß, dessen Schriften vor allem erziehend und instruktiv sind. Der Standpunkt, daß Lassalle ein wüster Agitator gewesen, ist längst verlassen. Brandes schildert ihn, sein Wollen und Können trefflich — seine Lassalle-Biographie gehört zu dem Geistvollsten, was er überhaupt geschrieben hat.

Die Wiedergeburt des Menschen.
Abhandlung über die 7 letzten Paragraphen von Lessings Erziehung des Menschengeschlechts.
Von Gustav Hauffe.

2. Ausgabe. 1897. 300 Seiten. Eleg. broch. Mk. 3.

Dieses durch die Jury des Allgem. Deutschen Schriftsteller-Verbandes in Leipzig preisgekrönte Werk sei allseitiger Beachtung empfohlen.

35 zumeist farbige Bildtafeln aus Flögels Geschichte des Grotesk-Komischen.

In eleganter Mappe Mk. 3.—.

Diese für den Sammler, für Kulturhistoriker, wie für jeden Gebildeten hochinteressanten, oft derb drastischen Abbildungen sind nur noch in wenigen Exemplaren vorhanden.

Ludwig Börne und Heinrich Heine.
Zwei litterarische Charakterbilder.
Von Georg Brandes. Uebersetzt von A. v. d. Linden.

10 Bogen. Gr. 8⁰.

Vornehm ausgestattet. Eleg. broch. Mk. 2.50. Eleg. geb. Mk. 3.50.

Rahel, Bettina, Charlotte Stieglitz.
Drei litterarische Frauenbilder aus der Zeit des „Jungen Deutschland."
Von Georg Brandes. Uebersetzt von A. v. d. Linden.

Gr. 8⁰. Vornehm ausgestattet Mark —.60.

(Beides Separatausgaben aus den „Hauptströmungen.")

Im Verlage von H. Barsdorf in Leipzig erschien soeben die **dritte Auflage** von

Mannhart. W., Zauberglauben und Geheimwissen im Spiegel der Jahrhunderte.

Mit 44 teils farbigen Abbildungen. Gr. 8⁰. 284 Seiten. 1897. Elegant in zweifarb. Umschlage.
Brochiert Mk. 4.—.   Elegant gebunden Mk. 5.—.

Das vorstehende Werk versucht einen Ueberblick über die ersten Anfänge und allmähliche Weiterentwickelung und Verpflanzung von **Magie und Zauberkunst** zu geben. Es zeigt, wie der Mensch zu allen Zeiten bemüht war, zwischen sich und der Geisterwelt eine reale Verbindung herzustellen und vor allem die letztere sich zu seinen Zwecken dienstbar zu machen. Hierbei spielt die **Schatzgräberei** mit dem verschiedenartigen **Geister-** und **Höllenzwang** eine große Rolle. Es sind hierzu eine große Anzahl **interessanter, mystischer Abbildungen** zur Erläuterung beigefügt. Wir sehen dann, wie eng mit dem **Aberglauben** stets der **Teufelsglaube** und die **Hexenprozesse** verbunden waren, welche Wichtigkeit man der Astrologie, dem Nativitätsstellen, der Nekromantie, den betäubenden Räucherungen beimaß, und wie bis in die neueste Zeit Geister- und Spukerscheinungen an der Tagesordnung waren und sind.

Dies interessante Werk wird gerade jetzt, wo Occultismus, Spiritismus, Theosophie, wieder in so bedeutendem Umfange die Geister beschäftigen, umsomehr Anklang finden, als es in gemeinfaßlicher Weise einen gewissermaßen historischen Rundblick in all' diese Gebiete gestattet.

Ein Weltblatt wie die Kölnische Zeitung bezeichnete es in einer längeren Besprechung als ein zeitgemäßes und ein zu empfehlendes Werk, „da es gegenüber manchen heutigen Bestrebungen, alten Aberglauben in neuen Gestalten wieder in Umlauf zu setzen, mit Nachdruck darauf verweise, was die Menschheit der Aufklärung, der Freiheit der wissenschaftlichen Forschung zu verdanken habe."

Lassalle, Ferd., Die Philosophie Herakleitos des Dunklen von Ephesus.

2 Bände Lex. 8⁰. Elegant brochiert Mk. 20.—.

Lassalles Arbeit über den „dunklen Ephesier" ist ein Monumentalwerk deutschen Fleißes und steht noch heute unerreicht da.

www.ingramcontent.com/pod-product-compliance
Lightning Source LLC
Chambersburg PA
CBHW032054220426
43664CB00008B/1000